KB152159

개정판

외국어
전파담

외국어는
어디에서
어디로,

누구에게
어떻게
전해졌는가

개정판

외국어
전파담

외국어는 어디에서 어디로,
누구에게 어떻게 전해졌는가

로버트 파우저 지음

개정판을
펴내며

2018년 5월 『외국어 전파담』을 출간 뒤 독자들의 반응이 무척 궁금했다. 외국어라는 개념의 등장부터 전파의 주요 과정을 역사적으로 살펴본 책은 내가 알기로 한국은 물론 다른 언어권에서도 거의 찾아보기 어렵다. 언어 교육의 역사를 다루는 전문서는 간혹 본 기억이 있지만 그 역시 대부분 학교 현장에 초점을 맞춘, 교과 과목의 역사에 방점을 찍은 것들이 대부분이었다. 그런 상황에서 어떤 독자들은 이 책의 새로운 시도를 반겨줄 수도 있지만, 이렇게 고대부터 현재에 이르기까지 방대하고 긴 역사를 다룬 인문학 책을 읽어줄 분들이 얼마나 될까 걱정도 없지 않았다.

출간 이후 뜻밖에 이 책은 한국의 주요 언론에서 크게 관심을 보였고, 온라인 서점의 첫 화면에 소개되었다. 그리고 무엇보다 수많은 동네책방에서 '북토크' 자리를 만들어준 덕분에 직접 독자들과 만나 즐거운 시간을 보냈다. 그런 여러 가지 도움으로 『외국어 전파담』은 출간 직후 곧장 2쇄를 제작하더니, 얼마 지나지 않아 3쇄에 이르렀고, 꾸준히 판매가 이어져 4쇄를 거쳐 이제 5쇄째에 개정판을 내기에 이르렀다. 언젠가 바쁜 일정을 마무리하고, 홀로 고요히 내 방에 앉아 이런 상황을 돌아본 적이 있다.

'이 책은 왜 이렇게 좋은 반응을 얻게 되었을까.'

외국인, 그것도 미국인 백인 남성이 처음부터 끝까지 한글로 책을 쓴 것이 신기해서일까? 그럴 가능성도 없지는 않을 것이다. 하지만 그런 책이 지금까지 없던 것도 아니었다. 그리고 현장에서 만난 독자들은 정작 이 책을 내가 한글로 썼는지 영어로 쓴 것을 한국인이 번역을 했는지에 대해 별반 관심을 보이지 않았다. 그도 그럴 것이 2000년대 이후 한국에 사는 '신기한' 외국인들의 노출 기회가 많아, 2010년 이후부터는 외국인이 한국어로 말을 하고 한글을 쓰는 행위 자체가 더이상 신기하게 여겨지지 않았다. 그렇다면 독자들은 이 책에 왜 그렇게 관심을 보였던 걸까. 독자들이 내게 해준 말을 떠올렸다.

'이 책을 통해 그동안 한 번도 생각하지 못한 외국어라는 단
어의 의미에 대해 처음으로 생각하게 되었어요.'

현재 80대 이상 어르신들을 제외하면, 일제강점기 이후 한국에 태어나 중등 교육을 받았던 거의 모든 이들은 학교에서 한 번쯤 외국어를 배운 경험이 있다. 40대 이상이라면 중학교 이후 영어를 필수로 배웠고, 고등학교에서는 제2외국어를 배웠다. 30대 이하라면 초등학교 시절부터 영어 교육을 받았다. 『외국어 전파담』은 한국의 영어 교육사를 중심으로 다룬 책은 아니지만 거의 모든 한국인이 가지고 있을, 외국어에 대한 공통적인 경험을 새로운 관점에서 바라보고 있다. 그런 독자들에게 학창 시절 영어나 또는 제2외국어를 배우며 막연히 떠올렸던 궁금증을 이 책이 풀어준 부분이 있지 않을까?

그렇다면 이 책을 있는 그대로 쇄를 거듭해 출간해도 될 텐데 굳이 개정판을 내는 이유는 무엇 때문일까. 책 출간 이후 만난 독자들은 나에게 이렇게 말해주었다.

'이 책을 읽은 뒤 역사에 대한 이해가 깊어졌어요.'

나는 그런 반응을 접하며, 내가 생각한 것 이상으로 많은 독자가 '외국어'에 관심이 많다는 걸 깨달았다. 독자들은 또 내게 물었다.

'인공지능이 발달하면 외국어 공부를 안해도 되는 세상이 오
지 않을까요?"

그런 질문을 들으며 나는 우리가 살고 있는 세상이 변화하면서 외국어 전파의 양상도 달라질 것이라고 생각했다. 2018년에는 2018년까지의 이야기만 책에 담았다면, 이 책이 꾸준히 독자들의 사랑을 받는다면 적당한 시점에 그 시점의 이야기를 보완해서 개정판을 내고 싶다는 생각을 했다. 시대가 달라지면 외국어를 둘러싼 환경 역시 변화에서 예외일 수 없다. 나는 시대의 변화를 언젠가 출간하는 개정판에 반영하고 싶었다. 2018년 이후 새롭게 알게 된 다양한 사례 역시 가능한 대로 더 포함하고 싶었던 것은 물론이다.

그런데 그 시기가 생각보다 일찍 찾아왔다. 우리 모두 다 아는 그 이유 때문이다. '코로나19'로 인한 팬데믹은 우리가 살고 있는 세상을 완전히 변화시켰다. 2020년 새해가 시작된 지 얼마 되지 않아 내가 살고 있는 미국 로

드아일랜드 주 프로비던스의 관공서, 학교, 교회의 거의 모든 문이 닫혔다. 슈퍼마켓과 주유소를 제외한 거의 모든 가게들도 마찬가지였다. 미국 전역이 비슷한 상황이었다. 사회적 거리를 유지하기 위해서였다. 살면서 단 한 번도 경험하지 못한 고독한 일상이었다.

사회적 거리 두기가 조금 완화된 뒤 약 두 달여 만에 가까이 사는 동생 집을 방문했다. 고등학교 2학년 여자 조카와 초등학교 4학년 남자 조카와도 오랜만에 만났다. 이들의 일상 역시 완전히 달라져 있었다. 벌써 두 달째 학교에 가지 못하고 원격으로 수업을 들어야 했다. 학교에서도 갑자기 문을 닫는 바람에 처음 몇 주 동안 교사나 학생 모두 고생이 심했지만 점점 익숙해져서 새로운 시스템에 적응을 했다고 했다. 하지만 불만이 없을 리 없었다. 특히 좋아하는 스페인어 수업에서 불만이 가장 컸다. 큰아이는 대학 진학 후 스페인어권으로 유학을 꿈꿀 만큼, 영어와 스페인어로 수업이 이루어지는 초등학교(미국에는 두 개의 언어로 수업을 하는 학교가 있다.)에 다니는 작은아이는 역시 비슷한 중학교에 다니고 싶어 할 만큼 스페인어 배우는 걸 즐겼다. 불만의 내용은 대강 이랬다.

> "스페인어 선생님이 정말 좋은데, 직접 만날 수 없으니 아쉬워요."
> "작은 화면으로만 수업을 하니까 실감도 안 나고 뭘 배운다는 느낌이 전혀 들지 않아요."
> "이러다가는 그동안 배운 것도 다 잊어버릴 거 같아요."

이들의 이야기를 들으면서 나는 원격 수업으로 대면 수업을 완전히 대체하기란 확실히 불가능하다는 것을 새삼스럽게 깨달았다. 다행스럽게도 아이들은 2020년 가을 이후 부분적으로나마 학교에 갈 수 있게 되어 좋아하는 스페인어 선생님께 직접 수업을 들을 수 있게 되었다.

예상보다 훨씬 길어지고 있는 팬데믹 상황으로 인해 겪은 나의 고독과 조카들의 불만은 2018년 『외국어 전파담』의 마지막 장을 쓸 때만 해도 전혀 예상하지 못한 것이었다. 그때만 해도 인공지능의 보급과 외국어의 관계에 대한 나의 생각은 지금과는 달랐다. 팬데믹을 겪으며 인간은 확실히 사회적 동물이라는 것을 거듭 알게 되었다는 것이 가장 큰 변화라고 할 수 있다. 인공지능의 발달, 통신 장비와 프로그램의 혁신적 개발로 앞으로 우리는 점점 더 편리한 세상에 살게 될 것은 분명하다. 하지만 이 모든 것이 얼굴을 직접 마주하며 나누는 소통을 대체할 수 없다는 것도 팬데믹을 통해 확실히 알게 되었다. 내가 깨달은 또다른 사실은 기술의 어떤 진보도 외국어 전파의 궁극적인 필요를 사라지게 하지는 못한다는 점이다. 하지만 이러한 사실은 지금 우리 눈앞에 펼쳐진 팬데믹을 통해서만 깨달을 수 있는 건 아니다. 돌이켜 외국어 학습의 목적이 글을 읽는 것에서 말을 하는 것으로 큰 변화가 일어난 19세기 말의 상황을 떠올려 보면 우리가 왜 오늘날 외국어를 배우고 있고, 앞으로도 여전히 외국어 전파의 역사에 동참해야 하는지 이해할 수 있다. 누구에게나 어렵고 지루했을 외국어 학습 행위로 인해 인류가 어떤 변화를 이끌어왔고, 그것이 역사를 어떻게 오늘에 이르게 했는지를 안다면 오늘날 우리 앞에 주어진 외국어 전파 과정의 변화에 한층 더 깊은 관심을 갖게 될 것이다.

독자들에게 받은 질문은 또 있었다.

'어떻게 하면 외국어를 그렇게 잘하실 수가 있어요?'

'영어를 잘하고 싶은데, 공부를 어떻게 하면 될까요?'

'나이가 들어서도 외국어를 다시 시작할 수 있을까요?'

이런 질문을 받을 때마다 최선을 다해 답을 하긴 했지만 마음 한쪽이 답답했다. 학교를 다닐 때는 좋은 성적을 위해, 직장 생활에서는 승진을 위해 반드시 공부해야 하는 대상이 영어라는 사실이 안타까웠다. 하지만 한국만이 아니라 많은 나라에서 사회적 성취를 위해 영어가 필요한 것이 현실이기 때문에 한편으로는 이 부분에 대한 나의 생각도 책으로 전하고 싶었다. 『외국어 전파담』은 그러나 영어 또는 외국어 학습법을 전달하는 게 목적이 아니니 이 책에 그런 내용을 담을 수는 없었다. 그리하여 외국어 학습을 시작하려는 이들을 조금이라도 돕기 위해 별도의 책을 쓰기로 했다. 『외국어 전파담』 개정판과 함께 출간하는 『외국어 학습담』이 그것이다. 『외국어 전파담』이 세계적이고 역사적인 관점으로 외국어를 바라보고 있다면 『외국어 학습담』은 개인의 입장, 현재의 시점에서 외국어를 바라보고 있다. 이렇게 관점은 다르지만 이 두 권의 책을 연결하는 것은 외국어가 가지고 있는 의미다. 즉, 하나는 사회적이고 역사적으로 외국어를 바라보고, 다른 하나는 개인적이고 현실적으로 외국어를 바라보고 있지만 결국 두 권의 책은 외국어가 우리 삶에 어떤 의미인지를 돌아본다는 점에서 서로 통한다.

'역사는 과거와 현재의 끊임없는 대화다.'

영국의 유명한 역사가 E. H. 카Edward Hallett Carr, 1892~1982의 말이다. 『외국어 전파담』의 개정판을 내면서 이 말을 떠올린 건 이유가 있다. 이 책을 통해 오늘을 사는 우리가 지나온 인류의 과거와 활발한 대화를 나눌 수 있기를, 외국어는 서로 다른 이들과의 나누는 소통의 가장 기본적이고 기초적인 도구라는 사실을 새삼 발견하기를, 나아가 외국어 전파의 과정을 통해 인류의 화합과 평화의 가능성을 발견할 수 있기를 바라기 때문이다.

끝으로 『외국어 전파담』의 많은 독자들을 떠올린다. 이 책을 향해 따뜻한 환대를 베풀어주신 그분들이 얼마나 반갑고 고마웠는지 모른다. 이 책이 지난 몇 년 동안 사라지지 않고 꾸준히 세상에 남을 수 있었던 것, 나아가 개정판 출간이라는 과분한 이 순간을 경험할 수 있게 된 것은 모두 다름아닌 그분들 덕분이다. 관심을 가져준 모든 분께 늦게나마 감사의 말씀을 드린다. 새롭게 만날 분들께도 같은 마음이다.

2021년 여름, 미국 프로비던스에서
로버트 파우저

책을
펴내며

    한국과 처음 인연을 맺은 것은 약 36년 전인 1982년 여름이다. 그 나라의 언어나 문자를 전혀 모르는 상태로 혼자서 방문한 것은 한국이 처음이었다. 그 이후 그런 경험이 많이 있긴 했지만 한국어라는, 완전히 낯선 외국어를 처음 만난 그 충격을 잊을 수 없다.

    그 당시 일본에 머물고 있던 나는 여름방학을 이용해 한국을 방문해보기로 했다. 시모노세키에서 배를 타고 부산항에 도착, 입국 절차를 마치고 부산역으로 가기 위해 부산항 국제여객터미널 앞에서 택시를 기다리고 있었다. 나의 불안한 표정 때문이었는지 배 안에서 만난 재일교포 한국인이 내가 타려던 택시의 기사에게 행선지를 말해줬다. 택시 기사는 내게 한국어로 무슨 말인가를 계속 건넸는데 도대체 통하지 않아 서로 웃음만 교환했다. 그때만 해도 부산역에는 영어 안내판이 거의 없었다. 한글 간판은 내게 문자라기보다 그저 신기한 '이미지'였다. 두리번거리다 드디어 'Foreigner'라는 안내판을 찾아 가까스로 서울행 기차표를 샀다. 따뜻한 미소를 건네며 어떻게든 도와주려고 하는 한국인들과 대화를 나누고 싶었다. 도착한 첫날부터 언젠가 한국어를 꼭 배우겠다고 생각했다.

한국을 방문하기 전, 나는 이미 두 개의 외국어를 공부했다. 1978년 여름, 고등학교 1학년을 마친 뒤 일본에서 두 달 동안 홈스테이를 했다. 그때 일본어 몇 마디를 배웠다. 신기하기도 했고, 발음이 좋다는 이야기를 자주 들었다. 외국어에 대한 호기심이 생겼다. 여름방학이 끝나 미국으로 돌아간 뒤 2학년에 올라가 스페인어 초급 수업을 들었다. 스페인어 발음은 일본어와 비슷했다. 2학년 내내 스페인어 수업에서 1등을 차지했고, 3학년에 올라가서도 그랬다. 고등학교를 졸업하고 멕시코에 건너가 홈스테이를 했다. 그곳에서 스페인어 실력이 월등하게 좋아졌다. 미시간 대학교에 입학한 뒤 스페인어 수업을 계속 들었고, 일본어 초급 수업도 듣기 시작했다. 일본어는 매우 어려웠고, 특히 한자를 외우는 데 시간이 많이 걸렸다. 말하기 연습을 위해 1982년 여름방학을 일본에서 보냈고, 그때 일본어 실력이 많이 늘었다. 한국을 처음 방문하고, 한국어를 처음 만난 것이 바로 이 무렵이었다. 미국으로 돌아간 뒤에는 아예 일어일문학을 전공으로 선택해서 공부를 계속했다.

대학을 졸업한 뒤 나는 한국어를 배우기 위해 한국을 다시 찾았다. 1년 동안 서울대학교에서 한국어를 집중적으로 공부했다. 한국어와 일본어는 비슷한 점이 많았다. 문법도 그렇고 같이 쓰는 한자도 많아 일본어를 공부한 것이 큰 도움이 되었다. 미시간 대학교에서 한국인 친구를 만난 적이 있는데, 그가 한국인들에게 일본어가 쉬운 편이라고 했던 말이 무슨 의미인지 알 수 있었다. 게다가 한글 덕분에 읽고 쓰기가 일본어보다 훨씬 쉬웠다. 한국어 수업에서도 내 성적은 늘 1등이었다.

나의 외국어 탐구는 계속 되었다. 미국에 돌아가 미시간 대학교에서 언어학 석사 과정을 공부하면서 라틴어와 루슈트시드Lushootseed라는 북미 선주민 언어의 문법을 공부했다. 대개의 북미 선주민 언어가 그렇듯이 루슈트시드 역시 거의 소멸 위기에 빠져 있었고, 오늘날 그 언어를 사용하는 원어민은 100명도 되지 않는다. 그 뒤로 1988년부터 1992년까지 한국 고려대학교에서 영어를 가르쳤는데, 그 무렵인 1990년 남산 독일문화원에서 약 1년 동안 독일어를 배웠다. 한국어를 쓰는 나라에서 한국 학생들에게 영어를 가르치면서 독일어를 배웠고, 동시에 『맹자』를 읽으면서 한문을 공부했으며, 한편으로 시조時調를 읽으며 중세 한국어를 익혔다. 1993년에는 아일랜드로 떠나 그곳에서 언어학 박사 과정을 밟으며 기초 프랑스어를 배웠고, 1990년대 말에는 일본 구마모토에 살면서 중국 내몽골 자치구에서 온 유학생에게 몽골어를 배우면서 교직원을 위한 중국어 수업에도 참여했다. 여기에다가 2000년대 중반에는 가고시마 대학에서 e-러닝 개발을 맡아 PHP라는 프로그램 언어와 리눅스 Linux의 기본 코드를 독학하기도 했다.

　　새로운 언어에 대한 호기심을 좇아 어떤 언어는 매우 높은 수준까지, 또 어떤 언어는 그 재미를 조금 맛볼 수 있을 정도까지 배워왔다. 현대와 고전의 언어, 서양과 동양의 언어, 원어민이 많은 언어와 소멸 직전의 언어, 인간의 언어와 프로그램의 언어까지 내가 배워온 언어는 참으로 다양하다. 그렇게 약 40여 년을 외국어와 함께 보낸 셈이다.

　　외국어에 대한 끝없는 관심의 원천은 바로 소통의 즐거움이었다. 소통을 통해 새로운 세상을 발견하는 기쁨이야말로 나로 하여금 오랫동안 외국어와 더불어 살게 해줬다. 내가 말하는 새로운 세상이란, 물론 그 언어를 사용하는 문화권의 역사·문화·가치관·생활 습관을 뜻하기도 하지만, 그보다는 그 문화권에 속한 개인의 발견과 그들의 생각과의 만남이다. 이러한 발견과 만남은 나의 시야를 넓혀주고 지적인 자극을 줌으로써 나 자신의 발전에 큰 도움이 되었다. 무엇보다 하나의 사인에 대해 다각적으로 생각하게 해주고, 다양한 사람과 소통하면서 내 삶을 더 깊게, 풍요롭게 해준다. 나아가 서로 다른 문화권 사이에 작은 가교 역할을 함으로써 갈등이 많은 세상에 조금이라도 평화를 만들어내는 데 도움이 된다면, 나의 개인적인 행복을 넘어 사회적 가치가 있는 일이라고 여겨지기도 했다. 이렇듯 외국어 탐구는 내게 즐거움이자 기쁨이며 보람을 느끼게 해주는 행위이다.

　　외국어를 배우면서 늘 즐겁기만 했던 건 아니다. 언어를 배우다 보면 자연스럽게 그 언어를 둘러싼 여러 역사를 알게 된다. 문화사 전체를 놓고 볼 때 외국어는 여러 문화권 사이에 존재하는 불평등한 지배-피지배 관계를 드러내고 있다. 대표적으로, 힘이 있는 문화권이 힘이 없는 문화권을 지배하면서 자국어를 약자에게 강제로 가르치는 것은 매우 흔한 일이었다. 피지배 문화권의 주체성을 약화시키고 통치력을 강화하기 위해 많은 지배 세력이 택한 방법 중 하나가 그들의 언어 사용을 금지하고 자신들의 언어를 강제로 주입시키는 것이었다. 이런 식으로 19세기 영국은 아일랜드인들에게 영어를 가르쳤고, 20세기 일본은 한국인들에게 일본어를 가르쳤다. 외국어가 이 나라에서 저 나라로 전파되는 과정에 존재하는 어두운 역사이다. 1980년대 후반부터 1990년대 초반까지 한국에서 영어를 가르치는 일을 하면서 외국어 전파의 이러한 어두운 역사에 대해 생각할 때가 많았다. 오늘날에도 아니라고 말할 수 없지만, 그때만 해도 한국과 미국의 관계는 매우 불평등해 보였다. 당시 한국은 '개발도상국'이었고 미국은 소련과 냉전 중인 강대국이었다. 서울 한복판 주한미군 용산기지는 그 불평등의 상징이었다. 인접 지역인 이태원의 상인들은 미군의 달러를 벌기 위해서 영어를 배우고 영어로 장사를 했다. 영어는 '미국말'이라고 불릴 정도로 미국을 상징했다. 따라서 영어를 가르치는 것에 정치적인 의미가 부여되었고, 이로 인해 학생들과 즐거운 시간을 보내면서도 영어를 가르치는 나의 행위에 대한 의심 어린 시선을 언제나 느껴야 했다.

외국어를 배우기만 했던 건 아니다. 방금 이야기한 대로 한국에서 영어를 가르쳤던 것 외에 일본 교토 대학교에서 외국어 교육학을 가르쳤고 가고시마 대학교에서 교양 한국어 과정을 설립, 일본인 학생들에게 한국어를 가르치기도 했다. 그런 뒤 2008년부터 2014년까지 서울대학교에서 한국어 교육 관련 강의를 해오기도 했다.

이렇게 학습자이면서 교수자로서 오랜 세월 외국어와 함께 살아왔다. 그리고 그동안 외국어와 더불어 살아오는 동안 언젠가 한 번은 살펴보고 싶었던 이야기를 담은 것이 이 책이다. 그것은 바로 외국어가 어디에서 어디로, 누구에게, 어떻게 전파되어 왔는가와 그 오랜 역사를 오늘의 우리는 어떻게 바라보아야 하고, 많은 사람이 열심히 배우고 있는 외국어란 과연 어떤 의미인가에 관한 이야기였다.

『외국어 전파담』을 쓰는 동안 아르놀트 하우저Arnold Hauser를 자주 떠올렸다. 하우저는 언어학자도 외국어 교육자도 아니다. 그는 헝가리 출신의 예술사학자로서, 영국에서 활동하면서 주로 독일어로 집필을 했다. 한국 독자들에게도 잘 알려진 『문학과 예술의 사회사』Sozialgeschichte der Kunst und Literatur가 그의 대표작이다. 이 책은 원시 시대부터 20세기에 걸쳐 사회 역사적 관점에서 서양의 예술사를 바라본 것으로, 그 주제를 요약하자면 "시대의 예술은 위대한 개인이 이끄는 것이 아니라 사회의 변화에 의해 영향을 받는다"는 것이다.

나는 『외국어 전파담』을 쓰면서 하우저의 관점과 방식을 빌려 외국어의 전파 과정과 그것이 가지고 있는 사회적 의미를 살펴보고 싶었다. 내가 짧막하게 요약한 그의 책의 주제를 본떠 내가 쓰고 싶었던 이야기도 요약하자면 "외국어는 개인의 호기심과 필요에 의해 전파되는 것이 아니다. 그 전파의 과정은 시대에 의해 좌우되며 역사의 변화에 의해 영향을 받는다."

나는 이 책에서 르네상스 시대 도시국가를 중심으로 형성된 상업주의와 무역의 발전에 따라 외국어라는 개념이 어떻게 등장했는가에서부터 17~18세기 근대국가의 형성과 식민지주의, 19세기 산업혁명과 제국주의를 거쳐 20세기 전쟁의 시대와 그 이후 글로벌화와 디지털 혁명까지 포괄하며 외국어 전파의 과정과 그 변화를 살피려 했다. 이를 위해 문화사회사적인 이론을 바탕으로 삼고, 여기에 다양한 사례를 소개함으로써 외국어 전파의 역사와 그 과정에서 등장한 여러 학습의 대상과 방법을 살폈다.

주로 한국 독자들에게 익숙한, 한국의 외국어 교육사에 영향을 미친 서양의 외국어 전파사를 다루고 있긴 하지만 그 외에도 다양한 지역의 여러 사례를 가급적 많이 소개하려고 했다. 여기에 외국어 전파의 역사에서 빼놓을 수 없는 제국주의에 관한 내용도 매우 비중 있게 포함시켰다.

이 책을 준비하면서 영어, 한국어, 일본어 문헌을 주로 읽었고 때로 독일어와 프랑스어 그리고 스페인어 문헌도 읽었다. 러시아어와 중국어로 된 다양하고 흥미로운 문헌도 많이 발견했다. 그 문헌들도 언젠가 직접 읽고 싶은 욕심이 생겼다.

이 책은 처음부터 끝까지 한글로 집필했다. 처음에는 내게 훨씬 편한 영어로 쓰고 싶기도 했다. 하지만 학창 시절부터 오랫동안 영어를 배운 경험이 있고, 영어 외에도 여러 외국어를 꾸준히 공부한 경험을 가진 한국의 독자들과 외국어를 바라보는 나의 생각을 직접적으로 교감하려면 한글로 쓰는 것이 더 보람이 있을 거라 생각했다. 또한 한국에서 한국어를 배우고 가르친 나의 소중한 경험을 책을 통해 의미 있게 사용하고 싶었다. 이 책은 한국과 나의 각별한 인연의 결과물이기도 하다. 바로 그런 인연의 대상인 한국의 독자들과 더 폭넓게 소통하고 싶다는 마음 역시 한글로 집필한 이유이기도 하다. 이 책을 통해 외국어를 배우기 위해 고생하는 많은 독자가 과연 외국어란 무엇인지, 외국어를 학습한다는 것이 과연 어떤 역사적 맥락을 거쳐 현재에 이르렀는지에 대해 한 번쯤 생각해볼 계기를 갖기를, 그리고 이 책이 그것을 이해하는 데 조금이나마 도움이 되길 바란다.

긴 세월 동안 외국어를 통해 한국이라는 새로운 세상을 발견해왔다. 그 순간에 수많은 한국 친구가 옆에 있어주었다. 날씨 좋은 봄날 오래된 동네를 답사하며, 한여름 시원한 맥주를 나눠 마시며, 선선한 가을에 함께 산을 오르며, 추운 겨울 따뜻한 방에서 귤을 까먹으며 서로 웃고 이야기하고 때로는 싸우면서 지내왔다. 그런 모든 순간이 내게는 아름다웠으며 그런 시간이야말로 서로의 언어와 문화 차이를 극복하는 가교가 되어주었고 앞으로도 그럴 것이다. 그들 모두에게 감사한다. 마지막으로 어쩔 수 없이 매끄럽지 못한 부분이 많을 수밖에 없는 나의 한글 문장을 잘 살펴봐준 출판사에 깊은 감사를 드린다.

2018년 봄
로버트 파우저

Preface

My first encounter with Korea was in the summer of 1982. It was the first time I had gone to a country by myself where I did not know the language or the writing system. I have been in that situation several times since, but I cannot forget the language shock that I felt during my first hours in Korea. That summer, I was staying in Japan to practice Japanese, and I decided to make short trip to Korea. I got on the ferry at Shimonoseki and arrived in Busan. After going through immigration, I looked for a taxi to take me to Busan Station. A *Zainichi* Korean saw that I was perplexed and got me a taxi and asked the driver to take me to the station. The taxi driver was friendly and kept asking me questions—or what I thought were questions—in Korean, but all I could do was respond with a smile. I arrived at the station only to find that there were very few signs in English. I looked around and finally found a sign with "Foreigner" written on it. I got a ticket to Seoul and spent a week there. The warmth of the people who helped me find my way around the city impressed me and I desperately wanted to talk with them and learn more about Korea. Few people spoke English and the language barrier seemed like an insurmountable wall. It was on this short visit that I decided to learn Korean.

Before visiting Korea, I had already studied two foreign languages. After finishing my sophomore year in high school in the summer of 1978, I spent two months in Japan with a host family as an exchange student. I learned a few words of Japanese during my stay and people praised my pronunciation, which felt good. I enjoyed being able to communicate with a few words and became interested in foreign languages then. That fall, I started studying Spanish, and got good grades. That led to a scholarship to be an exchange student in Mexico where I was able to practice my Spanish intensively. After graduation, I entered the University of Michigan and continued studying Spanish, but also decided to study Japanese. Japanese was much harder than Spanish, and I remember spending hours learning Chinese characters. My spoken Japanese improved a great deal during the summer of 1982, and I decided to major in Japanese.

After graduating from the University of Michigan, I decided to go to Korea to fulfill my dream of studying Korean. I spent a year studying Korean intensively at Seoul National University and lived with a Korean friend's family. I remember being pleasantly surprised at the similarities between Korean and Japanese. The grammar was similar, and the huge common vocabulary based on Chinese characters really helped me learn fast. A Korean friend at Michigan had assured me that Korean would be easy to learn because Japanese is easy for Koreans; I was glad that he was right. Reading and writing Korean were much easier because Chinese characters are not an integral part of the writing system as they are in Japanese. My grades were good, and I made rapid progress.

My interest in foreign languages continued. While studying for a master's degree in linguistics at the University of Michigan in the mid-1980s, I studied Latin and the grammar of Lushootseed, a Native American language spoken by only 100 people today. From 1988 to 1992, I taught English at Korea University in Seoul and studied several languages. In 1990, I studied German at the Geothe-Institut for a year. To learn classical Chinese grammar, I read *Mencius* with a tutor. To learn middle Korean, I studied Korean *sijo* poetry, again with a tutor. In 1993, I left Korea and began work on a Ph.D. at Trinity College Dublin and dabbled in French while I was there. At the end of the 1990s while I was teaching English at Kumamoto Gakuen University, I learned a little Mongolian from a student from Inner Mongolia. I also took Chinese classes offered for university faculty and staff. In the middle of the 2000s, I was responsible for e-learning at Kagoshima University and studied PHP and Linux programming languages by trial and error.

My language learning experiences over the last 40 years have been diverse. I have learned some languages to a very high level and have only dabbled in others. I have learned modern and classical languages, Asian and

European languages, languages with many native speakers and languages on the brink of extinction, and human and computer languages. The primary motive for learning languages has been a desire to communicate with different people. These experiences have helped me discover new worlds, which has greatly enriched my life. By new worlds, I mean more than the history, customs, values of the people(s) that speak the language. I am most interested in interaction with individuals who speak the language. Learning from them helps broaden my mind and offers new perspectives on life. Knowing how people from various cultures think helps to overcome conflicts and build peace and nothing could be more rewarding than helping that cause.

In the long stretch of history, foreign languages have a dark side, and learning languages brings that side to light. It is primarily a history of inequality based on relationships between rulers and the ruled. Languages spread as powerful cultural and linguistic groups expand and press against weaker ones. History is full of examples of how the powerful use language to rule the weak. In the 19th century, the British Empire ruled Ireland and promoted English education to weaken Irish nationality. Japan did the same thing in Korea in the 20th century by forcing Koreans to learn Japanese during its harsh colonial rule from 1910 to 1945. The process by which some languages spread at the expense of others is the dark side of the history of foreign language learning and teaching. From the late 1980s to the early 1990s, I thought about the dark side of foreign languages while teaching

English in Korea. I could see the unequal relationship between the United States and Korea everywhere. Korea was considered a developing country at the time and the United States and the Soviet Union were still fighting the Cold War. Koreans sometimes referred to English as "American" because it was a symbol of American power and influence at the time. Teaching English in this environment had a political meaning that weighed on my conscience no matter how much I enjoyed my students.

I have also taught languages. In addition to the experience of teaching English in Korea, I taught English and foreign language education at Kyoto University and developed a new Korean language program at Kagoshima University in Japan. From 2008 to 2014, I taught Korean as a second language education in the Department of Korean Language Education at Seoul National University.

I have spent my entire adult life as a learner and teacher of languages, and this book was born from a desire to answer questions that grew out of those experiences. Where have foreign languages spread? How have they done so? Who has learned them and why? Answering these questions is important because we need to think about the meaning of something that is required in schools around the world and that is often the cause of conflict among people.

While writing *The Spread of Foreign Languages*, Arnold Hauser came to mind often. Hauser was not a linguist or foreign language educator.

Rather, he was an art historian most noted for *The Social History of Art*, which was first published in German as *Sozialgeschichte der Kunst und Literatur*, a sweeping four-volume history that looks at the emergence of art and literature within the broader social context. This approach challenges the notion that outstanding individuals are the drivers of artistic and cultural development. In writing *The Spread of Foreign Languages*, I borrowed Hauser's approach and long-term perspective, which helped me focus on the influence of social context, rather than individual curiosity or genius, on the spread of foreign languages.

This book begins with the emergence of the concept of "foreign language" in Renaissance city states that became rich through trade and commerce. It then follows the spread of foreign languages during the Age of Exploration and imperialist expansion among completing nation states. From there, it follows the continued spread of foreign languages during the Industrial Revolution and 19th-century imperialism. It concludes with a discussion of changes in foreign language education in the 20th century and the rise of Global English. The book draws on a wide range of examples of foreign language teaching and learning to elucidate the influence of social context on the spread of foreign languages, but it does not provide encyclopediac coverage. It includes a discussion of the spread of foreign languages in Korea but focuses on developments elsewhere that are not familiar to most Korean readers. Throughout, the role of imperialism in the spread of foreign languages remains a central theme.

I wrote this book in Korean without translating from English. It would have been easier to write it in English, but I decided to write it in Korean to reach out to readers who have the experience of learning English in school and who, in many cases, also learn another language. I also wanted to challenge myself by stretching my Korean ability to its limit. In writing this book, I relied mostly on reference material in English, Korean, and Japanese. I also referred to material written in German, French and Spanish. I wish that I could have been able to read interesting material written in Russia and Chinese, but that will have to wait until I learn those languages. I hope that this book will help readers think about what foreign languages are and the historical context behind them; I hope it helps them to think about foreign languages in new ways.

Finally, my interest in foreign languages led me to Korea, and I am blessed to have many good friends there. We took long walks together on nice spring days. We talked about the world over a cold beer on muggy summer evenings. We went mountain climbing together on clear fall days. We shared laughs eating mandarin oranges sitting on a warm floor in dead of winter. All these moments are beautiful memories, but they were also moments in which we bridged language and culture and shared our common humanity. I thank my friends for those wonderful times without which this book would not have been possible. I would also like to thank the publisher of this book for having the patience to deal with my forever imperfect Korean writing and for offering guidance and encouragement.

Robert J. Fouser

Spring 2018

はじめに

　　韓国とご縁を結んだのは1982年の夏であった。一人で言葉や文字を全く知らない状態で訪問した国は韓国が初めてであった。その後も、同じような経験をすることは多かったが、韓国語という完全に見慣れない外国語に初めて出会った衝撃は忘れることができない。

　　私はその当時、夏休みを利用して日本語を磨くために日本に滞在していたが、日本から近い韓国に行ってみることにした。下関から船に乗って釜山港に到着し、入国手続きを終えて釜山港国際旅客ターミナルの前でタクシーを待っていた。私が不安な表情をしていたためか、船内で会った一人の在日韓国人は私の乗ろうとしていたタクシーの運転手に「釜山駅に行ってください」と言ってくれた。運転手は私に韓国語で何かを聞いてきたが、全く通じず、私は微笑で答えたのだった。その当時、釜山駅には英語の案内が殆どなく、ハングルの看板は私には文字ではなく、ただの不思議な記号に見えた。うろうろしていた時に「Foreigner」という案内板を見つけ、なんとかソウル行きの切符が買えたのであった。暖かい微笑を見せながら助けてくれた韓国人らと英語で話そうともしたが、どうしても難しく、韓国に行った初日に、私はいつか必ず韓国語を習うと決めたのであった。

韓国を訪問する以前、私はすでに二つの外国語を勉強したことがあった。1978年夏、高等学校の一年を終えた後、日本で二ヶ月間ホームステイをした。その時、いくつかの日本語の単語を覚えた。初めて触れた外国語であったが、発音が良いという声をしばしば聞き、日本語に対する好奇心が湧いた。夏休みが終わりアメリカに戻った後、二年になってスペイン語の初級授業を取った。スペイン語の発音は日本語と似ていた。二年ではずっとスペイン語の成績が良く、3年に上がってもそうであった。高等学校を卒業してからは奨学金をもらいメキシコでホームステイをし、スペイン語の実力もずいぶん上がった。ミシガン大学に入学した後もスペイン語の授業をずっと取り、同時に日本語の初級授業も取り始めた。日本語はかなり難しく、特に漢字を覚えるのには多くの時間が必要であった。話し言葉を練習するために1982年の夏休みに日本を訪れたが、その間に日本語の実力を上げることができた。アメリカに戻った後は、最初から日本語と日本文学を専攻することにした。

　　大学を卒業した後、韓国語を学ぶために韓国に行って一年間ソウル大学で韓国語を集中的に勉強した。　韓国語と日本語は似た点が多く、文法や漢字は特に日本語の勉強が多い役に立った。ミシガン大学で韓国人の友達が、韓国人には比較的日本語は易しいのだといった意味がよく分かった。その上、ハングルのおかげで読み書きは日本語よりもはるかに簡単で、韓国語の授業成績はクラスで一番であった。

　　その後も外国語についての興味は依然として強かった。ミシガン大学では言語学修士課程の形態論授業でラテン語とルシュトゥシドゥ(Lushootseed)という北米先住民の文法を勉強した。ルシュトゥシドゥのような北米先住民言語は今やほとんど消滅すると考えられており、今日その言語を使うネーティブスピーカーは100人に

も満たない。私は1988年から1992年まで韓国の高麗大学で英語を教えたが、1990年にはドイツ文化院で約一年間ドイツ語を習った。同時に『孟子』を読んで漢文も勉強し、一方では韓国の古典詩である時調を読みながら中世韓国語を習った。1993年にはアイルランドに行き、言語学博士課程を勉強しながら基礎フランス語を習った。1990年代末に熊本学園大学で英語を教えながら内モンゴル自治区から来た留学生からモンゴル語を習い、さらには教職員のための中国語の授業にも参加した。また、2000年代中半には鹿児島大学でeラーニングの開発を担当しながらPHPというプログラム言語とLinuxの基本コードを独学したことがある。

　　新しい言語に対する好奇心を追求する間に、ある言語は上級まで、また、ある言語はその面白味を少し味わうことができる初級まで学んできた。現代と古代の言語、西洋と東洋の言語、ネーティブスピーカーが多い言語と消滅直前の言語、人間の言語とプログラミングの言語と、私が習ってきた言語は多様であり、約40年余り、外国語とともに人生を送ったわけである。外国語に対する関心は心の触れ合いから生まれたものであり、心の触れ合いを通じて新しい世界を発見する喜びは、外国語を学ぶ上で最大の魅力である。

　　私にとって新しい世界とはその言語を使う文化圏の歴史、文化、価値観、生活習慣を含むものであるが、それよりも、むしろその文化圏に属する人との触れ合いである。そのような発見と触れ合いは私の視野を広めるとともに、知的な刺激は私自身の成長に多いに役に立った。何よりも多角的に物事を考えられるようになったこと、多様な人々と触れ合いを経験できたことは私の人生を一層豊かなものにしてくれた。そして、互いに違った文化圏の間の小さい架け橋となることで、摩擦の多い世の中において少しでも平和を作り出すことができれば、私にとっては光栄である。かく

も、私にとって外国語のない人生は想像できないほど、それを学ぶ喜びは大きかったのだ。

　一方、外国語の裏面も分かるようになった。言語を学ぶと、自然にその言語を巡る様々な歴史を知るようになる。文化史全体をみると、言語は色々な文化圏の間に存在する不公平な支配-被支配の関係を表わしている。その代表として、力のある文化圏が力のない文化圏を支配し、自国語を強制的に教えるということは往々にしてあるということがあげられる。被支配文化圏の主体性を弱化させて統治力を強化するために多くの支配勢力が選んだ方法の一つは、被支配国の言語の使用を禁止し、自分たちの言語を強制的に普及させることであった。このような形で19世紀イギリスはアイルランド人に英語を教えたし、20世紀日本は朝鮮半島で日本語を「国語」にした。これは外国語の伝播における暗い歴史である。私は1980年代後半から1990年代初期まで韓国で英語を教えながら、このような外国語の伝播における暗い歴史について考えることが多かった。現在においても全く違うという訳ではないが、少なくともその当時は韓国とアメリカの関係は非常に不公平に見えた。当時、韓国は「開発途上国」であったし、アメリカはソ連と冷戦中の強大国であり、ソウルの真中にあった駐韓米軍龍山基地はその不平等の象徴であった。　隣の地区にある梨泰院の商人は米軍のドルを儲けるために英語を学び英語で商売をした。英語は「アメリカ語」と呼ばれるほどアメリカの象徴であった。したがって、英語を教えることに政治的な意味が付与されたし、そのことは、英語を教わる学生たちと触れ合う中で、私に英語を教えるという行為に対する疑問を抱かさざるを得なかった。

　私は外国語を学ぶだけでなく、教えた経験も多い。韓国で英語を教えた以外に京都大学で英語と外国語教育理論を、鹿児島大学で教養韓国語課程を設立

し韓国語を教えた。鹿児島大学の経験をもとに、2008年から2014年までソウル大学の国語教育学科で外国語としての韓国語に関する授業も担当し大学院生の指導もした。

　このように私は学習者であり教育者として長く外国語とともに生きてきた。そしてこの本は長い間外国語とともに生きてきた経験から生まれた自らの質問への答えを探すことが目的である。それは外国語が何時、何処から何処へ、どのように伝播してきたのか、その長い間の歴史を今日の私たちはどのように考えるべきか、そして多くの人が熱心に学んでいる外国語というものは果たしてどんな意味を持つのかということである。

　『外国語伝播談』を書きながらアルノルト・ハウザー(Arnold Hauser)をしばしば思い出した。ハウザーは言語学者でも外国語教育者でもない。ハンガリー出身の芸術史学者として、英国で活動し主にドイツ語で執筆活動をしていた学者である。韓国の読者にもよく知られている『芸術と文学の社会史』(Sozialgeschichte der Kunst und Literatur)が彼の代表作である。この本は古代から20世紀にかけて社会史的な観点から西洋の芸術史を分析して、その内容を私なりに要約すれば「時代の芸術は偉大な個人が導くのではなく、社会の変化によって影響を受けるものだ」ということになる。私は『外国語伝播談』を書くにあたって、ハウザーの長い期間にわたる社会史的な観点を参考にして、外国語の伝播過程とその社会的な意味を調べたかった。ハウザーの考えは言い換えると「外国語は個人の好奇心と必要によって伝播するのではなく、時代と歴史の変化によって影響を受ける」ということであろう。

　私はこの本で外国語という概念がルネサンス時代に都市国家を中心にして形成された商業主義と貿易の発展によって登場して以来、17〜18世紀の近代国家の

形成と植民地主義、19世紀産業革命と帝国主義を経て20世紀の戦争の時代、そして現代のグローバル化とデジタル革命まで、どのように伝播し、変化したかを追究した。そのために文化社会史の理論の基で、ここに多様な事例を紹介することによって外国語の伝播の歴史とそれによって生まれた様々な学習や教育の方法を論じた。主に韓国の読者になじむよう、韓国の外国語教育の歴史に影響を及ぼした西洋の外国語の伝播の歴史に加え、多様な地域の様々な事例も挙げた。さらにここで外国語の伝播の歴史に無視できない帝国主義に関する内容を具体的に論じた。

この本は最初から最後まで韓国語で執筆した。当初、私は自分にとって、はるかに易しい英語で書きたいと考えていた。しかし、韓国語を含む多くの外国語を勉強した経験を持っていることや、韓国の読者と直接、幅広くコミュニケーションをしたいということなどを考え、韓国語で書くことにした。この本は韓国と私のご縁の結果でもある。この本を書くため、英語、韓国語、日本語の文献を中心として調査したが、ドイツ語、フランス語、スペイン語の文献もいくつか読んだ。ロシア語と中国語の文献には外国語の歴史に関連した興味深いものが多いのだが、残念ながら今回は読めなかった。いつか勉強したいと考えている。

外国語とは何か、外国語を学習することで、それがどのような歴史的な背景を経て現在に至ったのか。苦労して外国語を学んでいる多くの読者にとって、この本が、これらの基本的な疑問に対する答えの一助になれば、誠に幸いである。

最後に、私は長い期間外国語を通じて韓国という新しい世界を発見してきた。その瞬間にも多くの韓国の友人や知人がそばにいてくれた。天気のいい春の週末に古い町並みが残っている地域を歩いたり、熱い夏に、すっきりしたビールを一緒に飲んだり、涼しい秋には一緒に山に登り、寒い冬には暖かいオンドルの部屋で一緒

にミカンを食べながら談笑したことは貴重な思い出だ。これらすべての美しい瞬間が私にとってお互いの言語と文化の違いを克服する架け橋となったことに、改めて皆に感謝したい。最後に足りないところが多かった私の韓国語の文章をよく直して頂いた出版社には深く感謝する。

2018年春

ロバート・ファウザー

차례

개정판을 펴내며   005
책을 펴내며 012 ● Preface 019 ● はじめに 027

01 외국어 전파의 첫 순간, 그 시작에 관하여   038

중세 이전, 국가라는 개념의 등장 이전 외국어는 어떤 의미였을까. 외국어 전파의 출발은 문명권마다 다른 듯 같았다. 최초의 학습 대상은 말이 아닌 문자였다. 다른 언어를 쓰는 사람을 만날 일은 거의 없었다. 주로 문헌을 읽기 위해 외국어를 배웠다. 그들에게 외국어란 어떤 의미였으며, 그 전파의 양상은 어떻게 전개되었을까.

02 제국주의와 문화 이식의 첨병, 외국어   092

외국어는 국가 개념의 탄생과 연동된다. 르네상스 이후 유럽 각국의 지배층은 먼저 국어를 결정하고 보급하기 시작했다. 이들이 제국주의의 깃발을 들면서 언어는 무역을 위해, 선교를 위해 이곳에서 저곳으로 퍼져 나갔다. 침략과 약탈이 동반되었다. 외국어 전파의 과정은 평등과 평화와는 거리가 멀었다. 외국어 전파 과정, 그 이면에는 어떤 의미가 감춰져 있는가.

03 혁명과 전쟁, 그리고 외국어   156

19세기에서 20세기로 넘어가는 전환기, 역사는 온통 혁명과 전쟁으로 점철되었다. 언어는 시대를 반영한다. 언어는 단지 의사소통의 도구가 아니었다. 민족 정체성의 상징, 국가 결속의 강화 장치, 국가의 힘을 강제하는 수단이었다. 지배국은 피지배국에 서로 다른 방식으로 자국어를 강요했다. 외국어 전파는 언어를 둘러싼 강요와 투쟁, 저항과 분투의 역사였다.

더 읽을 만한 책　378
참고문헌　382

04 외국어 전파의 역사는 곧 학습 방법의 변천사　214

어른도 노력하면 외국어를 잘할 수 있을까? 이 질문은 약 100여 년 전부터 나왔다. 산업혁명과 제국주의로 인해 다른 언어권과의 접촉이 잦아졌다. 강대국의 언어는 신분 상승의 도구로 여겨졌다. 글만이 아닌 말을 배울 필요가 대두되었고, 새로운 학습 방법이 등장하고 사라지고 다시 등장했다. 언어에 부여된 권위는 곧 국가의 힘이었다.

05 신자유주의 시대, 영어 패권의 시대　266

글로벌 시대의 도래로, 제국을 건설하려던 국가들은 신자유주의 물결을 주도했다. 자국어를 널리 퍼뜨리는 국가가 곧 세계 경제 질서를 주도했다. 각 국의 발 빠른 노력이 전개되었다. 그러나 승부는 이미 결정되었다. 대영제국 시절부터 씨 뿌려진 영어의 패권은 최강대국으로 부상한 미국에 의해 더욱 강고해졌다. 영어는 국제공통어의 권위를 획득했다. 한편으로 국어와 외국어의 경계도 희미해졌다. 21세기 외국어는 어떤 양상으로 전파될 것인가.

06 21세기, 주류 언어, 영어 패권, 인공지능, '코로나19'　330

권력의 획득과 자본의 축적은 외국어 학습의 강력한 동기였다. 주류 언어는 유의미한 상징으로 작동했다. 그러나 곧 대륙의 경계를 넘어 영어 패권의 시대가 열리더니 인공지능 세계로의 진입이 머지 않았다는 전망이 앞다퉈 등장했다. 그러나 인류는 예상치 못한 국면과 마주했다. '코로나19' 팬데믹 앞에서 인류는 급속도로 발전한 기술의 활용으로 이 불안의 시대를 건너고 있다. 위기 앞에서 기술의 이기를 일상으로 받아들인 인류가 발견한 것은 무엇인가. 이 발견은 우리를 어디로 데려갈 것인가.

일러두기

1. 이 책은 미국인 저자 로버트 파우저가 처음부터 끝까지 한글로 저술한 것으로, 2018년 출간한 초판본의 표지를 바꾸고 본문을 수정 및 보완한 개정판이다.

2. 시대에 따라 달라진 국가명과 지명의 경우 가급적 오늘날의 명칭에 따랐으나, 시대적 배경의 이해를 위해 필요한 경우 달리 쓰기도 했다. (예 : 한국·식민지 조선의 혼용, 한양·서울의 혼용, 독일·프로이센의 혼용)

3. 외국 인명과 지명 등의 표기는 국립국어원의 외래어 맞춤법 기준에 따랐으나, 관용으로 굳어진 경우 그 용례에 따랐다.

4. 인명은 필요한 경우 최초 노출시 풀네임을 밝히고, 알파벳이나 한자, 생몰년 등 관련 사항을 밝혀주었다. 내용상 관련이 더 있는 곳에 표시하기도 했다. 널리 알려진 인물의 경우 이를 생략했다.

5. 인명 관련 사항은 저자가 가지고 있는 자료 및 문헌, 인터넷 포털, 관련 사이트 등을 참고한 것으로 서로 상이한 경우 중복되는 것이 많은 내용을 채택했다.

6. 한국에 소개된 책이나 문헌, 기타 자료 등은 가급적 그 제목을 따랐으나, 원제목이 자연스러운 경우 저자가 한국식 제목을 밝히고 원제를 병기했다.

7. 참고한 문헌은 책 뒤에 목록을 수록했다.

8. 책에 사용한 이미지는 확인이 가능한 범위 안에서 저작권 및 사용 허가 권한 유무의 확인을 거쳤다. 추후 다른 정보가 확인되는 경우 이에 따른 적법한 절차를 밟겠다.

"외국어는 단지 개인의 호기심과
필요에 의해 전파되는 것이 아니다.
그 전파의 과정은 시대에 의해 좌우되며,
역사의 변화에 의해 영향을 받는다."

_로버트 파우저

외국어 전파의 첫 순간,
그 시작에 관하여

외국어 전파는 언제부터 시작된 역사일까. 중세 이전, 국가라는 개념의 등장 이전 외국어는 어떤 의미였을까. 외국어 전파의 출발은 문명권마다 다른 듯 같았다. 최초의 학습 대상은 말이 아닌 문자였다. 다른 언어를 쓰는 사람을 만날 일은 거의 없었다. 주로 문헌을 읽기 위해 외국어를 배웠다. 그들에게 외국어란 어떤 의미였으며, 그 전파의 양상은 어떻게 전개되었을까.

다른 언어를 배운다는 것?

말이 아닌 글을 배우는 것

근대국가의 형성 이전에 외국어foreign language를 배운다는 것은 어떤 의미였을까? 아직 국가가 세계 질서의 기본 단위가 되기 이전이었으니 외국이라는 개념도 정립되지 않았고, 외국어라는 개념 역시 등장하지 않았다. 외국어라기보다 다른 언어권에서 사용하는 다른 언어를 의미하는 정도였다. 이 책에서는 다른 언어권의 언어를 통칭해 '외국어'라고 하겠다.

이 당시에 외국어를 배울 필요성을 느끼는 이들은 지극히 제한되었다. 배운다고 해도 학습의 대상은 주로 말보다는 문자였다. 물론 필요에 따라 말을 배우는 이들도 있었겠으나 보통 사람들이 다른 언어를 사용하는 다른 지역의 사람들과 만나 외국어로 대화를 나눌 일은 거의 드물었다. 따라서 외국어를 배운다는 것은 고대로부터 중세에 이르기까지는 대개 말이 아닌 문자를 익힌다는 의미였다. 방법 역시 문자를 읽는 행위에서 비롯되었다.

인류가 다른 언어권의 문자를 배운 기록은 기원전 1000년경으로 거슬러 올라간다. 인류 최초의 문자는 기원전 3000년경 메소포타미아 문명을 탄생시킨 수메르Sumer인들이 만들어 사용한 쐐기문자cuneiform, 楔形文字다. 시간이 흘러 기원전 2300년경 메소포타미아 중부에서 세력을 확장하던 아카드Akkad인들에 의해 수메르는 몰락했으나 그들의 문자인 쐐기문자는 살아남아 이후 약 1,500여 년 동안 그 명맥을 유지했다. 약 기원전 1000년경에 제작된 것으로 추정되는 점토로 만든 서판書板은 후대 아카드인들이 오래전 몰락한 수메르인들의 문자인 쐐기문자를 배우기 위해 만든 것으로, 해당 쐐기문자의 수메르어와 아카드어 발음이 표시되어 있다. 이는 세계에서 가장 오래된 외국어 학습 교재라고 할 수 있다.

고대 문명의 발상지인 고대 이집트와 메소포타미아, 오늘날 파키스탄의 인더스 계곡, 중국의 황하 주변, 그리고 고대 멕시코와 과테말라를 중심으로 하는 메소아메리카Mesoamerica 등지에서 문자가 등장한 이래 오늘날 인류가 사용하는 수많은 문자는 이 다섯 개의 지역에서 발생한 문자 체계에서 대부분 파생된 것이다. 물론 한국의 한글처럼 하나의 언어에 맞춰 개발한 '맞춤형 문자'는 예외지만.

인류 문자의 기원이라고도 할 수 있는 다섯 개의 문명권은 각각 발전과 변화를 거듭해가며 커다란 문화권을 형성했다. 유럽에서는 고대 그리스어와 라틴어 문화권이, 중동에서는 고전 아랍어 문화권이, 인도에서는 산스크리트어 문화권이, 중국에서 한자 문화권이, 그리고 메소아메리카에서는 마야어 문화권이 그 주변 지역에서 일종의 패권을 형성하게 되었다. 해당 문화권의 주류는 물론 주변 세력은 주류 문화권 내에서 신분의 안정과 그 권위를 인정받기를 원했고 그러기 위해서 가장 먼저 그 문화권의 문자를 익혀야 했다. 문자의 학습은 해당 문화를 받아들이기 위해 해야 할 급선무 중 하나였다. 문자를 익히는 여러 목적 중 각 문화권의 고전을 읽고 이해하는 것도 빼놓을 수 없었다. 문자의 학습을 통해 주로 성경이나 불경 같은 종교 경전이나 지식의 함양과 교양적 가치가 높은 고전 문헌을 읽었다. 조선의 지배계층이 한자를 익히고, 한자로 된 중국의 고전 문헌을 읽었던 것을 떠올리면 이해가 쉬울 듯하다.

이런 언어를 '고전어'classical language라고 지칭하는데, 고전어의 영향력은 동서양을 막론하고 오랜 역사를 거쳐 유지되었다. 유럽에서는 고대 이후 중세까지 수도원과 초기 대학의 교육용 언어는 당연하게도 라틴어였다. 그리스어로 된 고전을 읽는 이들도 많았다. 이와 마찬가지로 중국의 영향권 안에 있던 동양의 주변국에서는 학문을 익히려면 한자를 필수적으로 읽고 쓸 줄 알아야 했다. 대부분의 문화권이 비슷했다.

종교적 이유나 지적 활동을 위해 고전어를 익히는 이들이 국가와 언어의 상관성을 인식하는 경우는 드물었다. 대부분 자신들이 배우는 언어를 외국어나 고전어라는 큰 개념으로 인식하기보다 개별 언어의 이름으로 불렀다. 개념적으로 고전어와 달리 같은 시대 다른 지역에서 사용하던 언어는 '현대어'modern language라고 부를 수 있다. 현대어는 고전어와 달리 배우는 목적이 매우 다양했으나 이때만 해도 현대어를 배우는 이들은 매우 소수에 불과했다. 그렇다면 하나의 언어는 어떻게 다른 곳으로 전파되어 갔을까.

종교의 확산 과정은
곧 외국어 전파의 역사

중세 유럽은 외국어의 전파 과정과 그 문화의 역사를 이해하는 데 매우 유용하다. 기독교가 널리 전해지면서 문자의 보급이 함께 활발해졌기 때문이다. 로마제국 콘스탄티누스272~337 황제가 313년 밀라노 칙령을 통해 기독교를 공인하고, 392년 테오도시우스 황제347~395가 국교로 지정한 이래 기독교는 유럽 전역에 걸쳐 확산되었다. 교회의 공식 언어로 라틴어가 채택되었다.

기독교를 널리 전하기 위해서는 성경을 편찬하고 번역하는 일이 우선이었다. 성경은 잘 알다시피 구약과 신약으로 이루어져 있다. 구약은 대부분 히브리어로, 일부는 아람어로 기록되어 있고, 신약은 그리스어로 기록되어 전해져 왔다. 이를 로마제국의 공용어이자 교회의 공식 언어인 라틴어로 번역하

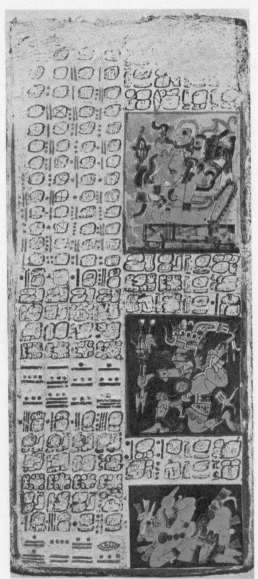

01

문자의 습득,
주류 편입의
우선 조건

인류 문자의 기원이라고도 할 수 있는 다섯 개의 문명권은 각각 발전과 변화를 서듭해가며 기다란 문화권을 형성했다. 그 가운데 문자를 빼놓을 수 없었다. 유럽에서는 고대 그리스어와 라틴어, 중동에서는 고전 아랍어, 인도에서는 산스크리트어, 중국에서 한자, 그리고 메소아메리카에서는 마야어가 문자를 통해 일종의 패권을 형성했다. 이 당시 해당 언어권의 주류는 물론 언어권 바깥의 주변 세력까지 신분의 안정과 권위를 보장 받기 위해서는 바로 그 문화권의 문자를 배워야 했다. 문자의 학습은 지배층 진입 및 유지를 위해 반드시 거쳐야 할 과정이었다.

02

01 마야어 문자. 13~14세기에 지어진 책, 『드레스덴 백화』의 일부분이다. 아메리카 대륙에서 가장 오래된 책으로 알려져 있다. 독일 드레스덴 작센 주립도서관 소장.

02 아랍어 문자. 1224년 당시 문헌의 일부로, 꿀로 약을 만드는 방법을 설명하고 있다. 메트로폴리탄 미술관 소장.

03 고대 한자. 기원전 825년 주나라 당시의 것으로 알려진 금문(金文). 소장처 미상.

04 고대 그리스어 문자. 델포이 유적지에 있는 각석.

05 고대 산스크리트어 문자로 기록된 패엽경(貝葉經). 패엽경이란 고대 인도에서 주로 종이 대신 나뭇잎에 쓴 불경을 뜻한다. 소장처 미상.

06 쐐기문자. 쐐기문자는 기원전 3000년경 메소포타미아 문명을 탄생시킨 수메르인들이 만들어 사용한 인류 최초의 문자이다. 이 이미지는 1893년 펜실베이니아 대학교 바빌로니아 탐험 기록에 실려 있다. 토론토 대학교 소장.

03

04

05

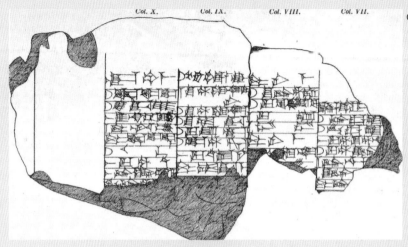

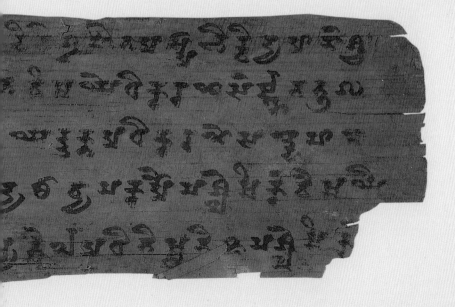

는 작업이 급선무였다. 히브리어와 아람어 그리고 그리스어 등으로 기록되었던 신의 지혜이자 말씀을 담은 성경은 라틴어로 번역, 보급되어 유럽의 각 지역으로 빠르게 퍼져 나갔다. 지역에 따라 말은 다르게 쓸지언정 성경을 읽기 위해서는 라틴어를 배워야 했다. 글을 읽을 수 있는 자만이 신의 뜻을 제대로 이해할 수 있었다. 라틴어를 읽을 수 있느냐 없느냐를 두고 지식인의 척도로 삼는 경우 역시 비일비재했다. 외국어를 배우는 동기가 바로 거기에 있었다. 이미 중세 이전부터 종교는 문명의 발달과 함께 나란히 발전했고 세상 곳곳으로 전파되는 과정에서 당시 사람들은 매우 자연스럽게 외국어의 문자를 익혔다. 외국어의 학습이 그렇게 이루어졌다. 하지만 이들은 매우 한정된 소수에 불과했고, 이로 인한 권력의 집중화가 확연히 드러났다.

중세 유럽의 기독교는 갈수록 그 세력이 확산되었다. 이에 따라 지역별로 자신들의 언어로 성경을 번역하려는 시도 역시 점차 늘어나고 있었다. 1517년 종교개혁운동을 일으킨 마르틴 루터1483~1546가 1522년 구약을, 1534년 신약을 평신도들이 읽을 수 있도록 독일어로 번역한 것이 대표적이었다. 그러나 이러한 시도를 권력자들은 반기지 않았다. 정보는 독점할수록 권위가 강화된다. 라틴어로 기록된 성경은 라틴어를 교육 받은 이들만 읽을 수 있었다. 이들은 대개 지배계층이었다. 매우 자연스럽고 당연하게도 성경의 메시지를 직접 읽을 수 있는 계층과 읽지 못하고 전달자를 통해서만 이해할 수 있는 계층으로 나뉘어졌다. 직접 성경의 교리를 읽고 이해할 수 있는 이들이 많아질수록 지배계층의 독점권력은 약화될 수밖에 없었다. 라틴어 외의 다른 언어로 성경이 번역될수록 권력은 약화되게 마련이고, 지배계층이 이런 상황을 달가워할 리 없었다. 따라서 이를 부정적으로 인식하고 통제하려는 시도가 이미 패권화된 로마 가톨릭 교회를 중심으로 이루어지기도 했다.

다른 문화권도 크게 다르지 않았다. 무함마드에 의해 창시된 이래 급속도로 전파된 이슬람교 역시 이슬람교의 경전인 쿠란은 아랍어로 기록되었고 이슬람 교회에서는 아랍어를 공식 언어로 채택했으며 쿠란의 언어인 아랍어는 경외의 대상이기까지 했다. 이슬람교를 받아들인 지역에서 외국어인 아랍어를 배우기 위한 노력이 적극적으로 이루어졌음은 미루어 짐작이 가능하다. 인도에서는 산스크리트어가 같은 역할을 했다. 산스크리트어에 대해서는 잠시 후 다시 살펴볼 예정이다.

또 하나의 사례로 들 수 있는 것은 인도네시아의 자와어Basa Jawa다. 인도네시아는 동남아시아와 오세아니아에 걸쳐 있는 섬나라로, 약 1만 7천여 개의 섬으로 이루어져 세계에서 섬이 가장 많은 나라일 뿐만 아니라 인구 수로만 보면 세계 4위이고, 영토의 크기로는 14위인 국가다. 인도와 중국을 잇는 바닷길의 경로에 자리를 잡고 있어 역사적으로 다양한 문명권의 영향을 지속적으로 받아왔다. 사용하고 있는 언어도 다양한데 국가의 통합을 위해 인도네시아어를 공용어로 정하고 교육을 통해 보급시키는 노력을 계속 하고 있지만, 정작 사용자가 가장 많은 언어는 자와어다. 인도네시아 인구 전체의 약 32퍼센트가 자와어를 모어로 쓰고 있다.

자와어의 변화 과정은 종교와 매우 밀접하다. 1세기경 인도에서 힌두교가, 2세기경 불교가 전파된 이후 두 종교가 인도네시아에 정착하면서 자와어는 인도의 문명어인 산스크리트어의 영향을 받기 시작한다. 자와어와 산스크리트어가 다른 어족에 속해 있던 터라 문법보다는 어휘의 영향을 특히 많이 받았다. 이후 중동에서 등장한 이슬람교가 13세기 이후 인도네시아에 전

쿠란. 15세기 인도에서 제작한 필
사본 쿠란으로, 아랍어는 크게 쓰
고 당시 델리 술탄조 왕국의 공용
어인 페르시아어는 작게 썼다. 메
트로폴리탄 미술관 소장.

스톡홀름 성경. 750년경에 만든 라틴어 필사본 신약이다. 스웨덴 국립 도서관 소장.

1910년대 암스테르담 활자주조소에서
제작한 자와어 활자.

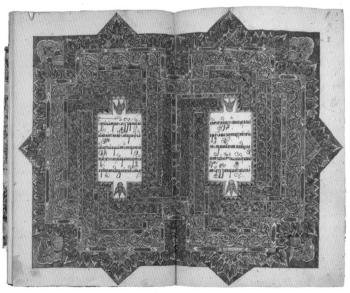

1803년에 제작된 자와어 필사본. 영국도서관 소장.

외국어 전파의 첫 순간, 그 시작에 관하여

파되기 시작했다. 처음에는 해안 지역을 중심으로 전파의 속도가 빨라지더니 15세기에는 내륙에까지 선나가 되었더. 이슬람교이 세력이 커지자 힌두교와 불교 세력은 점차 후퇴하기 시작했고, 힌두교와 불교를 추종하던 제국의 멸망 이후 16세기 인도네시아는 이슬람 문명으로 완전히 탈바꿈을 했다. 이런 과정을 거치면서 자와어는 아랍어의 영향을 많이 받았고, 결국 산스크리트어와 아랍어의 영향을 많이 받은 흥미로운 언어로 변화했다. 문자 역시 15세기 산스크리트 문자에서 파생하여 변형된 형태로 쓰였다.

자와어의 변화는 계속 이어졌다. 17세기 이후 인도네시아의 거의 모든 섬을 지배한 네덜란드는 자국의 언어를 공용어로 쓰게 했고, 자와어는 네덜란드어에서 단어를 흡수하기 시작했다. 네덜란드의 지배는 언어는 물론 문자에도 영향을 미쳐 로마자가 도입되기 시작하자 인도네시아 전역에서는 점점 고유의 문자 대신 로마자로 대체하여 쓰기 시작했다. 1945년 인도네시아 독립 이후 공용어로 지정되는 인도네시아어 역시 예외가 아니었다. 그 결과 20세기 중반까지 지속적으로 사용해온 자와어의 고유 문자는 빠른 속도로 쇠퇴하여 오늘날에는 이 문자를 쓰는 이들이 거의 없으며, 20세기 말 글로벌 영어의 전파로 영어에서 많은 어휘를 흡수하고 있다.

──── 문자가 없는 곳에
새로운 문자가 탄생하다

종교를 전파하기 위해 아예 문자를 새롭게 만든 사례도 있었다. 종교의 전파를 위해서는 교리의 이해가 급선무였고, 그만큼 경전 번역이 반드시 필요했다. 395년 로마제국의 테오도시우스 황제가 세상을 떠난 후 로마제국은 동로마제국과 서로마제국으로 분리되었다. 큰아들이 동로마제국의 초대 황제가 되었고 둘째 아들이 서로마제국의 황제가 되어 통치를 시작했다. 상대적으로 세력이 약해진 서로마제국은 주변의 침입을 많이 받았는데, 북방 동게르만계 부족 중 하나인 고트족 역시 서로마제국의 영토 일부를 점령, 지배했다. 서로마제국에 이미 확산된 기독교는 고트족에게 매우 생소한 문화였으며 라틴어는 처음 접하는 문자였다. 동로마제국의 사제 울필라스Ulfilas, 311?~382?는 고트족에게 기독교를 알리기 위해 고트어 문자를 만들었고 성경을 고트어로 번역했다. 즉 고트족에게 성경을 읽히기 위해 문자를 만들어낸 셈이었다. 스물일곱 글자로 이루어진 이 문자는 그리스어 문자를 주요 기반으로 삼았고 거기에 라틴어 문자 등을 더해 만들어졌다. 하지만 이 문자의 생명력은 그리 오래 가지 않았다. 고트족이 기독교를 받아들인 이후에는 오히려 대부분 라틴어 문자를 사용했기 때문으로, 600년경 무렵에 와서는 이 문자를 사용하는 일은 거의 없었다. 오늘날은 이미 사멸하여 현존하지 않는다.

문자를 만든 예는 또 있다. 아르메니아 언어학자인 메스로프 마슈토츠Mesrop Mashtots, 360~440는 405년경 그리스 문자를 기반으로 삼아, 서른여섯 자의 글자(현재 서른아홉 자)로 이루어진 아르메니아 문자를 만들었는데, 이 역시 성경을 번역하기 위해서였다. 하지만 아르메니아 문자는 비단 성경의 번역어로서만 역할을 한 것이 아니다. 자국어로 된 문학 활동을 풍성하게 해줬을 뿐만 아니라 인접 언어권의 문자를 만드는 데에도 좋은 사례가 되었다. 고트족의 문자와 달리 지금도 여전히 아르메니아에서 사용하고 있을 뿐만 아니라 아르메니아 민족 정체성의 상징이 되었다.

문자를 종교적 이유로만 만든 것은 아니었다. 왕권을 확립하고 국가를 혁신하기 위한 정치적 목적으로 문자의 필요성이 대두된 사례도 많이 있다. 뒤에서 다시 살피겠지만, 몽골제국 칭기즈 칸1162~1227의 손자이자 원나라의 초대 황제가 된 쿠빌라이 칸1215~1294은 원나라 국사國師인 파스파八思巴, 1235~1280로 하여금 제국의 공통 문자를 만들게 함으로써 1265년 파스파 문자를 탄생시켰다. 비록 그뒤 몽골제국의 분열과 쇠퇴가 시작되는 바람에 널리 사용하지는 못했지만 권력자의 요구로 문자가 탄생한 사례로 주목할 만하다. 또한 태국의 람캄행 대왕Ram khamhaeng, 1239?~1298?은 1283년 캄보디아어라고도 불리는 크메르Khmer 문자를 변경해 태국어를 위한 새로운 문자를 만들었고, 불교를 국가 종교로 지정하면서 왕권을 강화했다.

문자의 탄생사 전체를 놓고 볼 때 가장 대표적인 사례는 한글, 즉 세종대왕의 훈민정음이다. 1443년 창제 후 1446년 정식으로 반포되었다. 건국한 지 반세기밖에 안 된 국가 조선에서 왕권과 문화적 정체성을 강화하기 위해 문자를 창제한 것은 그 자체로 매우 놀라운 일이 아닐 수 없다.

──── 『동방견문록』에 등장하는
수많은 외국어의 존재

몽골제국이 유라시아의 상당 지역을 지배했던 13세기 무렵, 유럽인들이 아시아를 여행하는 것은 그 전에 비해 비교적 어렵지 않았다. 그 이전까지만 해도 극소수의 선교사를 제외하고 아시아의 문화를 일반인들이 접할 기회는 거의 없었다. 하지만 이 시기 아시아를 다녀온 유럽인들이 기행문을 쓰면서 아시아의 여러 민족에 대한 이야기가 유럽인들에게 알려지기 시작했고, 그들에게 언어가 있다는 사실 역시 알려졌다. 1271년부터 1295년까지 동방을

종교의 전파,
왕권의 확립을 위해
탄생한 새로운 문자들

문자가 없는 곳에서는 새로운 종교의 교리를 이해하고, 왕권을 확립하기 위해
새로운 문자를 만들었다. 이런 문자들은 종교의 전파를 위한 경전의 번역에,
또는 강력한 통치 행위를 위해 적극적으로 활용되었다. 그러나 모든 문자가
같은 운명이었던 건 아니다. 어떤 문자는 사라지고, 어떤 문자는 오늘날까지도
살아남았다. 또한 살아남은 문자 가운데는 문법 참고서가 출간되어 고대의
문헌을 읽을 수 있게 된 것도 있었다.

01

02

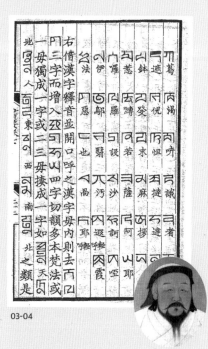

03-04

05-06

01 메스로프 마슈토츠의 초상. 아르메니아의 언어학자 메스로프 마슈토츠는 성경 번역을 위해 405년경 그리스 문자를 기반 삼아 아르메니아의 문자를 만들었다. 그가 만든 문자는 오늘날까지도 살아남았고, 아르메니아 민족 정체성의 상징이기도 하다. 부에노스 아이레스의 성 그레고리 계몽자 성당 소장.

02 코스모 데 메디치의 초상화. 1518년경에 폰토르모가 그린 것으로 피렌체 우피치 미술관 소장품이다. 피렌체의 막강한 권력과 재력을 갖춘 메디치 가문이야말로 르네상스의 강력한 후원자이며, 그 가운데 코스모 데 메디치의 공을 빼놓을 수 없다. 만유엘 크리솔로라스가 『그리스어 문법』을 펴낼 수 있었던 것도 그의 후원 덕분이었다.

03-04 몽골 제국 쿠빌라이 칸은 원나라 국사(國師)인 파스파로 하여금 제국의 공통 문자를 만들게 했다. 파스파 문자는 1265년 그렇게 탄생했다.

03은 쿠빌라이 칸에 의해 탄생한 파스파 문자다. 41개의 파스파 문자와 이에 해당하는 한자를 설명한 『서사회요』(書史會要, 권7)의 일부분으로, 중국국가도서관에서 소장하고 있다. 원 안의 그림은 1294년 네팔 출신 화가가 중국 초상화 기법으로 그린 쿠빌라이 칸의 초상화다. 대만 국립고궁박물관에서 소장하고 있다.

05-06 비잔티움제국의 인문주의자 마누엘 크리솔로라스와 그가 펴낸 유럽 최초의 고대 그리스어 문법 참고서 『그리스어 문법』. 왼쪽에는 라틴어, 오른쪽에는 고대 그리스어가 배치되어 있다. 1484년 출판본. 미국 국회도서관 소장.

여행한 마르코 폴로1254?~1324의 이야기를 기록한 루스티첼로의 유명한 여행기 『동방견문록』에도 아시아권의 언어에 관한 언급이 종종 나온다. 인도네시아 수마트라섬에 대해서는 이렇게 기록되어 있다.

> "섬에는 네 개의 왕국과 왕이 있는데, 각 왕국마다 고유한 언
> 어가 있다."

이외에도 위구르어를 포함해 터키계의 여러 언어, 몽골어, 중국어와 여러 방언, 서하어, 티베트어, 태국어, 버마어, 베트남어, 말레어 그리고 인도 의 여러 언어 등을 언급하고 여행 초기 페르시아어를 배웠다고도 기록했다.

『동방견문록』은 처음에는 라틴어의 영향이 짙은 고프랑스어로 기록되 었다. 이후 라틴어를 비롯한 다른 유럽권의 언어로 번역되어 널리 알려졌는데, 이 책의 존재를 대부분의 한국인들은 알고 있다. 아마도 유럽의 문헌 중 한국 에 대해 언급한 최초의 기록이기 때문일 것이다.

> "나얀 왕자가 지배했던 나라는 '치오르치아'Ciorchia, '가올
> 리'Cauli, '바르스콜'Barscol, 그리고 '시친틴구'Sichintingiu다. 이
> 네 개의 나라를 합해 넓은 지역을 지배했다."

당시 한국은 고려 시대였다. 그는 고려를 'Kauli', 'Cauli', 또는 'Cauly'로 표기했다. 위의 인용문에 나오는 나얀 왕자1257?~1287는 1287년 당시 원나라의 첫 황제인 쿠빌라이 칸에게 반란을 일으켰다가 사형을 당한 인물이다. 'Cauli' 외

의 세 나라는 오늘날의 중국 동북 지역 인근에 있던 곳으로 학계는 추정한다.

──── 『그리스어 문법』,
최초의 문법 교과서

11세기 말에서 13세기 말까지 약 여덟 차례에 걸쳐 일어난 십자군 전쟁을 치르는 동안 유럽은 대외적인 활동이 두드러졌고, 베네치아·제노바 등의 항구 도시를 중심으로 무역이 활발해졌다. 그러면서 자연스럽게 '상인'이라는 새로운 사회 계층이 등장했고, 갈수록 그 세력이 견고해졌다. 주로 도시를 중심으로 활동하던 상인들은 지배계층의 간섭을 받고 싶어하지 않았다. 이들은 스스로를 보호하는 공동체를 만들어 지배계층에 대응했고 자신들의 이익을 극대화했다.

14세기 한바탕 휩쓸고 지나간 흑사병과 그로 인한 극심한 사회적 불안을 겪은 후 15세기에 들어서면서 유럽 전역은 르네상스 시대로 접어들었다. 어느 특정 지역의 일시적 현상이 아닌, 각 지역마다 고유한 특성에 따라 발현된 이 사회적 변화는 특히 도시국가 피렌체에서 그 양상이 뚜렷하게 드러났다.

르네상스의 기원이 어디에서 비롯되었는가, 하는 문제를 둘러싸고 여러 학설이 분분하다. 하지만 이것의 배경은 무엇보다 유럽이 도시 중심으로 재편된 데 있었고, 여기에 상인이라는 새로운 사회 계층이 자신들의 입지를 견고히 함으로써 기존 질서를 벗어나는 움직임을 주도했으며, 여기에 고대 그리스 인본주의의 재발견이 기폭제로 작용했다는 점은 분명해 보인다.

그리고 거기에 코시모 데 메디치1389~1464를 빼놓을 수 없다. 르네상스를 이끈 피렌체의 강력한 권력가 메디치 가문은 막대한 부를 바탕으로 여러 예술가를 후원한 것으로 유명하다. 그런데 메디치 가문이 고대 그리스어의 문헌, 특히 플라톤의 업적을 라틴어로 번역하는 데 적극적으로 지원했고 플라톤 전문 학교인 플라톤 아카데미Accademica Platonica도 후원했다는 것은 널리 알려지지 않았다. 그 당시 유럽에서는 고대 그리스어를 아는 학자가 거의 없었고 그리스어로 된 책도 찾아보기 어려웠다. 오히려 비잔티움제국이나 이슬람 국가에서 그리스 철학과 사상을 공부하는 학자들이 있었기 때문에 그들의 자료를 찾아보는 것이 더 빠를 정도였다. 심지어는 아랍어로 번역된 그리스 문헌을 다시 라틴어로 번역해서 보는 경우도 많았다. 코시모 데 메디치는 이렇게 점차 사라져가는 고대 그리스 문헌의 맥을 유지하기 위해 산 마르코 대성당과 수도원 안에 그리스와 로마의 고전 문헌을 중심으로 한 도서관을 설립함으로써 그리스 인본주의 연구의 토대를 닦는 데 엄청난 기여를 했다. 현재 이 도서관은 산 마르코 국립박물관의 일부로 공개되고 있다.

당시 활동했던 학자 중에 마누엘 크리솔로라스Manuel Chrysoloras, 1355?~1415가 있다. 동로마제국 즉 비잔티움제국의 인문주의자였던 그는 피렌체 정부의 초대로 고대 그리스어와 문학을 가르치기 위해 1395년경부터 약 3년 동안 피렌체에 머물렀고, 그 이후에는 볼로냐·베네치아·로마 등지에서 그리스어와 문학을 가르치는 데 전념했다. 그는 르네상스의 인본주의를 주도한 학자들을 다수 양성했고, 고대 그리스의 유명한 작품을 라틴어로 번역하기도 했다.

1471년 그는 『그리스어 문법』Erotemata을 펴내는데 이는 유럽에서 최초로 출간된 고대 그리스어 문법 참고서이다. 베네치아에서 출간된 『그리스어 문법』은 이후 유럽 전역으로 보급되어 그리스어로 된 고전을 유럽인들이 읽을 수 있게 하는 데 큰 공을 쌓았고, 유럽인들이 그리스 인본주의를 이해하는 데 초석이 되어주었다.

즉 르네상스의 철학적 기둥인 그리스의 인본주의를 제대로 이해하기 위해서는 그 사상과 문화의 집약이라 할 수 있는 그리스 고전을 읽고 해석할 수 있는 능력이 반드시 전제되어야 했다. 그런데 이미 그리스어를 읽을 줄 모르게 된 유럽인들은 크리솔로라스와 같은 비잔티움제국 학자들이 펴낸 책과 그들의 활약으로 다시 그리스어를 배웠고, 그 당시의 문헌을 읽을 수 있게 된 셈이었다.

크리솔로라스의 『그리스어 문법』은 그리스어를 다시 유럽인들에게 익힐 수 있게 한 역할 외에 외국어를 배울 때 문법 참고서를 사용하는 최초의 방식을 제시했다는 점에서도 의의가 있다. 우리가 오늘날 외국어를 배울 때, 그것이 어떤 언어권이든 간에 문법 참고서를 옆에 두고 공부하는 것의 시작이 이 책의 출간 이후부터인 셈이다. 아무리 외국어에서 회화가 중요하다고 해도 기본적인 문법을 배우지 않고 시작하는 경우는 거의 없다.

르네상스와 인쇄 기술 발달,
그리고 외국어 전파와의 상관 관계

르네상스는 인류 역사 전반에 걸쳐 매우 중요한 의미가 있지만, 외국어 전파의 과정에서도 주목할 만하다. 우선 고대 그리스의 사상과 철학을 재발견함으로써 확산된 인본주의는 르네상스의 철학적 기둥이라 할 수 있다. 그 이전까지만 해도 학문이라는 단어는 곧 성경을 이해하고 해석하는 것을 의미했다. 하지만 르네상스를 거치면서 인간의 관심 대상은 신에서 인간으로 바뀌었다. 인간을 이해하고, 인간이 이 세상을 어떻게 살아가고 있는가에 대한 관심이 증폭되면서 사람들의 시선은 고대 그리스로 향했다. 그러나 이미 고대 그리스의 사상과 철학은 학문의 대상이 아닌 지 오래되어 당시의 책은 물론 참고할 만한 문헌도 거의 사라진 상황이었다. 그나마 남아 있다 해도 고대 그리스어를 해독하는 사람이 극히 드물었다.

고대 그리스에 대한 유럽인들의 관심이 높아지자, 점차 고대 그리스어를 배우거나 연구하는 이들이 늘어나기 시작했고, 이로써 서양 학문에서 고대 그리스어는 라틴어와 함께 고전어의 반열에 오르게 되었다. 변화는 또 있었다. 중세 초기 로마 가톨릭 교회에서는 예수 그리스도를 십자가에 못 박고 기독교 신자들을 억압했다는 이유로 로마제국과 제국의 문명을 외면해왔다. 그런데 그리스 고전을 읽으면서 자연스럽게 라틴어의 고전이라고 할 수 있는 로마제국 당시 문헌들도 함께 주목을 받기 시작했다.

르네상스 태동의 배경에는 앞서 말했듯 도시의 발달과 상인 계층의 등장이 있었다. 이들은 축적한 부를 기반으로 활발하게 문화를 소비하고, 이를 적극적으로 후원했다. 이들은 갈수록 막강해지는 가톨릭 교회의 힘을 견제하기 위해 고대 그리스와 로마의 문화를 재발견하는 데 힘을 쏟았고, 고대 그리스 철학에 담긴 합리주의에 관심을 가졌다. 이들의 관심이 커지면서 자연현상을 바라보는 태도에도 변화가 일어났다. 간단히 말해 모든 현상을 신의 섭리로 보는 대신 객관적이고 과학적인 태도로 대하기 시작한 것이다.

도시국가가 중심이 되고, 상인 계층이 부상한 데는 무역의 확산이라는 사회적 변화가 전제되어 있다. 무역을 통해 물산의 교역이 활발해지면서 자연스럽게 인적 교류도 이전과 비할 수 없이 늘어났다. 다시 말해 다른 언어권의 사람들과의 접촉면이 넓어짐에 따라 그들과의 소통 능력이 중요해졌다.

당시의 무역은 선박을 중심으로 이루어졌는데, 선박을 통한 교류에 관심을 가졌던 건 상인들만이 아니었다. 사회적 패권을 유지하고 나아가 확산하는 데 몰두했던 교회 역시 선박을 통한 다른 언어권과의 교류에 관심을 가졌다. 교회가 관심을 가진 건 장사가 아니라 선교였다. 그러자면 무엇보다 필요한 것이 언어 소통 능력이었다. 하지만 다른 언어권의 언어를 가르치는 정식 교육 기관은 존재하지 않았다. 교육 기관에서는 주로 라틴어와 고대 그리스어 등을 중심으로 가르쳤기 때문에 당대 타국의 언어는 외국인과의 접촉을 통해 개인이 알아서 습득해야 했다. 라틴어와 고대 그리스어를 배울 수 있는 교재는 존재했지만 다른 언어에 관한 학습 교재가 있을 리 없었다.

인쇄 기술의 발달은 역사의 새로운 변곡점을 마련해줬다. 1450년경 구텐베르크1400?~1468가 개발한 금속활자 인쇄술의 등장으로 인해, 그 이전까지만 해도 특정 계층의 소유물이었던 '책'이 일반 대중 누구나 거래하고 소유할 수 있는 상품의 하나가 되었다. 그 이전까지만 해도 책은 매우 귀한 것이어서 아무나 가질 수 없었고, 따라서 일반적인 정보 보급의 수단이 될 수 없었다. 하지만 금속활자 인쇄술이 발명되자 유럽 전역에 이를 활용한 책의 보급과 거래가 매우 활발해졌다. 성경 역시 예외가 아니었다. 계층 구분의 상징으로 여겨진 성경이 수많은 언어로 번역, 출판, 제작되어 유럽 전역으로 퍼져 나갔다.

금속활자 인쇄술을 처음 세상에 선보인 것은 구텐베르크가 아니다. 그것의 최초는 이미 고려 시대에 등장했다. 1377년 제작된 『백운화상초록불조직지심체요절』白雲和尙抄錄佛祖直指心體要節은 현존하는 문서 중 금속활자로 인쇄한 최고最古의 것으로 확인되었다. 이뿐만이 아니다. 이미 그 이전인 1234년에 최윤의가 편찬해 금속활자로 인쇄한 『상정고금예문』詳定古今禮文에 대한 기록도 전해져 오고 있으니 금속활자의 역사는 훨씬 오래전에 시작된 셈이다.

하지만 유럽에서 금속활자 인쇄술이 등장한 뒤 그것이 유럽 전역으로 퍼져 나가 본격적인 인쇄·출판·보급의 시대를 열었던 것 같은 일종의 혁명적 현상이 아시아에서는 일어나지 않았다. 유럽에서는 이 무렵 마침 종교개혁운동이 일어났고, 중앙 유럽에서 시작된 종교개혁운동 관련 정보를 유럽 각지로 전하는 데 금속활자 인쇄술이 매우 중요한 역할을 했다. 이에 비해 동아시아에서는 금속활자 인쇄술은 진작 등장했으나 그것을 도구화함으로써 무언가를 확산할 이슈가 만들어지지 않았다. 때문에 유럽보다 먼저 금속활자 인쇄술을 세상에 등장시켰으나 혁명적 현상으로까지는 이어지지 않아 '최초'라는 타이틀을 한동안 구텐베르크에 내줘야 했다.

───── **금속활자 인쇄술의**
         혁혁한 공로

금속활자 인쇄술이 유럽에서 탄생했을 때만 해도 그것이 가져올 결과를 예측한 사람은 거의 없었을 것이다. 그런데 역사는 뜻밖의 지점에서 전환점을 마련한다. 인쇄술이 유럽 전역으로 확산되면서 수많은 책이 집필, 번역, 편찬, 인쇄, 제작, 보급되었는데 그 가운데 빼놓을 수 없는 것이 성경이었다. 그 이전까지만 해도 성경은 라틴어를 해독할 수 있는 종교 지도자들의 전유물이었다. 그들의 말을 통해 기독교의 교리가 일반 민중에게 전달되었고, 일반 민중은 그들의 메시지를 절대적인 것으로 받아들여왔다. 하지만 성경이 일상 언어로 번역, 보급되면서 신의 뜻을 정확하게 이해한 사람들은 로마 가톨릭 교회에 대해 비판 의식을 갖기 시작했다. 대중이 직접 성경을 읽는 것을 달가워하지 않았던 교회 권력층의 뜻과는 다르게 각 나라마다 자국어 번역 성경이 본격적으로 등장하기 시작했다. 중세 가톨릭 교회의 전횡에 대한 비판은 갈수록 고조되었고, 급기야는 1517년 마르틴 루터가 「95개조 반박문」Disputatio을 발표함으로써 촉발된 종교개혁운동으로까지 이어졌다. 다시 말해 16세기 초 폭발했던 종교개혁운동은 직접적으로는 마르틴 루터의 비판을 계기로 일어난 것이지만, 그것의 태동에는 금속활자 인쇄술의 확산과 그로 인한 성경 보급의 역할이 있었음을 기억할 필요가 있다. 즉 사상과 언어 그리고 기술의 만남이 서양사의 물꼬를 뒤바꾼 중요한 혁명 중 하나를 가능케 한 셈이다.

금속활자 인쇄술의 기여는 성경에 국한된 것이 아니었다. 여러 문헌이 다양한 언어로 활발하게 집필·편찬·번역되었고, 이로써 외국의 문자를 통한 종교와 문화의 확산은 이 시기에 집중적으로 그 포문을 열어젖혔다. 책으로 만들어낼 수 있는 콘텐츠가 무궁무진해졌고, 그 가운데 빠지지 않았던 것이 바로 언어 교육을 위한 교재와 사전을 비롯한 학습 도구 등이었다.

───── **교양,**
외국어를 배우는 새로운 동기

우리는 앞에서 중세 유럽에서 외국어를 배우는 것은 곧 교회와 학문의 언어였던 라틴어와 고대 그리스어 등을 배운다는 것을 의미했고 그 목적은 옛 문헌을 읽고 당시의 사상과 철학을 습득하기 위한 것임을 살폈다. 그런데 차츰 여기에 교양이라는 개념이 추가되었다. 특정 외국어를 사용할 줄 안다는 것이 교양의 상징으로 인식되기 시작했다. 다시 말해 외국어를 말하고 읽

구텐베르크 금속활자 인쇄술의 탄생,
사상과 언어, 기술의 만남이
혁명을 일으키다

구텐베르크 금속활자 인쇄술이 유럽 전역으로 확산되면서 수많은 책들이 집필,
번역, 편찬, 인쇄, 제작, 보급되었다. 이 가운데 빼놓을 수 없는 것이 성경이었다.
라틴어를 해독할 수 있는 종교 지도자들의 전유물이었던 성경이 일상
언어로 번역, 보급되면서 로마 가톨릭 교회에 대한 사람들의 비판은 갈수록
고조되었고, 급기야는 1517년 마르틴 루터로 촉발된 종교개혁운동으로까지
이어졌다. 사상과 언어, 그리고 기술의 만남이 혁명을 일으킨 셈이었다.

01   02   03

01-02 구텐베르크 초상과 그의 금속활자 인쇄술의 사용 장면을 그린 1568년 목판화. 소장처 미상.

03 마르틴 루터 초상화. 종교개혁운동의 대명사로 알려진 마르틴 루터는 라틴어 성경을 독일어로 번역, 출간하여 대중들에게 성경을 보급시키기도 했다. 1520년 루카스 크라나흐가 남긴 수도원 시절의 젊은 마르틴 루터의 모습으로, 메트로폴리탄 미술관 소장품이다.

04 구텐베르크 금속활자 인쇄술을 이용, 1454년경 인쇄한 성경. 미국 국회도서관 소장.

을 줄 안다는 것이 오늘날로 말하면 부르주아지 계층에 속한 사람이 가져야 할 일종의 문화적 자본으로 인식되기 시작했다. 문화적 자본이란 간단히 말해 본인의 '가치'를 사회적으로 인정해주는 문화 지식을 뜻한다.

교양으로서의 외국어 역시 초기에는 고전과 문학 작품을 통해 다양한 인간의 정신세계를 이해하는 데 방점이 찍혔다. 외국어를 통해 고전 문헌과 문학작품을 읽으면, 그 이해를 바탕으로 더욱 훌륭한 인간이 되리라는 기대가 작동했다.

그런데 여기에서 새로운 국면이 펼쳐졌다. 즉 교양으로서의 외국어는 이전에 없던 중요한 의미를 부여 받게 되었다. 바로 여성에게도 외국어를 배울 수 있는 동기와 기회가 부여되었다는 점이 그것이다.

중세 수도원, 초기 대학의 교육 과정, 르네상스 시기의 고전어 학습 과정에는 대부분 남자만 참여할 수 있었다. 이들이 배운 것은 주로 문자였다. 하지만 빈번해지는 무역과 외교 현장에서 이탈리아어나 프랑스어와 같은 현대어, 즉 외국어의 소통 능력은 점차 필수 요소가 되었다. 외국인들과의 접촉면이 넓어지면서 문자만이 아니라 말의 필요성이 대두되었다. 이러한 필요로 인해 외국어의 학습은 개인적인 차원에서 매우 보편적으로 이루어지고 있었다. 글만 배운 게 아니라 말을 배우는 게 점차 당연시되었다. 그렇기는 해도 어디까지나 인적 교류의 필요에서 비롯된 것으로 그 학습 대상은 역시 남자들에게 국한되었다. 여자에게는 고전어는 물론 현대어를 배울 수 있는 기회가 쉽게 주어지지 않았다.

그러나 외국어가 점차 부유층이 갖춰야 할 교양, 즉 문화적 자본으로 인식되면서 이 계층에 속한 여자들이 개인교수법을 통해 너도 나도 외국어를 배우기 시작했다. 글과 말을 함께 배우는 것이 당연시되었다. 이들이 처음에 주로 배운 언어는 이탈리아어였으나 르네상스 후기로 접어들면서부터는 프랑스어가 인기를 끌었다. 유럽 전역에서 프랑스가 점차 강대국으로 부상하면서 프랑스어가 외교의 공통어로 인식이 되었기 때문이다. 영국 여왕 엘리자베스 1세1533~1603 역시 마찬가지였다. 그녀는 약 다섯 살 무렵부터 프랑스 출신 개신교 원어민 교사에게 프랑스어 개인교습을 받았다. 엘리자베스 이후 영국 왕실의 여성들은 너도 나도 프랑스어를 배웠고, 왕실의 이런 문화는 귀족과 부유층 여성들에게도 영향을 미쳐 상류층의 문화적 자본인 교양의 한 축으로 프랑스어 학습은 매우 큰 인기를 끌었다. 반드시 그 이유 때문이라고 할 수는 없으나 공교롭게도 오늘날 영국에서 가장 많이 배우는 외국어는 바로 프랑스어다.

물론 귀족 여성들이 프랑스어를 비롯한 외국어를 배웠다고 해서 그것이 일반 여성에게로까지 확산된 것은 아니다. 외국어를 배우는 여성은 특정 계층에 한정되어 있었다. 게다가 전체 인구의 비중으로 볼 때 귀족과 부유층 여성의 수는 일부분이었고, 그나마도 그 계층에 속한 모든 여성이 외국어를 배운 것도 아니었기 때문에 이 당시 외국어를 배울 수 있었던 여성의 숫자란 전체 인구 수를 놓고 볼 때 매우 미미했다.

16세기 런던,
최초의 외국어 학습 기관 출현

정식 교육 기관에서는 고전어를 중심으로 가르쳤고 문자와 문헌만을 학습의 주요 대상으로 삼았으므로 말하는 법을 배워야 했던 현대어 교습은 개인적인 학습을 통해서 이루어지는 경우가 많았다. 그러나 수요가 있는 곳에 공급이 있는 법이다. 최초로 외국어를 전문으로 가르치는 학습 기관이 16세기 런던에 등장했다. 클라우디우스 홀리밴드Claudius Holyband, 프랑스어 이름은 Claude de Saintliens, 1534~1594라는 프랑스인이 운영하는 프랑스어 학원이 그것으로, 주로 런던 부유층 상인의 아이들을 가르쳤던 이곳에서는 홀리밴드가 쓴 프랑스어 교과서를 사용했다.

홀리밴드는 여러 권의 책을 쓴 것으로 알려져 있다. 가장 대표적인 것으로 『프랑스어 교사』The French school-master를 꼽고, 『프랑스어 리틀턴』The French Littleton도 빼놓지 않는다. 모두 아이들을 대상으로 쓴 책으로, 흥미로운 대화를 중심으로 구성함으로써, 책에 수록한 이 대화를 통해 프랑스어 단어와 문법을 배울 수 있게 했다. 문법은 주로 동사 변화를 다루었고, 단어 습득을 위해 '대체 연습' 방법을 사용했다. 대체 연습이란 문장 속에 단어 하나가 들어갈 부분을 선택해 비워둔 뒤 그 자리에 들어갈 수 있는 단어의 종류를 나열함으로써, 문장을 암기하면서 동시에 여러 단어도 함께 암기할 수 있게 하는 방법이다. 특히 영어 사용자들의 프랑스어 학습을 위해서 만든 책이라는 특성을 반영하여 프랑스어 대화 문장 옆에 영어로 번역한 문장을 함께 수록했다.

동아시아의 절대 맹주,
한자

비슷한 시기, 그러니까 유럽이 한창 중세와 르네상스 시대를 통과하고 있을 무렵 동아시아의 상황은 어땠을까? 우선 유럽에 사상과 철학의 근간이 되어준 그리스와 로마가 있고 기독교가 존재했다면, 동아시아에는 중국이 있고 불교와 유교가 존재했다. 동아시아에서는 중국의 한자가 맹주였다. 한자가 발달하면서 불교와 유교, 도교 사상이 문헌으로 정리되었다. 공자, 맹자, 노자 등을 비롯한 고대로부터 한문으로 기록된 수많은 사상가의 옛 문헌이 동아시아 전역에 수대에 걸쳐 지속적이고 광범위한 영향을 미쳤다. 종교와 사상을 아우르는 이 문헌들은 위대한 사상가들의 철학을 집대성한 고전의 반열에 올라 중국 내의 지배계층과 지식인들에게는 물론 한반도의 고구려·백제·신라에 전해졌고, 뒤이어 일본에까지 전달되었다. 이미 한국과 일본에는 중국어는 할 줄 모르지만 중국의 문자는 자유롭게 읽고 쓰는 이들이 포진하고 있었다. 이들을 통해 중국의 다양한 문헌은 중국 한문 문화권에 속해 있던 주변의 국가들, 즉 한국·일본·베트남 등 동아시아 여러 국가의 깊숙한 곳까지 들어왔다. 이들 나라의 지배계층은 중국 사상가들의 문헌을 비롯한 각종 고전들을 배우고 익히기 위해 반드시 한자를 학습하고, 한문을 읽고 쓸 줄 알아야 했다.

이것은 문자 간의 사대현상을 불러오기도 했다. 이들 나라 중 한문의 영향력이 가장 깊고 오래 지속된 나라는 한국이다. 한국에서는 이미 삼국 시대부터 한자를 사용했고, 15세기에 세종대왕과 집현전 학자들에 의해 한글이 창제되었으나 19세기 말까지 지배계층을 비롯한 주류의 문자는 한자였고 한문이었다. 조선의 지배계층이라 할 수 있는 사대부들은 자국어 문자 대신 '외국어 문자'인 한문으로 기록과 집필 활동을 했다. 대국으로 인식된 중국의 영향이지만 지배계층에 깊게 뿌리 내린 한자 사용 문화가 쉽사리 바뀌지 않았던 데서 비롯된 현상이기도 했다.

이에 비해 지리적으로 한국보다는 중국과 거리가 있던 일본과 베트남 등은 한국에 비해 비교적 일찍 한문의 영향권에서 벗어나기 시작했다. 일본은 히라가나와 가타카나를 만들어 쓰면서 한자를 일본어 문자 체계 안에 포함시키긴 했으나, 한국과는 양상이 다소 달랐다. 일본은 자국의 문자가 생긴 이래 한문에서 빠르게 벗어났다. 지배계층에 의해 이루어진 기록과 집필 역시 당연히 자국의 문자로 이루어졌다. 물론 일본어의 문자 체계 안에는 오늘날까지도 한자 약 2천여 자가 포함되어 있긴 하지만 그것의 활용방식은 매우 특징적이다. 일본어는 문어文語인 한문과 그 문어의 문자인 한자의 차이를 잘 보여주는 사례이다. 일본의 문자를 이해하기 위해서는 한문과 한자를 잘 구분해야 한다. 일본이 중국에서 처음 받아들인 문자는 한자로 쓰여진 한문이었지만 시간이 흐르면서 한자의 영향을 받아 자국의 문자인 가나假名가 발달했다. 이로써 일본의 문자 체계는 한문의 문자인 한자와 일본의 고유 문자 체계인 가나의 혼합 형태로 완성되었고, 결과적으로 일본어에서 한자는 남아 있으나 한문은 쇠퇴했다.

하지만 이 당시에 일본이 한문에서 벗어나 자국문자를 사용하기 위해 적극적으로 노력했던 것은 아니다. 일본이 자국어를 대대적으로 정비하고 적극적으로 활용하기 시작한 것은 19세기 중반 단행한 메이지 유신 이후부터라고 할 수 있다. 메이지 천황1852~1912은 메이지 유신을 단행하면서 서양의 문물을 적극적으로 받아들이기 시작했고, 서양의 자국어 정책을 참고하여 '표준 국어'를 만들고, 이를 언어 정책의 핵심으로 삼았다. 1920년대에 한자 사용의 표준화와 교육용 한자 수를 규정한 것도 이러한 정책의 일환이었다.

베트남 역시 중국 문화가 들어오면서 한문과 한자도 유입되었다. 중국 한나라의 직접 지배를 받으면서 한문을 사용하기 시작, 939년 중국으로부터의 독립 이후에도 20세기 초까지 한문을 공용어로 계속 사용했다. 그러나 한편으로 13세기경부터 한자를 빌려 베트남어를 표기하는 쯔놈字喃이라는 문자가 만들어져 20세기 초까지 문학, 특히 시 창작에 사용했다. 또한 16세기 이후에는 베트남어 로마자 표기법도 등장했다. 이 무렵 베트남에 들어온 포르투갈 선교사들이 처음 개발한 것을 17세기 프랑스 선교사들이 좀 더 정리를 했고, 19세기에는 역시 프랑스 선교사들이 교육 제도를 통해 이를 적극적으로 보급했다. 한문으로 대표되는 유교 문화와 단절시키기 위한 전략이었다. 이때부터 한자의 영향력은 쇠퇴하기 시작했다. 20세기 초 프랑스의 지배를 받으면서 중국의 영향력은 더 급속히 쇠퇴했고, 베트남의 민족주의자들은 로마자 표기법을 '꾸옥응으'(국어)로 지정하고 보급시키려 했다. 프랑스는 '꾸옥응으'를 사용하는 베트남어 교육을 하면서 동시에 프랑스어 교육도 같이 시켰다.

베트남에서 한문이 쇠퇴하면서 꾸옥응으가 보급된 현상은 20세기 초 선교사와 민족주의자들에 의해 한글이 부활한 한국과 유사한 점이 있다. 문자의 채택과 민족주의의 관계를 엿볼 수 있는 흥미로운 사례다. '표준 국어'의 개념은 17세기 프랑스에서 정립된 것으로, 제2장에서 좀더 자세하게 다룰 예정이다.

산스크리트어로 되어 있던 불교의 교리와 경전 역시 한문으로 번역되어 동아시아 전역으로 전파되었다. 산스크리트어로 되어 있던 불교의 경전이 한문으로 번역되는 과정은 르네상스 시대 고대 그리스의 문헌이 번역된 경우와 매우 흡사하다. 인도에서 탄생한 불교는 오늘날의 파키스탄 북부와 아프가니스탄 동부 지역에 자리 잡았던 고대 간다라 왕국으로 전해지면서 점차 다른 문화권과의 접점을 갖게 되었다. 간다라 왕국은 알렉산드로스 왕기원전 356~323의 침략을 받아 서양 문화를 처음으로 접한 곳이었고, 비단길 즉 실크

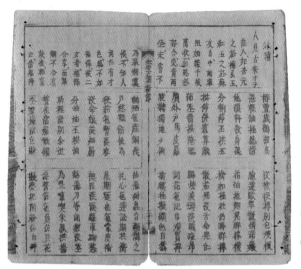

1820년 한자를 빌려 베트남어를 표기하는 문자 쯔놈으로 쓴 베트남 국민문학 작품 『쭈옌 끼에우』. 베트남 국립도서관 소장.

19세기 베트남 뜨득 황제(嗣德帝)가 만든 어린이를 위한 한자 학습서. 베트남 응우옌 왕조 역사연구소 소장.

외국어 전파의 첫 순간, 그 시작에 관하여

로드의 중요한 거점이었다. 때문에 이미 이 무렵부터 동서양의 여러 문화와 언어가 섞여 있었다.

불교 경전을 한문으로 처음 번역한 사람은 쿠샨Kushan 왕조 간다라 지역 출신 지루가참支婁迦讖, 154~?이었다. 우연한 기회에 중국으로 건너간 그는 불교 경전의 번역 작업을 시작했고, 제자를 양성하면서 작업은 더 활발해졌다. 이로써 불교는 중국에 정착하기 시작했고, 후대에 한국과 일본에까지 전파되었다.

중국 인근에서 거듭했던
수많은 문자의 흥망성쇠

오랜 역사를 지닌 중국은 시대에 따라 국가 형태의 변화가 무쌍했다. 때로는 통일국가였다가 왕조가 붕괴하면 작은 나라 몇 개로 분산이 되었고, 다시 또 통일을 하는 과정이 여러 번 반복되었다. 또한 침략해온 외세의 지배를 오랫동안 받았는데, 중국이 외세의 영향을 받기보다 오히려 외세의 지배 세력이 중국화 되기도 했다. 이러한 중국을 지탱해온 문화적 기둥이 바로 한자였다. 물론 한자만 있었던 것은 아니다. 시대와 지역, 상황에 따라 여러 문자가 등장하고 사라지기도 했다.

중국 북서쪽에 1038년부터 1227년까지, 약 200여 년 동안 존재했던 왕국 서하西夏의 사례는 주목할 만하다. 서하의 역사는 경종 이원호景宗 李元昊, 1003~1048로부터 시작했다. 이원호는 1032년 서하의 지도자로 나선 뒤 1038년, 왕국을 건설하고 황제가 되었다. 어릴 때부터 중국어와 티베트어를 공부하면서, 언어에 대한 관심이 많았던 그는 왕권을 확립하기 위해서 1036년 한자의 원리를 빌려 새로운 문자의 개발을 주도했다. 오늘날까지 알려진 바에 의하면 서하의 문자는 모두 5,863자로 되어 있으며, 언어학자들 사이에서는 가장 어려운 문자 체계로 여겨지고 있다. 1227년 몽골의 침략을 받아 왕국이 멸망한 이후에도 1502년까지 이 문자를 사용한 기록이 남아 있다.

황제의 추진력에 힘입어 빠른 속도로 새로운 문자가 만들어졌고, 황제는 국가의 문서를 새로운 문자로 작성하게 했고 이 문자의 교육을 의무화했으며, 한편으로 불교 고전의 번역 작업을 활발하게 진행했다. 모두가 새로 만든 문자를 왕국 안에 빨리 정착시키기 위한 방편이었다. 새로운 언어의 정착을 위해 문헌을 편찬하는 사례는 조선에서도 볼 수 있다. 조선의 세종대왕 역시 한글 창제 후 대중들에게 새로운 문자를 알리기 위해 한글로 된 문헌을 적극적으로 펴냈다. 한글로 엮은 최초의 책은 1445년 편찬한 조선 왕조의 창업을 기린 『용비어천가』로서, 1446년 훈민정음의 반포 이후 1447년에 간행되었다. 같은 해에는 수양대군이 쓴 『석보상절』과 『월인천강지곡』 역시 간행되었는데, 이 두 권은 처음으로 금속활자를 사용한 책이기도 하다. 모두 한글 보급을 위해 왕이 주도하여 간행한 책들이다.

역사상 가장 넓은 인접 영토를 실질적으로 지배한 몽골제국에서도 새로운 문자가 등장했다. 몽골어에는 고유 문자가 없어 거란어 문자를 사용했는데, 여러모로 불편할 수밖에 없었다. 1204년 몽골제국 확장이 시작된 이후 칭기즈 칸은 전투를 치르며 위구르족 필경사筆耕士를 포로로 삼아 몽골어를 위한 문자를 만들라는 명령을 내렸다. 1209년 칭기즈 칸은 서하를 침략하면서 몽골제국의 확장을 본격적으로 시작했고, 이후 동아시아·중앙아시아·중동·동유럽·유라시아에 이르기까지 커다란 제국을 만들어 다양한 민족을 지배했다. 이렇듯 커다란 영토와 다양한 민족을 통치하기 위해 몽골제국은 '얌'yam이라는 우편 제도를 도입했을 뿐, 지배 받는 민족들에게 종교와 무역의 자유를 보장했다. 매우 느슨하게 통치한 셈이다. 따라서 몽골제국이 통치했던 13세기 초부터 14세기 중반까지는 일명, 팍스 몽골리카로 불리는 평화의 시대였다. 어쩌면 이러한 평화와 자유로 인해 마르코 폴로와 같은 유럽인의 아시아 여행이 가능했던 것인지도 모른다.

　　한편 칭기즈 칸의 명령에 의해 위구르 문자를 토대로 만들어진 몽골어의 문자는 몽골어의 전통 문자가 되었고, 17세기에는 만주에 전해져 만주어의 문자로 채택되기도 했다. 하지만 몽골제국은 처음부터 통치 방식만큼이나 언어 정책면에서도 매우 느슨했다. 몽골 군부와 정부의 공식 언어는 몽골어였지만 몽골제국은 자신들이 지배하는 각 지역의 현지인들에게 자국의 언어인 몽골어와 문자의 사용을 강요하지도 않았고, 애써 가르치려 들지도 않았다. 자국의 언어를 피지배 민족에게 강요하기는커녕 오히려 시간이 갈수록 몽골의 지배세력은 피지배 지역 문화에 흡수되고 현지화되었다. 몽골어의 문자 역시 애초에 그 체계가 완벽하게 이루어진 것이 아니어서 거듭 수정안을 만들었지만 크게 개선이 되지는 못했고 훗날 20세기 키릴Cyrillic 문자가 도입되면서 유명무실해졌다. 1990년 몽골 민주화 이후 몽골의 전통 문화에 대한 관심이 높아지면서 이 전통 문자는 장식물처럼 간판에 다시 등장하기 시작했고, 오늘날 중국 안에 있는 내몽골 자치구 정도에서만 사용하고 있다.

　　다른 시도가 없었던 것은 아니었다. 칭기즈 칸의 손자 쿠빌라이 칸 1215~1294은 한족 중심의 중국을 정복하고, 원나라를 세웠다. 그가 제국의 수도를 현재의 베이징으로 정하자 몽골의 지배계층들 역시 대거 베이징으로 이

주했다. 그런데 베이징으로 옮겨간 이들은 자신들의 문화를 한족에게 전하기보다 오히려 한족의 문화를 빠르게 받아들이기 시작했다. 그런 이들에게 한족의 언어인 중국어는 넘어야 할 산이었다. 더구나 위구르 문자를 토대로 만든 문자로는 몽골어를 정확하게 표기하는 데 한계가 있었고, 이것으로 중국어에 적응하는 것은 더욱 더 어려운 일이었다.

원나라의 초대 황제가 된 쿠빌라이 칸은 몽골어와 중국어 그리고 몽골제국의 지배를 받는 여러 민족이 공통으로 사용할 수 있는 보편적 문자의 개발을 지시했다. 그렇게 해서 만들어진 것이 앞에서 언급한 바 있는 파스파 문자다. 티베트 출신의 원나라 국사 파스파가 개발했다고 해서 그 이름에서 명칭을 따온 파스파 문자는 한글처럼 서른한 글자의 자음과 여덟 글자의 모음을 합해, 모두 서른아홉 자의 자모로 구성되었다. 이후 세종대왕의 한글 창제에 영향을 미쳤다는 가설로 인해 매우 치열한 논쟁의 대상이 되기도 했지만 명확한 기록이 남아 있지 않아 어디까지나 확인할 수 없는 가설이다.

파스파 문자는 원나라의 공식 문자이긴 했지만, 궁중에서 작성하는 공식적 문서 외에는 안 쓰였고 원나라 멸망 이후에는 거의 쓰이지 않았다. 하지만 이 문자에 담긴 언어 보편주의의 측면은 기억해둘 필요가 있다. 하나의 제국이 여러 언어를 사용하는 사람들을 지배할 경우 이들의 소통을 촉진하기 위해서는 하나의 통일된 언어와 문자가 필요하다. 이 경우 대개 지배자의 언어를 피지배자들에게 보급하는 것이 일반적이다. 그러나 쿠빌라이 칸은 새로운 제국의 통치를 위해 누구나 배우기 쉬운 보편적인 언어와 문자가 필요하다는 것을 인식했고, 파스파 문자는 그런 보편성을 염두에 두고 제국의 지배자에 의해 새롭게 만들어진 문자라는 점에서 매우 중요한 의미가 있다.

파스파 문자 이후에도 동과 서를 막론하고 서로 다른 언어를 사용하는 이들끼리의 원활한 소통을 위해 보편적 언어를 확보하기 위한 노력은 계속되었다. 그리고 보편적 언어를 논할 때 빠지지 않고 등장하는 것은 역시 영어다. 서로 다른 언어를 사용하는 전 세계인이 정확한 의사소통을 위해서는 공통어가 필요하고, 영어로 하여금 그 역할을 하게 해야 한다는 것이다. 오늘날 전 세계적으로 영어 교육이 필요하다는 주장은 바로 이 언어 보편주의에서 비롯되었다. 그러나 강대국의 언어를 다른 언어 사용자들에게 함께 사용할 것을 주장한다는 점에서 파스파 문자와는 다소 성격이 다르다고 할 수 있다.

─── 역관,
고려부터 조선까지 주변국과의 가교가 되다

한국에서 외국어 교육은 언제부터 어떻게 시작되었을까. 처음 외국어를 본격적으로 배웠던 이들은 역관譯官이었다. 고려 시대부터 존재해온 이들은 번역이나 통역을 직업으로 삼았고, 이들을 위한 교육 기관인 통문관通文館이 1276년, 그러니까 충렬왕 재위 2년 무렵 설치된 이래 주변 국가의 외국어를 역관들에게 가르쳐왔다. 이러한 외국어 전문 교육 기관은 이후 고려 말 사역원司譯院으로 이어졌고 조선 왕조가 들어선 이후에도 존속, 유지되었다.

외교와 관련한 통번역 관리를 양성하고 교육하는 기관이었던 통문관이나 사역원 등에서 주로 가르쳤던 외국어는 중국어, 일본어, 몽골어, 여진어와 그 후손인 만주어 등으로 이 중에서 여러 면에서 교류가 가장 많았던 중국어를 배우고 가르치는 비중이 가장 컸고, 그 다음이 일본어였다.

조선이 일본과 서로의 언어를 가르치고 배우며 활용하는 장면은 여러 면에서 무척 흥미롭다. 조선은 1404년 일본과 외교 관계를 맺은 뒤 일본으로 조선통신사를 보내기도 하고 일본에서는 조선으로 일본국왕사를 보내기도 했다. 하지만 1592년 임진왜란을 시작으로 1597년 정유재란, 1627년 정묘호란과 1636년 병자호란에 이르기까지 조선은 중국과 일본 등 외세의 침략을 무척 많이 받았다. 특히 일본의 침략은 여러모로 상처를 남겼다. 때문에 임진왜란을 겪은 후 일본을 향한 조선의 경계 심리는 당연히 클 수밖에 없었고, 임진왜란 이후 양국의 교류는 단절되었다.

양국이 다시 교류를 시작한 것은 1607년경부터였다. 조선이 일본의 정치적 수도인 에도江戸에 조선통신사를 파견한 것이 그 시작으로, 물꼬가 터지자 이후 1811년까지 약 열두 차례에 걸쳐 통신사를 파견했다. 주로 에도의 새로운 막부 즉위를 축하하기 위한 사절단으로 파견하곤 했는데, 이를 위해 일본어를 할 줄 아는 역관이 반드시 동행해야 했다.

조선의 역관들은 정식 교육 기관이 아닌 다른 경로로도 일본어를 배우곤 했다. 여기에는 쓰시마 번주藩主의 역할이 컸다. 쓰시마는 부산의 동래에, 요즘 식으로 말하면 소규모의 무역 사무실을 두고 상인들을 파견했다. 그렇게 파견하는 상인들에게 한국어를 가르쳐 보낸 것은 물론이었다. 그 때문에 쓰시마에서는 이미 1727년 쓰시마 번주가 외국어 교육 기관인 통사양성소通詞養成所를 설립했고, 이곳에서 한국어를 가르쳤다. 에도 시대 출간된 대부분의 한국어 학습 교재와 사전 등이 쓰시마에서 편찬된 것은 이런 사정에 의해서였고, 조선에 파견 나온 쓰시마의 상인들이 한국인들에게 일본어를 가르쳐 준 것은 매우 자연스러운 현상이었다. 제3장에서 다시 이야기하겠지만, 쓰시마에서 일본인들에게 한국어를 가르쳤던 통사양성소는 메이지 유신 이후 부산 초강戸(注)으로 이전했다가 1880년에 도쿄로 다시 이전, 현재 도쿄외국어대학 조선어학과의 모태가 되었다.

　　조선 시대 역관 가운데 주목할 사람을 살펴보자면 우선 김지남金指南, 1654~1718이 있다. 중국어와 일본어 모두 능통했던 것으로 짐작되는 그는 1682년 도쿠가와 쓰나요시德川綱吉가 장군이 된 것을 축하하는 통신사의 역관으로 파견되었는데, 당시 약 6개월여의 일본 여행 기록을 『동사일록』東槎日錄에 담았다. 또한 1712년 백두산 경계를 조사하는 과정에 역관으로 참여한 당시의 기록을 『북정록』北征錄으로 남기기도 했다. 하지만 그가 남긴 대표적인 업적은 따로 있다. 바로 조선 시대 사역원의 연혁과 업무를 꼼꼼하게 정리한 『통문관지』通文館志가 그것으로, 당시 조선과 외교적 관계를 맺고 있던 중국과 일본은 물론 요나라와 연나라 그리고 여진에 대한 정보를 풍부하게 기술하고 있다. 총 12권 6책으로 구성한 『통문관지』 가운데 김지남이 사망하기 전에 편찬한 초간본 8권 3책은 1720년숙종 46년 무렵에 출간이 되었고, 중간본인 나머지 부분은 1778년정조 2, 1881년고종 18 1888년에 각각 한 권씩 증보되어, 11권 5책, 12권 6책의 목판본으로 이어서 편찬되었다. 조선인 일본어 통역관으로는 김근행金謹行, 1610~?이 가장 유명한 사례로 손꼽힌다. 그의 아버지 김득기金得璣, ?~? 역시 『통문관지』에서도 언급한 역관이었다. 김근행은 사역원에서 일본어를 배운 뒤로, 1630년부터 몇 차례 쓰시마에 파견되었으며, 1643년과 1655년에는 조선통신사들의 통역을 맡았다. 그는 다른 방면에서도 뛰어난 수완이 있었던 듯하다. 통역을 하면서 가까워진 것으로 보이는 일본 상인들과 밀수 거래를 통해 엄청난 부를 쌓은 걸로도 알려져 있는데, 중인 출신의 그로서는 자신이 그렇게 쌓은 부를 밖으로 드러낼 수는 없었다고 한다.

쿠란을 읽으려는 자,
아랍어를 배워라

570년 오늘날의 사우디아라비아에 있는 아라비아 반도 메카에서 태어난 무함마드가 610년 이슬람교를 창시한 후 이슬람 세력은 종교를 바탕으로 한 이슬람제국을 건설해나갔다. 632년 무함마드 사망 이후 한 세기도 지나기 전에 중동 지역의 양대 세력으로 자리 잡았던 비잔티움제국과 페르시아제국을 정복해나갔고, 이로써 이슬람교는 중동 지역 전체로 빠르게 확산되었다. 더 나아가 동쪽으로는 인도와 중국의 변방까지, 서쪽으로는 아프리카 대륙의 북서부까지 이슬람제국의 행보는 거침이 없었고, 711년에는 스페인을 장악함으로써 유럽 정복의 교두보를 마련했다. 이로써 이슬람제국은 전 세계 곳곳으로 그 위세를 떨쳤는데, 이들이 이슬람교의 포교 활동에 적극적이었음은 매우 당연하다. 포교 활동을 위해 무엇보다 이슬람교 경전인 쿠란의 보급이 중요해졌다. 이슬람 교인들에게 아랍어로 된 쿠란의 원문은 그 자체로 경외의 대상이었다. 쿠란을 읽고 싶으면 아랍어를 배우는 것이 당연시되었다. 이를 위해 아랍어를 읽을 수 있게 교육을 시키는 것이 선행되었다. 하지만 언제까지 새롭게 신자가 된 외국인들에게 아랍어를 배워 쿠란을 읽으라고 할 수는 없었다. 자연스럽게 쿠란은 각국의 언어로 활발하게 번역이 되었다. 특히 이슬람교의 발생지와 지리적으로 인접한 페르시아 지역에 쿠란을 보급하기 위한 페르시아어 번역이 적극적으로 이루어졌다.

이슬람제국의 유럽 진출 교두보가 된 스페인에서는 외국 문헌의 번역 작업이 매우 활발했다. 가장 활발했던 곳은 마드리드 인근의 톨레도였다. 이곳에서는 이슬람교의 영향을 받아 아랍어, 고대 그리스어, 히브리어, 라틴어 등을

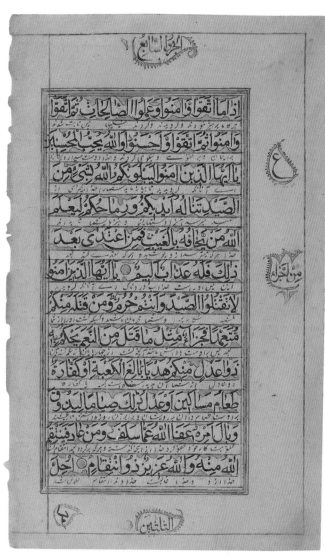

쿠란. 18세기 말 제작된 필사본의 일부분으로 큰 글씨는 아랍어이고, 페르시아어로 번역
된 부분은 빨간 글씨로 작게 병기되어 있다. 미국 국회도서관 소장.

스페인어로 번역하는 일이 많았다. 이러한 경향은 이후에도 이어졌다. 12세기 들어 톨레도의 로마 가톨릭 교회는 라틴어 텍스트의 스페인어 번역을 지원했고, 13세기 스페인 중부 카스티야의 왕 알폰소 10세 역시 톨레도에서의 번역을 계속해서 지원했다. 당시만 해도 라틴어를 스페인어나 프랑스어와 같은 현대어로 번역하는 작업은 스페인 이외 지역에서는 그리 활발하지 않았다. 스페인이 이렇듯 일찍이 현대어 번역을 지원한 것은 이후 스페인의 국가 형성과 그에 따른 국어의 형성에 큰 도움이 되었다.

스페인의 적극적인 외국어 번역에는 그 나름의 맥락이 있다. 8세기부터 무려 15세기까지 스페인은 기독교와 이슬람교의 접전지였다. 이슬람 세력이 스페인으로 진출, 남쪽으로부터 그 영역을 점차 넓혀 나가기 시작하자 기독교도인 스페인 왕족들은 북쪽으로 도피해 거점을 마련했다. 이들은 이른바 국토회복운동이라는 이름으로 수 차례의 전쟁을 통해 이슬람 세력과 엎치락뒤치락을 거듭했다. 이를 레콩키스타Reconquista라 부른다.

이 과정에서 이슬람교 신자들에게는 기독교를, 기독교 신자들에게는 이슬람교를 전하기 위해 각각의 경전을 번역해야 할 필요가 대두되었고, 그 결과 쿠란의 첫 번째, 두 번째 라틴어 번역본 모두 스페인에서 출간되었다. 첫 번째는 영국인 케톤의 로버트Robert of Ketton, 1110?~1160가 1143년에 스페인에서 출간한 것으로, 이는 가톨릭 교회의 지원으로 이루어졌다. 이슬람교 신자들에게 기독교를 설명하기 위해서는 먼저 이슬람교를 알아야 했고, 이를 위해 쿠란의 번역이 필요했던 것이다. 두 번째 번역은 13세기 초 스페인인 의사 마르크에 의한 것으로, 당시 아랍어와 히브리어의 문헌을 라틴어로 번역하는 작업이 활발했던 톨레도에서 이루어졌다. 그의 번역본은 영국인 케톤의 로버트의 것보다 정확하다는 평을 받았다.

한편 지중해를 건너 로마제국 영토에까지 다다른 이슬람제국은 고대 그리스 문화를 접하기 시작했고, 이슬람 학자들은 그리스 고전을 연구하면서 고대 그리스 문헌을 아랍어로 번역하기 시작했다. 이들은 또한 9세기 아바스 왕조가 바그다드에 설립한 도서관 '지혜의 집'에서 아랍의 문화, 과학, 의학 그리고 수학 등의 학문을 발전시켜나감으로써 풍성한 문화적 발전을 이루어냈다.

이슬람교는 인도와 인도네시아까지 그 교세를 확장했는데 새롭게 이슬람교를 받아들인 이들에게도 역시 쿠란을 이해하는 것이 무엇보다 중요했다. 루도비코 마라치Ludovico Marracci, 1612~1700는 쿠란의 번역사에 매우 흥미로운 인물이다. 이탈리아 북부에서 태어난 마라치는 어릴 때부터 라틴어와 그리스어는 물론 히브리어, 아람어, 아랍어를 배웠는데 그중 아랍어에 특히 능숙했다. 교황 인노첸시오 11세는 그런 그를 로마 라 사피엔차 대학교 아랍어 교수로 임명했다. 교수로 있으면서 그는 쿠란을 라틴어로 번역했고, 이를 1698년에 출간했다. 그의 번역본을 바탕으로 1736년 쿠란의 영어 번역본이 출간되었다.

——— 산스크리트어,
언어 사용의 새로운 패러다임

인도 문명권에서는 유럽의 라틴어, 동아시아의 한자, 이슬람 교도들의 아랍어처럼 고전어인 산스크리트어梵語가 오랫동안 영향을 미쳤다. 불교, 힌두교, 자이나교Jainism의 중요한 문서가 고대로부터 산스크리트어로 내려왔고, 『라마야나』와 『마하바라타』와 같은 인도의 고전 문학 역시 산스크리트어로 전승되었다.

인도는 종교, 언어, 종족 등 여러 면에서 유럽이나 동아시아와 비교할 수 없을 만큼 다양성을 가졌다. 오랜 역사 속에서 유럽의 여러 도시국가처럼 작은 왕국으로 나뉘어지기도 하고, 거대한 단일국가 형태를 유지하기도 하면서 끊임없이 외래문화와 종교의 유입을 겪어왔다. 특히 10세기 무렵부터는 중동에서 확장하고 있던 이슬람제국이 페르시아를 걸쳐 인도 북쪽을 넘어오면서 힌두교를 믿던 여러 왕국의 세가 약해지기 시작했다. 급기야 1206년, 인도 전역은 신생 왕조인 델리 술탄조 왕국이 장악했고, 그들은 페르시아어를 공용어로 삼았다. 여기서 흥미로운 것은 당시 인도를 지배한 이슬람 왕조가 페르시아어를 공용어로 사용했다는 점이다.

인도는 다양한 민족과 언어가 공존하기 때문에 국가 운영을 위해서는 공용어가 필요한데, 외세 언어인 페르시아어와 영어가 아주 오랫동안 그 역할을 해왔다. 13세기부터 인도를 장악한 이슬람 왕조의 지배계층들은 줄곧 페르시아어를 사용했다. 16세기에 들어선 무굴제국 역시 페르시아어를 공용어로 사용했다. 18세기 초까지 쭉 그랬다. 하지만 이들의 공용어는 어디까지나 지배계층에 한정한 것으로, 페르시아어는 유입부터 보급까지 어디까지나 지배계층 안에서만 통용되었다. 이런 현상은 이후 영국 지배계층을 통해 들어온 영어에서도 고스란히 반복되었다. 영어 역시 인도의 공용어였으나 20세기 말까지 민중의 언어라기보다 지배계층의 공용어로만 사용되었다.

그렇다면 지배계층 외의 인도인들은 어떤 언어를 썼을까. 그밖의 인도인들은, 지배계층의 언어와는 별개로, 인도 안에 존재하는 수많은 종교로 인해 매우 다양한 고전어를 꾸준히 사용해왔다. 따라서 인도에서의 언어의 유입과 변천의 역사는 다른 나라와는 사뭇 다른 양상을 보인다. 즉 동 시대를 사는 이들이 같은 언어를 사용한다기보다 계층에 따라 서로 다른 언어를 사용하는, 새로운 패러다임이 작동했던 것이다.

여기에서 주목할 것은 산스크리트어다. 산스크리트어는 인도인의 공용어가 아니었다. 그럼에도 불구하고 인도인들은 산스크리트어를 지속적으로 사용했다. 인도를 통치한 제국은 이슬람교를 믿었지만 대다수 인도인들은 여전히 불교와 힌두교 신자였고, 산스크리트어는 이들 종교의 공식 언어였다. 따라서 산스크리트어는 종교의 힘으로 지속되었고, 오히려 18세기 영국의 인도 침략과 무굴제국의 쇠락으로 인해 오랫동안 인도를 지배한 이슬람 왕조에 의해 지배계층의 공용어로 사용된 페르시아어는 인도에서 쇠퇴하고 말았다.

이처럼 매우 변화무쌍한 언어의 역사를 관통해온 인도에서 산스크리트어는 오늘날까지 그들의 언어로 유지, 존속, 계승되고 있다. 1947년 영국으로부터 독립한 인도는 '산스크리트어 복원 운동'을 펼치며 산스크리트어를 공식 언어로 지정함과 동시에 단지 문화적 가치와 상징적 제스처로 그치지 않고 적극적으로 교육, 보급했다. 이로 인해 2011년 인도의 인구조사 결과에 따르면 약 1만 4,000여 명이 산스크리트를 모어母語, first language, native language, mother tongue로 삼고 있고, 약 500만여 명이 제2언어second language 또는 제3언어로 사용하는 것으로 나타났다. 유사한 고전어임에도 모어로 삼고 있는 사람이 단 한 명도 없는 라틴어와는 매우 대조적이다.

모어와 제2언어는 습득의 시기에 따라 구분하는 명칭이다. 언어학에서는 약 12세 이전까지 자연스럽게 습득한 언어를 모어라고 정의하고, 12세 이후부터 배운 언어는 제2언어라고 부른다. 구분의 기준은 바로 인간의 뇌에 있는 언어 습득 기능의 작동 여부다. 인간은 생후 7개월부터 노출된 환경의 언어를 자연스럽게 습득하며 익힌다. 그렇게 모어를 익힌 인간은 그러나 12세가 지나면서부터 언어 습득 능력이 현저히 떨어진다. 그 이후 배우는 언어를 제2언어, 제3언어라고 하는데 이때부터는 이미 우리가 알고 있는 것처럼 새로운 언어를 배우기 위해 끝없는 노력이 필요할 뿐만 아니라 아무리 노력해도 모어만큼 잘하기가 매우 어렵다.

산스크리트어는 비단 인도인의 언어라는 의미 외에 언어학의 역사에서도 매우 중요한 의미를 지니고 있다. 기원전 4세기, 파니니Pānini, ?~?라는 학자가 산스크리트어 문법을 정리해 문법 참고서를 펴내는데 이는 인류 역사상 최초의 일이었다. 이 책으로 인해 산스크리트어는 일찍이 표준화되었을 뿐만 아니라 언어학의 시작 역시 바로 여기, 파니니의 문법 설명에서 출발했다. 이로 인해 그는 오늘날까지 언어학의 아버지라 불린다. 산스크리트어가 오늘날까지 인도인의 언어로 유지, 존속되고 있는 것도 일찍부터 정리된 표준화된 문법 규칙으로 인해 종교, 철학, 과학, 문학 등의 분야에서 계속 사용되었기 때문이기도 하다.

하나의 제국, 하나의 국가 안에서 여러 언어를 사용하는 사례로 인도가 유일한 것은 아니다. 국가 안의 모든 일상생활과 교육, 모든 공적 활동이 하나의 언어로 이루어지는 경우 이를 두고 단일언어 국가라고 한다. 그 언어가 국어이며, 나라의 유일한 언어다. 단일언어 국가에 사는 사람들은 특별한 계기가 없는 한 생애 전체를 통틀어 단 하나의 언어만을 사용한다. 그런 이들을 단일언어 화자monolingual라고 한다. 단일언어를 사용하는 국가일수록 그 나라의 국민들은 단일언어 화자일 가능성이 높다. 한국인은 매우 자연스럽게 단일언어 화자들이 대부분이다. 일본 역시 비슷하고, 이민자들의 국가인

파니니 문법 참고서. 기원전 4세
기 파니니는 산스크리트어 문법을
정리해 문법 참고서를 펴냈다. 이
는 인류 역사상 최초의 일이었다.
1663년 파니니의 문법 참고서의
내용을 나무 수피에 적어 만든 책
이 오늘날 전해지고 있다. 런던 웰
콤 도서관 소장.

미국 역시 다르지 않다. 이에 비해 하나의 국가 안에서 여러 언어를 사용하는 나라도 있다. 이런 나라를 다중언어 국가라고 하며, 역시 다중언어 국가에 사는 사람들을 다중언어 화자라고 한다. 한국인들에게는 한국은 물론 역사적으로 가까이 접하던 일본과 미국의 경우가 크게 다르지 않으니 단일언어 화자가 훨씬 자연스럽게 여겨지겠지만 전 세계적으로 놓고 볼 때 단일언어 화자보다는 오히려 다중언어 화자들이 훨씬 더 많다. 그뿐만 아니라 20세기 후반부터 오늘날까지 다중언어 화자들의 비중은 점점 더 커져가고 있다. 1970년대부터 캐나다는 영어와 프랑스어의 이중언어 정책을 도입했고, 1980년대부터 진행된 유럽 통합의 가속화, 주요 선진국으로 향하는 이민자 수의 증가로 인해 다중언어 화자들의 증가 속도는 더 빨라졌다.

─── 여러 언어를 함께 사용하는 도시,
새로운 문화 탄생의 원천

비잔티움제국 역시 인도와 마찬가지로 다중언어를 사용했다. 3세기 말 로마제국은 콘스탄티누스 1세가 오늘날 터키의 이스탄불인 콘스탄티노폴리스에 궁궐을 만들면서 권력의 핵심이 동쪽으로 이동했다. 로마를 중심으로 하는 서로마제국은 5세기에 몰락했고, 비잔티움제국으로 불린 동로마제국 역시 1453년 제국의 수도 콘스탄티노폴리스가 이슬람 세력의 침입으로 몰락하면서 그 막을 내렸다. 그러나 비록 제국은 멸망했으나 콘스탄티노폴리스의 공용어는 이후로도 한동안 라틴어였다. 그러는 한편으로 620년경에 헤라클리우스Heraclius, 575~641 황제의 명령으로 그리스어가 공용어로 지정되면서 고대 그리스어를 함께 사용하기도 했다. 그뿐만이 아니었다. 이 지역은 동로마제국 시절부터 이미 지정학적으로 아시아와 중동 그리고 유럽을 연결하는 중요한 무역 거점 도시였다. 때문에 여러 지역의 다양한 언어로 소통하는 것이 이 도시에서는 전혀 낯설지 않았다. 그 위세를 한창 떨치고 있던 이슬람 세계와 학문적 교류가 있었음은 물론이었다. 콘스탄티노폴리스의 다양한 언어 사용은 뜻밖의 결과를 만들어내기도 했다. 동로마제국, 즉 비잔티움제국이 몰락하면서 콘스탄티노폴리스의 고대 그리스어 학자가 이탈리아로 탈출, 르네상스의 학문적 토대를 마련하는 데 큰 기여를 한 것이다. 제국의 흥망성쇠를 겪으며 다양한 언어 사용 환경에 노출된 종교인, 학자, 문화예술인들이 다른 지역으로 이동하면서 문화는 다양하고 풍성하게 발달했다.

──── 평화와는 너무나 멀리 떨어진
외국어 전파 과정의 속사정

오늘날의 시각으로 보자면 고전어에 국한되었던 외국어는 극소수 지배계층의 전유물이었으나 제국의 몰락, 종교의 전파, 인적 교류의 확산에 따라 지배계층이 아닌 이들도 점차 외국어를 접할 기회가 잦아졌다. 이들이 주로 접한 외국어는 고전어가 아니라 동 시대 다른 지역에서 사용하는 현대어였다. 이러한 외국어의 전파 과정에는 유럽이나 동아시아, 이슬람과 인도 등 문화권을 넘어 일종의 보편적인 흐름이 존재한다. 그 과정은 그러나 대부분 평화와는 거리가 멀었다.

예를 들어 하나의 종교를 새로운 지역으로 전파하기 위해 번역이 시작되고, 번역된 경전을 통해 하나의 종교가 다른 지역으로 유입된다. 번역의 출발이 종교 경전의 이해를 돕기 위해서라는 사실은 매우 흥미롭다. 하지만 종교의 전파라는 성스러운 어휘 뒤에 감춰진 실상은 그다지 이상적이지도 아름답지도 숭고하지도 않다. 종교의 전파는 대개 평화로운 방법이 아닌, 이민족의 침략과 억압을 통해서 이루어졌다. 역사적으로 종교의 전파는 세를 확장하기 위한 명분으로 활용되곤 했다. 힘이 있는 세력과 힘없는 세력 간의 불평등한 관계 속에서 종교의 이식이 시도되고, 그 과정에서 매번 반란과 진압, 항복과 복종이 반복되었다. 이슬람 세력은 종교 전파를 명분 삼아 유럽을 침략했다. 유럽 전역을 이상 열기에 휩싸이게 한 십자군 전쟁은 성전聖戰으로 불리기는 하나, 그 실상은 이슬람 세력에 맞서 예루살렘을 비롯한 기독교 성지를 탈환하기 위한 것이었다. 신의 뜻이라거나 성스러운 전쟁과는 거리가 멀었다. 스페인은 이베리아 반도에서 이슬람 세력을 내쫓고 가톨릭 국가였던 자신들의 영토를 되찾기 위해 싸움을 이어나갔다.

싸움은 내부에서도 일어났다. 16세기 초 종교개혁운동이 확산하면서 로마 가톨릭 교회와 개신교 사이에도 갈등은 격화되었다. 독실한 가톨릭 국가인 스페인과 개신교 국가가 된 네덜란드가 독립을 둘러싸고 약 80여 년 동안 전쟁을 치렀고, 오늘날의 독일 지역에서도 개신교와 가톨릭 세력이 약 30여 년 동안 전쟁을 이어나갔다. 이 전쟁은 1648년 베스트팔렌 조약으로 종료되기까지 수많은 혼란을 야기했다. 종교의 신성성을 지킨다는 것은 명분일 뿐 자신들의 권력을 유지, 확장, 탈환하기 위한 전쟁인 경우가 더 많았다. 이런 전쟁을 치르는 와중에 서로 자신들의 세력을 넓히기 위해 자신들의 언어를 다른 언어권으로 적극적으로 번역, 보급시켰다. 그러나 그런 언어들이 모두 다 그 생명력을 유지한 것은 아니었다.

아시아에서는 몽골이 빠른 속도로 커다란 제국을 세웠지만 끝없는 주변국의 반란으로 끝내 몰락했고, 이들이 쓰던 언어는 본국과 주변을 제외하고는 흔적도 없이 사라졌다. 반면 인도는 오랜 세월 이슬람 왕국의 지배를 받았지만 불교와 힌두교 신자는 자신의 종교를 포기하지 않았고, 종교의 언어인 산스크리트어 역시 살아남았다. 이처럼 수많은 갈등을 겪으면서 여러 언어가 이 땅에서 저 땅으로, 이 문화권에서 저 문화권으로 끊임없이 전파되고, 번역되고, 학습되며, 서로 섞이고, 소멸하고, 생성하며 끝없는 변화를 해왔다.

제국주의와
문화 이식의 첨병,
외국어

외국어는 국가 개념의 탄생과 연동된다. 르네상스 이후 유럽 각국의 지배층은 먼저 국어를 결정하고 보급하기 시작했다. 이들이 제국주의의 깃발을 들면서 언어는 무역을 위해, 선교를 위해 이곳에서 저곳으로 퍼져 나갔다. 침략과 약탈이 동반되었다. 외국어 전파의 과정은 평등과 평화와는 거리가 멀었다. 외국어 전파 과정, 그 이면에는 어떤 의미가 감춰져 있는가.

1648년 베스트팔렌 조약의 체결,
근대 유럽의 국가와 국경의 등장

14~16세기에 걸쳐 일어난 르네상스는 도시국가를 중심으로 이루어 졌으나, 머지 않아 유럽의 각 지역에서 오늘날의 국가가 조금씩 그 모습을 드러낼 차례였다.

서유럽에서는 이미 10세기 후반부터 프랑스가 왕권을 확립하고 영토를 확장하고 있었다. 17세기 후반부터는 국왕 루이 14세가 강력한 지도력으로 왕권의 절대적 권위를 세우고, 중앙정부의 통치력을 강화하면서 국력을 향상시켰다. 섬나라인 영국은 로마 가톨릭 교회에서 이탈, 독자적인 잉글랜드 성공회를 설립함으로써 독립국가로서의 첫 발을 떼었다. 유럽 남쪽의 스페인 역시 16세기 왕권을 중심으로 통일국가가 되었고, 비록 영토는 작아도 대서양을 향해 있던 포르투갈 역시 독립된 국가로 역사에 등장했다. 유럽의 동쪽에는 러시아가 제국을 형성하고 있었고, 비잔티움제국이 몰락하고, 영국과 포르투갈, 네덜란드 등이 새로운 해양 국가로 부상하면서 오늘날의 이탈리아는 그때까지 지키고 있던, 무역의 중심이라는 영예를 내려놓아야 했다.

때는 바야흐로 르네상스의 막바지였고 여기저기에서 갈등과 전쟁으로 유럽 전역이 소란스러웠다. 가장 심했던 것은 다름 아닌 종교개혁운동으로 인한 종교분쟁이었다. 크고 작은 전쟁이 계속되면서 무역은 중단되고, 문화 교류와 이에 따른 소비 역시 타격을 입었다. 르네상스는 쇠퇴하기 시작했다.

유럽 전역으로 확대되어가던 갈등과 전쟁을 중재한 것은 새롭게 권력을 형성한 국가들이었다. 이들은 나서서 평화협상을 주도했다. 그 결과 신성로마제국에서 일어난, 오스트리아와 스페인을 중심으로 한 구교 국가와 네덜란드·스웨덴·덴마크·노르웨이·프랑스로 구성된 신교 국가 사이의 '30년 전쟁'1618~1648과 스페인과 네덜란드 공화국 간의 '80년 전쟁'1568~1648이 마무리되었고, 이를 합의한 1648년 베스트팔렌 조약을 통해 신성로마제국은 사실상 붕괴했다. 근대 유럽의 국가와 국경이 그 모습을 드러낸 것이다. 이로써 유럽에서는 국가를 국제 질서의 기본으로 인정하기 시작했고, 새로운 패러다임이 구축되었다. 이에 따라 각국의 명운이 교차했다. 스웨덴은 주변 지역을 흡수하여 발트해의 강자로 떠올랐고, 네덜란드와 스위스는 신성로마제국으로부터 분리, 독립국가가 되었다. 다 좋기만 한 것은 아니었다. 합스부르크 왕가의 권력은 약화되었고, 네덜란드를 내놓아야 했던 스페인은 이로써 유럽 대륙에서의 영향력이 크게 줄어들었다. 새로운 국가의 탄생으로 현대적인 외교 관계도 정립되었다.

이러한 유럽의 지형도를 한눈에 볼 수 있는 건 이 당시의 지도다. 1648년 베스트팔렌 조약 이후 약 반 세기가 지난 뒤인 1700년 유럽의 지도를 보면서 현재 유럽의 모습을 떠올려보라. 북쪽에는 영국과 아일랜드 그리고 스코틀랜드 등이 있고, 대륙에는 프랑스와 스페인 그리고 포르투갈이 눈에 띈다. 오늘날의 독일과 이탈리아, 오스트리아 등의 지역은 지금의 모습과 사뭇 다르다. 이 지역은 여러 개의 작은 국가로 나뉘어져 있다. 오늘날의 이탈리아는 도시국가들이 저마다의 영역을 지키거나 확장하기 위해 고군분투하고 있었다. 독일과 오스트리아 역시 많은 왕국과 도시국가로 복잡했다. 프랑스와 스페인은 국경의 변화는 있을지언정 이때부터 확실하게 제자리를 잡고 있었다.

이 지역이 오늘날의 모습을 이루기까지는 이때로부터 약 2세기 남짓의 시간이 더 필요했다.

국가 통치 수단으로서의 국어,
권력을 쥔 자가 결정하고 보급하다

당시 지도에 선연하게 등장한 영국·프랑스·스페인·포르투갈 등은 이후 제국주의 시대를 주도했으며, 새로 독립한 네덜란드 역시 국가로서의 기틀을 잡아나가고 있었다. 이들은 크든 작든 중앙정부의 주도 아래 통치되고 있었고, 혼재되어 있던 여러 개의 언어 중 하나의 언어를 '국어'로 지정하고 보급할 요건을 갖추고 있었다.

국가가 형성됨에 따라 국가 안에서 공통으로 사용할 언어가 필요해지는 것은 당연했다. 그렇다면 어떤 언어를 국어로 지정할 것인가? 이것은 물어볼 필요도 없는 일이었다. 매우 복잡한 인과 관계가 작동하긴 하지만 아주 단순화시켜 한마디로 말하자면 결국 국어는 권력에 의해 결정되었다. 가장 강력한 힘을 가지고 있는 왕조와 지배계층이 사용하는 언어가 자연스럽게 그 나라의 국어가 되었다. 따지고 보면 매우 인위적이다. 국가라는 개념이 형성되던 시대에 언어는 권력의 힘으로 관리되었고 막강한 권력을 배경으로 국민에게 하나의 언어가 전파·교육되었으며 그런 과정을 거쳐 국어라는 개념이 대중들에게 강제되었다. 즉 국어라는 개념은 국가를 장악한 권력자가 해당 국가를 통치하는 도구로 채택하면서 널리 퍼져 나갔다.

국어를 지정하고 난 뒤 국가는 국민들에게 국어를 보급했다. 보급을 위한 기관을 설립하고, 프로그램을 가동시켰다. 가장 대표적인 사례는 프랑스에서 1635년 설립한 아카데미 프랑세즈Académie française다. 1583년 피렌체에서 설립한 아카데미아 델라 크루스카Accademia della Crusca를 모델로 삼은 이곳은 유럽에서 자국어를 관리하는 첫 번째 기관이었다. 프랑스어 표기법과 문법, 그리

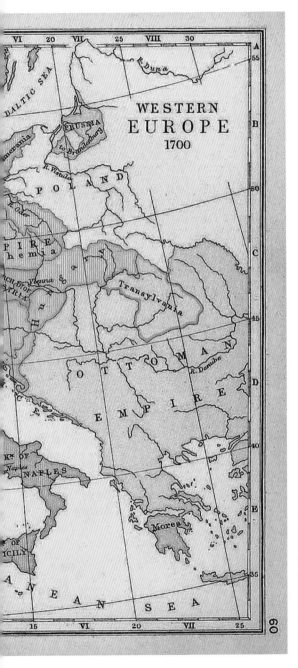

WESTERN
EUROPE
1700

1648년 베스트팔렌 조약 이후 약 반 세기가 지난 뒤인 1700년 유럽의 지도를 보면서 현재 유럽의 모습을 떠올려보라. 오늘날의 유럽과는 사뭇 다르다. 이 지역이 오늘날의 모습을 이루기까지는 이때로부터 약 2세기 남짓의 시간이 더 필요했다. 이 지도는 1903년 출간한 역사 지도 자료에 실려 있던 것으로, 텍사스 대학교 오스틴에서 소장하고 있다.

고 문학을 관리하는 것이 이 기관의 가장 큰 역할이었다. 1793년 프랑스 혁명으로 활동을 중단했지만, 1803년 나폴레옹1769~1821의 지시로 다시 활동을 시작한 이래 오늘날까지 그 역할을 계속 해오고 있으며 이제는 세계에서 가장 유명한 국어 관리 기관으로 꼽히고 있다. 아카데미 프랑세즈에 이어 1713년에 설립한 스페인 왕립 학술원Real Academia Española도 아카데미아 델라 크루스카의 영향을 받았다. 그럼에도 불구하고 아카데미아 델라 크루스카에 '최초의 국어 관리 기관'이라는 수식을 붙일 수 없는 것은 당시 피렌체가 근대국가 이전의 상태였기 때문이다. 따라서 당시 피렌체에서 관리하는 언어에 국어라는 의미를 부여하기에는 이른 감이 있다.

프랑스와 스페인이 이렇듯 국가 차원에서 국어와 관련된 기관을 설립한 것을 보면 국가와 왕권 그리고 언어가 서로 긴밀한 관계에 놓여 있음을 짐작할 수 있다. 1779년에 포르투갈에서 포르투갈어의 관리를 위해 설립한 문자국Classe de Letras과 1783년에 러시아에 설립된 러시아 학술원Russian Academy 역시 대동소이하다.

───── **국어 관리와 보급의 표준을 만들다,**
앞다퉈 사전을 편찬하다

이러한 기관들은 하나의 국가 안에서 사용하는 다양한 언어와 방언들 대신 왕실의 언어를 국어로 만들고, 보급하고 관리하는 데 매우 중요한 기여를 했다. 국어를 관리하는 데 가장 중요한 것은 바로 표준이다. 하나의 언어에는 표기법과 문법 그리고 단어의 표준이 정립되어야 한다. 그래야만 이를 통해 효율적으로 국어를 보급할 수 있다.

이러한 표준을 정립하는 데 가장 중요한 도구는 바로 사전이다. 사전의 편찬과 보급이야말로 대중들에게 국어를 가르치는 데 가장 효과적인 도구였다. 때문에 새롭게 체제를 형성하는 국가들은 적극적으로 사전을 편찬, 제작했다. 이 당시만 해도 라틴어의 힘은 여전히 막강했다. 따라서 초기의 사전은 라틴어를 학습하고 이해하기 위한 것이었고, 여기에 국어가 수록되었다. 오늘날의 '영-한' 사전을 떠올리면 그 형태를 짐작할 수 있다. 그 가운데 유명한 것 중 하나가 토마스 쿠퍼Thomas Cooper, 1517?~1594가 편찬한 '라틴어-영어' 사전이다. 1565년에 출간한 이 사전은 당시 영국에서 널리 사용되었으며, 셰익스피어도 자주 활용했다는 설이 있다.

오늘날의 '한-영' 사전처럼 국어와 외국어가 함께 있는 사전도 '국어사전'보다 먼저 나왔다. 흥미로운 사례는 영국인 존 바렛John Baret, ?~1580이 1574년에 런던에서 출간한 '영어-라틴어-프랑스어' 사전이다. 이 사전의 편집을 보면 국어인 영어 단어를 제시하고 영어로 된 설명을 수록한 뒤 그 단어에 해당하는 라틴어와 프랑스어 단어를 배치했다. 개정판에는 고대 그리스어 단어를 추가했다. 17세기 제국주의의 확산에 따라 이러한 이중언어 사전의 편찬은 더욱 활발해졌다.

유럽의 첫 번째 국어사전은 1611년 스페인에서 출간되었다. 스페인어 단어를 제시하고 그에 대한 스페인어 설명이 수록된 이 사전에는 단어 설명 외에도, 약 1만 1,000개 내외 단어의 어원에 대한 설명이 함께 수록되어 있다. 비록 그 설명 중에는 신빙성이 없는 것도 많지만, 라틴어와 문학 작품에서 선정된 것들을 포함해 보충 정보가 매우 풍부하다. 스페인 왕립학술원은 1726~1739년 이 사전을 토대로 약 여섯 권으로 구성된 사전을 편찬했고,

1780년에는 다시 간소화된 사전을 출간했는데, 이것이 오늘날까지도 스페인어 사전으로 가장 권위를 인정받고 있는 『스페인어 사전』*Diccionario de la lengua española*의 뿌리이다. 참고로 이 사전은 2014년 제23판이 출간되었다.

프랑스는 아카데미 프랑세즈 설립 이후 사전 편찬 작업에 들어갔다. 그 결과 1687년 예비 프랑스어 사전이 출간되었고, 1694년에는 『아카데미 프랑세즈 사전』*Dictionnaire de l'Académie française*의 초판본이 출간되었다. 스페인 왕립학술원에서 출간한 『스페인어 사전』과 마찬가지로 『아카데미 프랑세즈 사전』 역시 오늘날까지 계속 출간이 되고 있다.

영어 사전은 사정이 어땠을까. 영국은 스페인, 프랑스와 국어사전 편찬 시기는 비슷했지만, 국가 사업이라기보다 민간이 주도했다. 최초의 영어 사전은 1604년에 출간이 되었는데 여기에는 약 2,543개의 단어가 수록되었다. 이후 1658년 더 큰 사전이 출간되긴 했지만, 단어에 대한 설명이 다소 빈약했다. 18세기에 접어들면서 이러한 사전에 대한 사람들의 불만은 고조되었고, 급기야 새로운 사전이 필요하다고 판단한 런던의 유명한 롱맨 출판사를 포함한 여섯 개 출판사와 그들이 운영하는 서점에서 1746년 자금을 모아 새뮤얼 존슨Samuel Johnson, 1709~1784에게 편찬을 의뢰했다. 그는 거의 혼자 힘으로 사전 편찬 작업을 진행했고, 드디어 1755년에 『영어 사전』*A Dictionary of the English Language*이 출간되었다. 이 사전은 당시에 세계에서 가장 큰 사전으로 알려졌는데, 무려 4만 2,773개의 단어가 수록되어 있고, 문학 작품에서 인용한 약 11만 4,000개의 문장을 단어 설명과 함께 수록했다. 수록 단어 수도 많아 사전의 크기도 컸을 뿐만 아니라 종이의 질과 인쇄 상태도 매우 좋아 상대적으로 가격이 매우 비싸게 책정이 되었다. 비싼 가격 탓인지 시장에서는 그리 많이 팔리지는 않았지만, 유럽 다른 나라의 사전 편찬에 영향을 많이 줬고, 이후 약 150여 년 동안 '영어 사전의 표준으로 인정받았다.

프랑스의 아카데미 프랑세즈 같은 국어 관리 기관의 설립과 여러 국가에서 시도한 사전 편찬은 각 언어별 표기법과 문법을 표준화하면서 해당 언어를 정확하게 사용하기 위해 배워야 할 내용을 체계적으로 정리하는 데 큰 영향을 미쳤다. 이렇게 학습 내용이 정리가 됨에 따라 언어 사용자들은 해당 언어의 여러 교재와 사전을 더욱 체계적으로 쓸 수 있게 되었으며, 국어의 체계화에 따라 기존에 계속 배워온 라틴어와의 차이를 살피기 시작했다. 이로써 사용하고 있는 여러 언어 체계에 대한 관심이 생기기 시작했고, 이는 언어학이라는 학문의 토대를 마련하는 계기가 되었다. 또한 어떤 나라가 되었든 국어사전이 편찬됨으로써 이를 토대로 외국어 학습자를 위한 이중언어 사전을 편찬할 수 있었다. 즉 국어사전의 편찬은 국어의 표준 정립은 물론 외국어 학습과 전파에도 매우 중요한 의미를 지닌다.

앞서 살펴보았듯 국어사전 편찬 과정을 보면 두 개의 흐름을 발견할 수 있다. 하나는 스페인과 프랑스처럼 왕실의 지원을 받는 기관에서 주도적으로 사전을 편찬하는 것이고, 또 하나는 영국처럼 출판사와 서점, 즉 민간에서 사전을 펴내는 것이다. 이러한 흐름은 오늘날까지도 이어지고 있어 현재 각 국가의 언어 정책 역시 국가가 주도하느냐 민간이 주도하느냐로 나뉘어 있다. 예를 들어 미국과 영국은 정부의 개입이 그리 크지 않고, 프랑스는 정부의 개입이 매우 적극적이다. 정부가 어떤 입장을 취하느냐에 따라 각종 규제의 내용은 물론 여러 교육 도구의 제작 방식까지도 달라진다. 하지만 가장 중요한 차이는 사전의 편찬에 국가가 개입할 경우 한 나라의 언어 정책에 정치적 측

국어를 보급하라,
이를 위해 사전을 편찬하라

국어를 관리하는 데 가장 중요한 것은 바로 표준이다. 하나의 언어에는 표기법, 문법, 그리고 단어의 표준이 정립되어야 한다. 그래야만 이를 통해 효율적으로 국어를 보급시킬 수 있다. 이러한 표준을 정립하는 데 가장 중요한 도구는 바로 사전이다. 사전의 편찬과 보급이야말로 대중들에게 국어를 가르치는 데 가장 효과적인 도구였다.

01   02

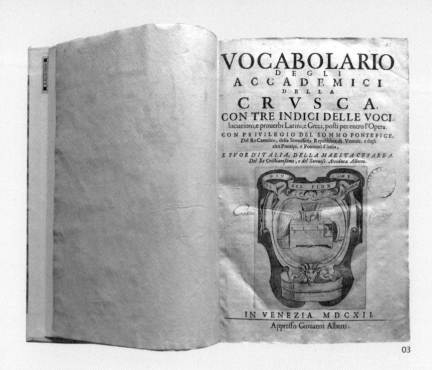

03

04

01-02 1694년에 출간된 『아카데미 프랑세즈 사전』 초판본 속표지. 여기 그려진 인물은 프랑스 국왕 루이 14세다. 이 사전을 통해 국가와 왕의 권위를 강조하고, 자신들이 정한 국어의 정통성을 과시하려는 의도를 엿볼 수 있다. 프랑스 국립도서관 소장. 베르사유궁 소장.

03 『아카데미아 델라 크루스카 사전』. 1612년 베네치아에서 출간되었다. 피렌체의 르네상스 문학에서 문장을 인용했는데, 당시 피렌체의 방언과 문체를 보존하고 이를 표준 이탈리아어로 만들려고 하는 전략도 있었다. 아카데미아 델라 크루스카 도서관 소장.

04 『스페인어 사전』. 1726~1739년 사이 스페인 왕립학술원이 편찬한 6권 중 1737년에 출간한 5권의 표지다. 스페인 왕립 학술원 소장.

면을 무시할 수 없게 된다는 점이다. 이러한 국가의 개입은 19세기 들어 더욱 선명해질 것이었다.

─── 국어의 지정, 사전의 편찬,
그리고 문법 참고서의 출간

국어의 지정 이후 해당 국어를 확산, 보급하기 위해 필요한 것은 사전만이 아니었다. 또 하나의 중요한 교육 도구인 문법 참고서 역시 비슷한 시기에 출간되기 시작했다. 중세 이후 르네상스 시대까지 출간된 문법 참고서는 주로 라틴어에 관한 것이었다. 하지만 본격적으로 국가가 형성되면서 각 나라에서는 국어를 지정하고, 이를 위한 국어 문법서를 출간했다.

최초의 국어 문법서는 스페인에서 출간되었다. 오랫동안 이슬람 세력과 전쟁을 치러야 했던 스페인은 이런 어지러운 질서를 바로잡고 국가의 기틀을 확고히 하기 위해 강력한 왕권 확립에 힘을 썼다. 스페인 최고 지배계층이었던 왕실은 스페인어를 국어로 지정, 양성하기 위해 언어 정책에 매우 지대한 관심을 보였다. 이러한 왕실의 관심에 발맞춰 안토니오 데 네브리야Antonio de Nebrija, 1441~1522는 1492년 스페인어 문법 참고서를 출간, 이사벨 1세 여왕에게 선물로 바쳤다. 당시만 해도 스페인 중부 지역에서 가장 큰 왕국을 지배하고 있던 이사벨 1세 여왕은 뜻밖의 선물을 받고, 이 책의 필요성에 대해 물었다. 그러자 그는 앞으로 스페인이 다른 지역의 '야만인'들을 지배하게 될 때, 스페인 사람들이 라틴어를 배우듯, '야만인'들에게 스페인어를 가르치기 위해 이 책이 필요해질 거라고 답했다. 마침 이사벨 1세 여왕은 콜럼버스1451?~1506를 바다 밖으로 보낼 계획을 가지고 있던 터라 이 선물에 큰 관심을 보였다.

스페인 추기경에게 문법을 가르치는 안토니오 데 네브리야를 묘사한 그림. 1486년에
출간한 『라틴어 소개』에 실려 있다. 스페인 국립도서관 소장.

스페인의 국어를 언젠가 정복할 다른 지역 사람들에게도 전파하려는 생각을 한 것이다.

안토니오 데 네브리야의 책은 모두 다섯 개 장으로 구성되어 있었는데, 마지막 장은 외국어로서의 스페인어를 다루고 있었다. 이는 유럽이 제국주의의 첫 발을 내딛기 전 자신들의 언어를 다른 언어권의 민족들에게 유포하려는 계획을 가졌음을 드러내는 사례이기도 하다. 스페인어 문법 참고서는 이후에도 몇 차례 다른 종류의 책이 출간되었고, 1771년에는 스페인 왕립학술원에서 공식 문법 참고서를 출간했다.

비슷한 시기 해외로 세력을 넓혀 나가던 포르투갈 역시 국어의 확립 및 보급에 손을 놓고 있지는 않았다. 1536년 역사가이자 문법학자인 페르낭 데 올리베이라Fernão de Oliveira, 1507~1581경가 포르투갈어의 첫 문법 책『포르투갈어 문법』Grammatica da lingoagem portuguesa을 출간한 데 이어 1540년 귀족 출신 학자이자 매우 방대한 저서『아시아사』Décadas da Ásia를 펴낸 것으로 유명한 주앙 데 바로스João de Barros, 1496~1570가『포르투갈어 문법』Gramática da língua portuguesa을 출간함으로써 비교적 짧은 기간에 포르투갈어 표준 문법서 두 권이 등장했다. 올리베이라는 1492년 출간된 스페인의 네브리야의 책을 알고 있던 것으로 알려졌는데, 여러 모로 스페인과 경쟁 관계에 있던 포르투갈로서는 자신들에게도 표준 문법 책이 필요하다고 판단했을 가능성이 높다.

영국의 국어 문법 참고서, 즉 영어 문법 참고서는 1586년에 처음 출간되었다. 영어 문법을 라틴어로 설명하고, 그 체계를 라틴어에 맞춰 설명하는 방식이었다. 이후 아예 라틴어로 쓴 문법 참고서가 몇 권 더 나온 뒤 18세기 초에 이르러서야 영어로 쓴 문법 참고서가 출간되기 시작했다. 영어로 된

1536년 출간한 올리베이라의
『포르투갈어 문법』표지.

1540년에 출간한 주앙 데 바로스의 『포르투갈
어 문법』표지.

1777년 빅토르 쿠토(Victor Couto)가 그린 주
앙 데 바로스의 초상화.

문법 참고서는 라틴어가 점차 쇠퇴함에 따라 그 출간이 더욱 활발해졌다. 이러한 변화는 영국이 라틴어에서 해방되고, 영어가 제대로 국어로 자리를 잡는 과정을 보여주는 것이기도 하다. 또한 영국이 라틴어에 종속된 주변국의 위상에서 자신들의 언어인 영어를 전면에 내세울 만큼 제국주의 국가로서의 면모를 드러내고, 장차 전 세계를 누비는 강대국이 되어가는 과정에 따른 것이기도 하다.

——— 영국의 영어,
프랑스의 프랑스어에 숨은 속사정

영어는 유럽의 수많은 언어와 비교했을 때 다소 늦게 형성된 편이다. 영국은 고대부터 중세까지 외부의 침략을 끊임없이 받아야 했다. 영국 땅에 오래전부터 자리 잡았던 켈트족은 켈트어족의 언어를 사용했다. 5세기 초 영국을 지배하던 로마제국의 몰락 이후 5세기 후반부터 7세기까지는 대륙으로부터 게르만족의 언어를 사용하는, 게르만족이 넘어와 지배했다. 이후 1066년에는 프랑스 북쪽 노르만족의 침략을 받아 고대 프랑스어를 사용하는 민족의 지배를 받기도 했으며, 중세에는 로마 가톨릭 교회의 영향으로 라틴어를 많이 사용하기도 했다. 이러한 과정을 통해 게르만족의 언어에 고대 프랑스어, 라틴어 등이 섞이면서 영어라는 언어가 차츰 형성되었다. 노르만족의 침략 이후 거의 몇백 년 동안 왕실과 상류층에서는 고대 프랑스어를 계속 사용하긴 했지만 13세기 이후부터는 영어 사용자 수가 급증했고, 14세기 무렵부터는 오히려 프랑스어를 알아들을 수 있는 이들이 현저히 줄어들었다. 그때까지만 해도 영국 법정에서는 프랑스어를 계속 사용했지만, 이해할 수 있는 사람들이 갈수록 줄어들자 급기야 1362년 영국 의회에서는 '영어요청법'Pleading in English Act을 통과시켰고 이후부터는 모든 재판을 영어로 진행하고 그 결과를 라틴어로 기록하기 시작했다. 라틴어 기록은 1730년대까지 이어져 꽤 오래 지속되었는데, 그 이후부터는 기록도 영어로 이루어졌다. 영어요청법은 1863년에 이르러 영국 법의 현대화 개정이 이루어질 때까지 법적 선례로 기능했다.

영어는 비록 이처럼 늦게 형성된 언어이긴 하지만 오히려 다른 언어에 비해 일찍 영국의 국어로 인정을 받았다. 그 시작은 영국 왕 헨리 5세였다. 그는 1417년 정부의 공식 문서에 영어를 사용하도록 했다. 이로써 그는 노르만족의 침략 이후 영어로 문서를 작성한 최초의 왕이 되었다. 이후 1430년대까지 영어의 사용은 보편화되었고, 표기 방식 역시 정돈이 되었으며, 이미 영국 내에서 영어는 관습적인 국어로 자리를 잡았다. 관습적이라고 표현한 데는 까닭이 있다. 놀랍게도 영국 법률에는 영어를 국어로 지정한다는 내용이 없다. 하지만 그 누구도 영국의 국어가 영어가 아니라고 생각하지 않는다. 이미 오래전부터 지극히 당연하게 써왔던 탓에 영어는 오늘날에도 여전히 영국의 공용어로 기능하고 있다.

프랑스어는 조금 달랐다. 프랑스는 국가의 형성 과정에 외세의 지배를 거의 받지 않았다. 역사적으로 프랑스어를 대체하는 언어가 없었다. 왕권역시 영국보다 매우 빠른 속도로 확립했다. 그리고 1539년 프랑스는 '빌레-코테레 명령'Ordonnance de Villers-Cotterêts을 내림으로써 국가의 모든 법을 프랑스어로 작성하게 했다. 프랑스에서 왕실과 중앙정부의 권력이 막강해지고 있음을 드러내주기도 하는 이 명령은 프랑스어의 표준화를 촉진했고, 특히 문어의 표준화에 큰 영향을 미쳤다.

이렇게 등장하기 시작한 프랑스의 국어는 오랫동안 이어진 라틴어와의 갈등을 종식시켰다. 국가가 형성되면서 왕권은 더욱 강력해졌고, 왕실에서 사용하는 말은 막강한 권위를 갖게 되었다. 말이 바뀌면 문자도 그에 따라가게 마련이다. 새롭게 지정된 국어가 확산될수록 절대 흔들리지 않을 것 같던 라틴어의 위상 역시 흔들리기 시작했고 시간이 흐를수록 라틴어는 위축되어 갔으며 이로써 갈등은 끝이 나는 것처럼 보였다.

국어로 선택 받지 못한
언어들의 운명은?

한편 권력이 스스로 택한 언어를 국어로 지정하고 온 국가에 사용을 강제하는 동안 선택 받지 못한 다른 언어들은 어떻게 됐을까? 여타의 언어와 방언은 억압당하거나 심지어 말살당하곤 했다. 억압과 말살의 과정은 주로 학교에서 해당 언어와 방언의 사용을 금지하는 정책을 중심으로 진행되었다. 이런 양상은 시공을 초월하여 어떤 국가나 비슷했다.

19세기 후반부터 프랑스에서는 파리 중심의 표준어 강제 교육이 이루어졌고, 20세기 전반 스페인은 멕시코인들에게 강제로 스페인어를 교육시켰다. 19세기 중반 영국 역시 아일랜드에서 강제적으로 영어 교육을 시행했다. 당시 영국은 아일랜드를 지배하면서 통치를 강화하기 위해 영어를 공용어로 지정하고 모든 학교 교육 현장에서 영어를 가르치게 했다.

공통어와 공용어는 국어와는 조금 다른 성격이다. '공용어'official language란 국가가 관공서, 학교 등 공공기관에서 사용하도록 지정한 언어다. 모든 공적 업무에서 사용한다. '공통어'common language는 국가 통합과 소통의 수단으로 인정한 언어로서, 서로 다른 언어를 사용하는 사람들끼리 소통을 원활하게 하기 위해 자연스럽게 사용하는 성우가 많다. 히나이 국가에서 공용어가 곧 국어이며, 공통어일 수도 있으나 국어와는 별개의 언어로 인식되기도 한다. 하나의 국가에 여러 개의 공용어를 지정한 국가도 있다. 인도가 대표적인 예로서 다민족이 모여 하나의 국가를 이룬 경우에는 통합을 위해 공용어를 여러 개 지정한다.

19세기 초까지만 해도 아일랜드 사람들은 대부분 아일랜드어를 사용했고, 영어를 모어로 쓰는 이들은 거의 드물었다. 하지만 영국의 정책이 일정 기간 지속된 19세기 말이 되자 완전히 역전이 되었다. 어느덧 아일랜드인들은 영어를 모어로 쓰는 게 일반화되었고, 오히려 아일랜드어는 쓰는 사람이 줄어들어 거의 소멸되기에 이르렀다. 20세기에 들어오면서 아일랜드에서는 민족주의 운동이 점차 확산되었고 그 일환으로 아일랜드어를 되살리려는 운동이 시작되었다. 이런 분위기를 타고 1937년 아일랜드 공화국 헌법은 아일랜드어를 국어이자 '제1공용어'로 지정하고, 영어를 '제2공용어'로 지정함으로써, 사실상 영어와 동등한 언어로 그 위상을 높였다. 하지만 이런 조치에도 불구하고 이미 전체 인구 중 아일랜드어를 모어로 쓰는 비중이 약 3퍼센트 내외에 불과해서 아일랜드어는 실제 국어로 사용된다기보다 그저 상징적인 의미에 그치고 있다.

일본에서도 이런 사례를 찾아볼 수 있다. 일본은 19세기 말부터 언어 정책을 수립, 실시했는데 이 무렵 오키나와를 중심으로 하는 류큐국을 침략, 강제로 자국 영토에 편입시킨 일본 정부는 류큐 지역 학교에서 일본어를 정식으로 가르치게 한 반면 고유어인 류큐어는 사용을 일체 금지하고 실수로라도 류큐어를 사용하는 아이들에게는 벌을 줬다. 한국 역시 예외가 아니었다. 일본은 조선을 침략한 뒤 조선의 민족정신을 말살하기 위해 '언어 살해' 정책을 도입했다. 학교의 공용어는 일본어가 되었고, 한국어는 지역어 취급을 받았다. 나아가 1930년대에는 식민지 조선의 주요 지명을 일본식으로 바꾸더니, 1940년에는 사람들의 이름까지도 창씨개명이라는 명목을 앞세워 일본식으로 바꾸도록 강제했다. 그 결과 일본으로부터 지배를 받아야 했던 류큐국과 식민지 조선은 일본이라는 막강한 권력에 의해 자신들의 모어를 버리고 일본어를 국어로 받아들여야 했다.

한국은 15세기에 세종대왕과 집현전 학자들이 창제한 한글이 있긴 했지만, 앞에서 언급했듯 한문의 강력한 권위로 인해 19세기 말까지 큰 관심을 받지는 못했다. 한글이 주목을 받은 것은 오히려 일제강점기에 이르러서였다. 일본어에 밀려 한국어를 사용할 수 없게 되자 한글은 민족주의의 상징으로 급부상했고, 어느덧 한국어의 보편적 문자가 되었다.

일본의 지배를 받고 있던 식민지 조선에서는 민족주의의 일환으로 한국어를 지키려는 학자들이 '조선어학회'를 설립, 1933년에 '한글맞춤법통일안'을 만들고 사전 편찬을 시도했다. 일본이 이를 그냥 두고 볼 리 없었다. 일본은 제2차 세계대전을 치르던 1942년에 사전 편찬에 관여한 학자들을 이른바 '조선어학회 사건'을 빌미로 감옥으로 보내버림으로써 한국어 계승 및 교육의 기회를 철저하게 말살했다. 이것은 일본어가 식민지 조선의 유일한 국어라는 것을 강조하는 의미이기도 할 뿐만 아니라 '언어 도구'가 가지고 있는 막강한 힘을 일본이 알았음을 뜻하기도 한다. 횡포라고 해도 과언이 아닌 이런 폭정 역시 어떤 언어를 공용어로 쓰게 할 것인가를 두고 드러난 권력의 작동 결과라 할 수 있다. 이러한 일본의 집요한 노력에도 불구하고 한국어와 한글은 소멸되지 않았다. 해방 이후 비록 분단이 되긴 했으니 남한과 북한 모두 한국어를 국어로 지정하면서 일본으로부터 억압 받았던 한글을 중심으로 한 언어 정책을 펼쳤고 한글을 민족주의의 상징으로 활용해왔다.

중국의 경우는 또 매우 예외적인 사례라 흥미롭다. 한나라 때 이미 발달했던 한자는 그 후 20세기까지 중국의 대표 문자로 계속 사용되었다. 국가의 법률은 물론 모든 문서와 문헌이 한자로 작성되었다. 그런데 중국의 역사는 오롯이 한족의 역사가 아니다. 원나라와 청나라 당시 지배계층은 한족이 아니었다. 이들에게는 자신들의 언어가 따로 있었다. 그럼에도 불구하고 이들은 중국 대륙에 자신들의 언어를 유포하는 대신 말은 자신들의 언어를 사용하되, 문자는 한자를 그대로 사용했다. 노르만족의 지배를 받은 영국이 기존의 언어 질서에 새로운 언어 질서를 받아들여 변화한 것과는 달리 중국에서는 지배계층은 달라졌으나 문자는 몰락한 이전 지배계층의 것을 그대로 사용한 것이다. 이러한 사례는 이민족의 침략과 정복이 숱하게 벌어진 세계사에서 거의 유일한 경우라 할 수 있다.

외국어를 배운다는 개념은 언제부터 만들어진 걸까?

여기에서 우리는 외국어라는 개념에 대해 다시 한 번 생각해볼 필요가 있다. 지금까지 우리가 사용한 외국어는 엄밀히 말해 외국어라는 개념이 등장하기 전의 용어다. 엄밀히 말하자면 외국어는 국어와 상대되는 개념이다. 간단히 말해 외국어는 '외국의 언어'다. '외국'이라는 개념은 오래된 것 같지만 실상 그리 오래되지 않았다. 다시 말해 국가라는 개념이 형성한 시대에 이르러서야 외국이라는 개념도 등장했고, 이에 따라 외국어라는 개념도 나타났다.

앞에서 살펴보았듯이 국가라는 개념이 형성되기 전까지만 해도, 즉 국가라는 개념이 세계 질서의 중심이 되기 전까지만 해도 세계에는 커다란 제국에서 작은 도시국가까지 다양한 공동체의 유형이 존재했고 그 통치 형태도 여러 가지였다. 아울러 규모가 큰 제국이나 매우 작은 도시국가에서나 비록 하나의 공동체를 이루어 살지언정 공동체 내부에는 일상 언어, 종교 언어, 지역 언어, 계층 언어 등 무수히 많은 언어가 존재했다. 이 당시 공동체 바깥의 언어를 가르치고 배우는 행위는 공통성, 상호 소통을 위한 것이라기보다 종교적 교리를 익히거나 고전의 사상을 습득하기 위한 방편이었고, 말을 배우는 경우에는 오늘날의 학교 교육처럼 한 사람의 선생님이 여러 학생을 동시에 가르치는 방식이 아닌 개인이 개인을 가르치는 방식이었다. 그렇게 다른 언어를 배울 수 있는 이들은 당연히 극소수의 상류층 또는 특별한 사회 계층이었다. 이러한 언어는 외국어라기보다 '추가 언어'additional language라는 표현이 더 정확하다.

17세기 유럽에서 프랑스와 스페인 등의 이른바 국가가 자신들의 공식적인 국어를 선택하기 시작했다면 이후 19세기에 접어들면서는 무역, 이민, 여행, 유학 등 다양한 형태의 인적 교류가 확산함에 따라 각 나라의 대중들에게 다른 나라의 언어를 배워야 할 필요가 발생했다. 이들을 위한 교육이 확산되면서 오늘날의 외국어를 배운다는 개념이 비로소 일반화되었다.

유럽의 국가들, 제국주의의 깃발을 들다

국가가 유럽 질서의 기본이 되면서, 유럽의 국가들은 각자 자국의 패권을 강화하기 위해 나라 밖으로, 대륙 바깥으로 눈길을 돌렸다. 이 무렵 각 국가의 주력 분야로 떠오른 무역은 이미 중세 후기, 르네상스 시대의 모습과는 많이 달랐다. 예전에는 개인 상인과 상인협회 중심으로 도시국가 간의 시장과 교역이 발달했다면, 이 당시에는 더욱 거대해진 조직의 출현으로 자본주의의 초기 형태가 그 모습을 드러내고 있었다. 최초의 주식회사와 주식거래소가 네덜란드 암스테르담에 생긴 것도 이 무렵이었다.

자본주의의 기본 원리란 간단하다. 자본을 활용함으로써 경제적 이익을 확대하는 것이다. 주식회사라면 주식을 소유하는 사람이 회사의 주인이며, 이들에게는 회사의 이익을 극대화시켜 주식의 가치를 높이는 것이 중요하다. 이익을 높이기 위해서는 시장에 내놓은 제품의 경쟁력을 갖추는 것은 기본이고 여기에 더해 시장을 확대하는 것이 관건이다. 시장이 커질수록 더 많은 제품을 팔 수 있고 제품이 팔릴수록 이익은 커진다. 그래서 자본주의는 언제나 새로운 시장을 찾고 개척하기 위해 안간힘을 쓰게 마련이다.

이 당시 유럽의 국가들이 제국주의의 깃발을 든 것도 바로 이런 이유 때문이었다. 단순히 국가의 지배자들이 더 넓은 영토를 차지하고 싶어서가 아니었다. 제국주의의 확산은 바로 자본주의의 발달과 밀접한 관련이 있다. 유럽 대륙이라는 한정된 시장 안에서 서로 경쟁하기보다 더 넓은 대륙으로 영역을 확장함으로써, 이익을 극대화시켜 경쟁에서 우위를 차지하고 이로 인해 더 강력한 패권을 갖기 위해서였다. 이를 위해 국가는 앞장서 무역을 지원하고,

암스테르담의 주식거래소는 세계
에서 가장 오래된 것으로, 1602년
부터 거래를 시작했다. 그림 속 건
물은 1612년에 준공되었다. 보이만
스 반 베닝겐 미술관 소장.

제국주의와 문화 이식의 첨병, 외국어

식민지를 통해 새로운 시장을 확보하기 위해 발 벗고 나섰으며 이런 속셈이야 말로 내항해시대의 원동력이 되었다.

유럽 바깥의 아메리카와 아프리카, 아시아의 여러 나라가 유럽 제국주의 국가의 식민지가 되었고, 이들 제국주의 국가는 단순히 시장을 확대하는 것에서 그치지 않고 아프리카 대륙 등에서 사람을 강제로 끌고 와 노예로 부리기 시작했다. 이런 양상은 유럽 대륙만이 아니라 훗날 미국과 카리브 제도, 브라질 등에서도 유사하게 나타났다.

또한 유럽의 제국주의 국가들은 아시아에서 적극적으로 거래할 수 있는 제품을 만들어, 무역을 거점 삼아 제국주의를 더 확산시켜나갔다. 이렇게 만들어진 유럽의 제국주의와 이에 발맞춰 발달한 자본주의로 인해 유럽은 세계를 지배하고, 현재 세계 질서의 토대를 이룩했다. 하지만 유럽 제국주의의 전략은 이것으로 끝이 아니었다.

제국주의의 확산으로 인해 곳곳에서 침략과 저항의 격전이 벌어졌다. 1517년부터 1522년까지 멕시코에서는 아즈텍제국이 스페인의 침략에 맞서 싸웠고, 1532년부터 1572년까지 페루에서는 잉카제국이 역시 스페인의 침략에 대항했다. 오늘날 아프리카 앙골라 지역의 여러 왕국도 1660년부터 1684년에 걸쳐 포르투갈의 침략에 저항하는 전쟁을 치렀다. 제국주의 국가 간의 경쟁은 더욱 치열해졌다. 그리고 외국어는 이전과 다른 양상으로 '이곳'에서 '저곳'으로 건너갔다.

이쯤에서 외국어라는 의미를 한 번 생각해볼 필요가 있다. 두말할 것 없이 외국어라는 것은 다른 국가의 국어이고, 외국어를 배운다는 것은 다른 나라의 언어를 배우는 것이다. 어떤 나라가 어떤 언어를 배워야 했을까? 하나의 언어를 둘러싸고 배우려는 국가와 그렇지 않은 국가의 관계는 사뭇 달랐다. 양상은 매우 다양했다. 평화와 평등은 저 먼 곳에 있었다. 그리고 당연하게도 평화롭거나 평등하지 않은 관계에서 외국어를 배운다는 것은 여러 복잡한 의미를 품고 있다. 인구와 영토 규모의 우위만이 아니라 경제력과 군사력의 우위 역시 나라 간의 평등한 관계를 좌우한다는 것을 우리는 모르지 않는다.

─── 침략과 선교를 위해
'그들'의 언어를 배우다

유럽 제국주의자들의 영토 확장의 역사는 곧 침략의 역사다. 정복자의 얼굴로 무역을 하거나 금을 찾기 위해 새로운 땅을 찾았던 이들도 있고, 개중에는 종교의 자유를 위해 또는 자신의 종교를 전하기 위해 찾았던 이들도 있다. 평화로운 만남도 없지는 않지만, 대부분 폭력을 동반한 갈등이 훨씬 더 컸다. 어떤 목적이었든 새로운 땅에 도착한 이들은 이미 그곳에 살고 있던 이들과 어떤 식으로든 소통을 해야 했다. 소통의 방식은 다름 아닌 언어였다.

기독교 선교사들에게도 언어는 매우 중요한 문제였다. 선교 활동은 기본적으로 이동을 전제로 한다. 한 사람의 선교사가 다른 국가, 지역에서 종교를 전파하기 위해 가장 먼저 해결해야 하는 것은 언어였다. 낯선 땅의 선주민들에게 기독교를 전파하기 위해서는 무엇보다 선주민들과의 원활한 소통이 전제되어야 한다. 선교사들이 자신의 모어를 가르칠 수도 있지만, 우선은 그들의 언어로 다가가야 했다. 이로써 언어 교류가 자연스럽게 이루어졌다. 즉 언어의 전파에 종교의 확산이 매우 큰 영향을 끼친 셈이다. 이로 인해 다양한 형태의 언어 충돌 현상이 일어나고, 이를 해결하기 위한 다양한 외국어 학습 사례도 등장했다. 이렇게 시작된 외국어 전파의 다양한 방식과 범위가 오늘날의 외국어 교육 방식에도 지대한 영향을 끼치고 있다.

초창기 선주민의 언어를 배운 인물로는 영국 출신 로저 윌리엄스Roger Williams, 1603~1683가 유명하다. 그는 종교의 자유라는 이념을 실현하기 위해 미국 매사추세츠 옆 로드아일랜드에 직접 식민지를 개척한 뒤 최초의 총독이 되었다. 그는 선교 활동을 위해 이 지역의 선주민인 내러갠섯Narragansett족의 언어를 배웠고, 이를 바탕으로 1643년 북미 선주민의 언어와 습관을 소개하는 『아메리카 언어를 여는 열쇠』A Key into the Language of America라는 책을 펴내기도 했다.

북아메리카 지역에서는 주로 프랑스의 예수회 선교사가 오대호 지방을 중심으로 선교 활동을 했다. 이들 역시 선주민 언어와 문화에 대한 관심이 컸다. 이들 중 초기 선교사라 할 수 있는 폴 레 준Paul Le Jeune, 1591~1664 신부는 1634년 오늘날의 캐나다 퀘벡주 지역에 사는 선주민과 겨울을 지내면서 그들의 언어를 배웠다. 그는 이 지역에서 계속 선교 활동을 하면서 다른 언어도 배워나갔으며, 새로 파견된 다른 선교사들에게도 선주민의 언어와 습관을 배워야 선교할 수 있음을 강조했다. 그러면서도 한편으로는 상대적으로 그 숫자가 적은 흑인 노예들에게 프랑스어를 가르쳐야 한다고 주장했다는 점은 흥미롭기도 하다.

역시 프랑스인 선교사였던 자크 그라비에Jacques Gravier, 1651~1708 신부도 주목할 만하다. 그는 캐나다를 거쳐 미국에서 선교 활동을 하면서 미국 중부 지방 선주민의 언어인 카스카스키아 일리노이Kaskaskia Illinois어를 배워 유창한 실력을 갖추었다. 그 후 서부로 이동, 오늘날 미국의 오대호 지방을 중심으로 선교 활동을 하기도 했던 그는 훗날 약 2만 개의 단어를 포함한 '카스카스키아 일리노이어-프랑스어' 사전을 편찬했다. 이 사전은 19세기 초에 발견이 되었지만 워낙 방대한 분량에 해독이 어려워 출간을 하지 못한 채로 있다가 1990년대 와서 선주민 언어 전문가에 의해 편집이 진행되었고, 드디어 지난 2002년에 출간되어 약 300여 년 만에 세상의 빛을 보게 되었다.

중남미에서는 스페인과 포르투갈 예수회 선교사의 활동이 매우 활발했다. 이들 역시 선주민들에게 설교를 하기 위해서 선주민들의 언어를 열심히 배웠다. 아프리카 북서부 대서양 인근의 스페인령 카나리아 제도 출신인 호세 데 안치에타José de Anchieta, 1534-1597 신부는 브라질에서 가장 유명한 선교사다. 브라질 선주민 투피족의 언어를 배우는 것에서 그치지 않고, 선교를 위해 투피어 문자를 직접 개발하기도 한 그는 투피어 문법을 정리한 사전을 편찬했는데 이는 유럽인이 아메리카 대륙의 언어에 대해 쓴 최초의 기록이다.

가장 유명한 기록은 스페인 레온Leon주의 사아군Sahagun 출신인 프란시스코회 신부 베르나르디노 데 사아군Bernardino de Sahagún, 1499~1590이 쓴 『누에바 에스파냐의 모든 것에 대한 일반 역사』Historia general de las cosas de Nueva España라는 백과사전이다. '누에바 에스파냐'는 스페인이 통치하던 때의 멕시코의 이름이다. 앞에서 언급한 코시모 데 메디치가 설립한 도서관의 책을 인수한 뒤 1571년 피렌체에 문을 연 메디체아 라우렌치아나 도서관Biblioteca Medicea Laurenziana에 소장되어 있어 '피렌체 백과'Florentine Codex로도 불린다. 사아군이 1545년부터 1585년경까지 집필에 힘을 쓴 이 책은 약 2,400여 쪽에 2,468점의 그림이 함께 실려 있고, 전체 12부 네 권으로 구성된 방대한 자료이다. 사아군은 선주민 신부를 양성하기 위해 설립한 학교에서 선주민 학생들과 같이 대화하며 알게 된 당시 아즈텍제국의 문화, 언어, 습관, 종교, 농업, 자연 등에 관련 정보를 이 책에 자세히 수록했다. 그림 역시 선주민들의 당시 생활 습관을 생생하게 그려내고 있음은 물론이다. 고대 멕시코에 관한 유명한 역사적 자료로 손꼽히기도 하는 이 책은 스페인어와 당시 멕시코 중부의 공통어였던 나우아틀Nahuatl어로 구성되어 있다. 나우아틀어 부분은 학생들의 설명을 바탕으로 한 것이고, 스페인어 설명은 본인이 집필한 내용이다.

사아군이 이 사전을 펴낸 것은 선주민들에게 선교를 하기 위해서는 그들의 삶을 알아야 했고, 그러기 위해서 나우아틀어의 문법과 단어를 익히고 정리할 필요를 느꼈기 때문이다. 말은 있으나 문자가 없는 나우아틀어 표기는 로마자로 이루어졌고, 그 덕분에 추후 나우아틀어로 문학을 창작할 수 있는 토대가 마련되었다. 무엇보다 이 책의 특징은 침략자의 입장에서 타자화된 시선으로 이들 선주민을 바라보고 쓴 게 아니라는 점이다. 즉 선주민 학생의 시각에서 그들의 입장으로 이 책을 집필했다는 점은 높이 평가할 만한 부분이다.

─── 언어를 배우는 이들과 가르치는 이들 사이의 불평등

이런 선교사들의 노력이 일반적인 것은 아니었다. 설령 초기에 선주민들의 언어를 배우기 위해 노력한 선교사라 할지라도, 대부분 선주민들을 신자로 만들고 난 후에는, 이들에게 자신들의 언어를 가르치기 위해 노력했다. 신자가 된 선주민들은 처음에는 선교사들의 '말'을 배웠고, 차츰 성경 독해를 위해 '글'을 읽는 훈련을 거쳐야 했다. 이것은 매우 흥미로운 부분이다. 같은 시기, 유럽 대륙에서 외국어를 배운다는 것은 말보다 글이 먼저였다. 그런데

사아군이 쓴 『누에바 에스파냐의 모든 것에 대한 일반 역사』에 실린 아즈텍 달력의 계산 부분과 아즈텍의 여러 신에 관한 부분이다. 선주민이 그린 섬세한 그림과 이에 해당하는 나우아틀어의 단어가 표기되어 있다. 애리조나 주립 대학교에서 DVD로 제작한 '피렌체 백과 디지털본'(The Digital Edition of the Florentine Codex)의 일부다.

Opuchtli.

Capi, deçisiete   fo, 15,

Yiacatecutli.

Capitulo deçinue uo, fo, 17.

Xipe   totec,

Capitulo deçiocho,   fol, 16,

Nappa tecutli.

Capitulo veinte,   fo, 19,

선교사들이 선주민에게 자신들의 언어를 가르치는 방식은 글보다 말이 먼저였다.

국가와 교파, 선교사 개인의 특성에 따라 차이는 물론 있었지만, 기본적으로 선교 활동은 침략이라는 패러다임에서 이루어졌고, 언어를 배우려는 이들과 가르치는 이들은 본질적으로 불평등한 관계에서 시작할 수밖에 없었다. 초기에 선주민의 말을 배웠던 선교사들도 선주민들이 자신들의 모어에 익숙해지고 나면 자연스럽게 그 언어로 소통을 했고, 그 공동체 안에서 선주민의 모어보다 선교사들의 모어가 더 높은 위계를 차지하기 시작했다. 선주민들 사이에서는 차츰 자신들의 언어를 버리고 선교사들의 언어를 받아들이는 이들이 많아졌고, 그러면서 자연스럽게 선주민들의 언어는 사라지기 시작했다. 이미 전 세계적으로 선주민들의 언어 소멸 현상은 더 이상 낯선 일이 아니다. 소수 언어 사용자들 역시 같은 위기에 빠져 있는데 이런 현상을 '언어 죽음'language death이라고 부른다.

아시아를 찾은 유럽의 선교사들, 그들을 통해 '이곳'의 언어와 문화가 '저곳'으로

유럽 선교사들의 활동은 아시아까지 이어졌다. 13세기 중국 원나라 때 처음 들어오기 시작한 이들의 선교 활동은 명나라 초기에 중단되었다가 16세기 후반에 다시 이어졌다. 이들은 중국에 기독교를 전파하면서 한편으로 중국에서 만난 현지인들과의 인적 교류의 영향으로 중국 문화를 유럽에 소개하기도 했다. 당시 중국에서 활동하던 예수회 선교사 미체레 루지에리Michele Ruggieri, 1543~1607는 유교 사상의 고전으로 꼽히는 '사서', 즉 『논어』・『맹자』・

『중용』·『대학』 등을 라틴어로 번역했다. 이 번역을 기초로 해서 다음 세대의 선교사는 1687년에 『공지, 중국의 철학자』 Confucius sinarum philosophus라는 책을 라틴어로 펴냈는데, 이는 유럽 철학계에 중국 사상이 최초로 소개된 사례였으며 이때부터 '공자'의 라틴어 표기는 'Confucius'가 되었다. 이 당시까지만 해도 유럽 대부분 학문의 공통어는 라틴어였기 때문에 라틴어로 번역하는 것은 매우 자연스러운 일이었다. 루지에리 신부는 함께 활동하던 선교사 마테오 리치 Matteo Ricci, 1552~1610와 함께 '포르투갈어-중국어' 사전을 편찬하기도 했는데, 이것이 새롭게 편집되어 지난 2001년, 그러니까 편찬된 지 약 400여 년 후에 출간이 되었다.

　　일본은 지리적 위치로 인해 유럽과의 접촉이 중국보다 늦었다. 1549년 오늘날의 스페인 북쪽 바스크 지역 출신 선교사 프란치스코 사베리오 Francisco Xavier, 1506~1552 신부가 일본 열도 끝에 있는 가고시마에 도착한 이후 선교사 몇몇이 일본에서의 본격적인 선교 활동을 시작했다. 이들 가운데 나폴리 출신 선교사 알렉산드로 발리냐노 Alessandro Valignano, 1539~1606 신부는 일본의 서민들과 긴밀한 관계를 맺어야 한다고 강조했고, 이를 위해 일본어 공부를 매우 열심히 했다. 그는 이미 일본에 오기 전에 포르투갈의 지배를 받았던 마카오에서 예비 선교사들에게 현지어의 학습은 물론 현지인들의 습관을 이해해야 한다고 강조했다.

　　이는 먼 훗날 20세기에 와서 관심을 받기 시작한 '외국어 교육과 그 문화 이해'의 상관성과 매우 유사한 개념이다. 즉 '현지화'야말로 외국어 교육을 효과적으로 할 수 있다고 보는 입장을 발리냐노 신부는 이미 이 당시 정립하고 있었던 셈이다. 발리냐노가 마련한 토대 위에 포르투갈 출신의 로드리게스João Rodrigues, 1562?~1633? 신부는 1604~1608년 사이에 포르투갈어로 된 일본어 문법 참고서를 출간했다. 그가 펴낸 문법 참고서는 흥미롭게도 17세기 초의 일본어 문법에 대한 유일한 기록으로서 역사적 가치가 매우 높다. 포르투갈 출판사에서는 일본어 문자를 표기·제작할 수 없었기 때문에 로마자로 표기한 것을 볼 수 있는데, 이는 20세기 말 디지털 인쇄 혁명이 일어나기 전까지 드문 일이 아니었다. 물론 20세기 말에 이르러서도 유럽에서 출간한 책에는 동양의 여러 언어를 로마자로 표기하거나 심지어 손으로 직접 써서 표시하는 경우도 매우 일반적이었다. 일반 단행본은 말할 것도 없고, 어학 교재에서도 마찬가지였다.

로드리게스 신부는 한국과도 흥미로운 인연이 있다. 1631년 명나라에 진주사로 파견된 조선의 문신 정두원鄭斗源, 1581~?은 조선으로 돌아오는 길에 가톨릭 신자인 산둥성의 성장省長을 통해 오늘날의 옌타이煙臺에서 로드리게스를 소개 받았다. 로드리게스는 정두원에게 화포, 자명종, 천리경 등의 서양 기계와 중국 명나라 말기 이탈리아 선교사 알레니가 한문으로 저술한 세계지도『직방외기』職方外記를 비롯해 천문학과 서양 과학에 대한 여러 서적을 선물했다. 이는 조선에 처음으로 소개된 서양 과학 관련 자료이기도 하다.

선교사, 외국어 전파의 첨병

선교사들을 통한 외국어 전파 과정의 흥미로운 사례는 나폴리동양대학Università degli Studi di Napoli "L'Orientale"을 통해서도 엿볼 수 있다. 유럽에서 가장 오래된 아시아학 전문 교육 기관인 이 학교의 설립 유래는 이렇다. 청나라

황제 강희제 밑에서 일했던 화가이자 신부인 마테오 리파Matteo Ripa, 1682~1746
가 1723년에 젊은 중국인 신사 네 명과 함께 나폴리에 돌아왔다. 이들은 중국
과 무역을 하는 나폴리 상인들을 위한 중국어 수업을 시작했고, 1732년 교황의
지원을 받아 공식 학교를 열었다. 이는 유럽 대륙에서 중국인 원어민 교수가 현
지인에게 자국의 말을 수업한 첫 번째 사례일 뿐 아니라, 서양에서 아시아 언어
교육이 이루어진 최초의 사례이기도 하다. 그 최초의 사례가 학문 연구나 문헌
학습을 위해서가 아닌 무역과 상업 종사자들을 위한 것이었다는 점 역시 눈여
겨볼 지점이 아닐 수 없다. 19세기로 접어들면서 이 학교에는 다른 외국어 과목
수업이 추가되었고 오늘날에는 약 50여 개 나라의 언어를 가르치고 있다.

아프리카와 아시아를 대상으로 제국주의 국가 선교사들의 활동은 지
속적이고 성실하고 광범위하게 이루어졌다. 종교적인 선의와 숭고한 의미도
있지만 공교롭게도 선교 활동은 선교사 파송국의 새로운 시장을 확장하는 것
과 매우 깊은 상관 관계가 있었다. 선교사들은 현지인과의 접촉이 많기 때문
에 해당 지역의 특성과 언어에 대한 이해가 깊어질 수밖에 없었다. 따라서 어
떤 물건을 거래하는 것이 좋을지, 필요한 노동력은 어떻게 확보할 수 있는지도
자연스럽게 누구보다 잘 알 수 있었다. 게다가 이들은 타국에서의 활동을 위
한 경제적인 지원이 필요했기 때문에 본국의 상인들과 국가 권력자들과도 우
호적인 관계를 유지하고 있었다.

대륙 바깥으로 나간 유럽의 언어, 신종 언어를 탄생시키다

선주민들과의 소통이 필요한 것은 선교사들만이 아니었다. 유럽의

선교사들을 통해
이곳의 언어가 저곳으로 전파되다

선교사들에게 언어는 매우 중요한 문제였다. 선주민들에게 기독교를 전파하기 위해서는 무엇보다 원활한 소통이 전제되어야 한다. 이로써 언어의 교류가 자연스럽게 이루어졌다. 즉 언어의 전파에 종교의 확산이 매우 큰 영향을 끼친 셈이다. 이로 인해 다양한 형태의 언어 충돌 현상이 일어나고, 이를 해결하기 위한 다양한 외국어 학습의 사례도 등장했다. 선교사들의 활동은 종교적인 선의와 숭고한 의미에서 이루어졌지만 공교롭게도 선교사 파송국의 새로운 시장 확장과도 매우 밀접한 관계가 있었다.

01 로저 윌리엄스는 기독교를 전파하기 위해 내러갠섯어를 공부했다. 그림은 1856년에 출간한 미국사 책에 실린 것으로, 로저 윌리엄스가 내러갠섯인과 만나는 모습을 그린 것이다. 뉴욕공립도서관 소장.

02 프랑스 선교사 자크 마르케트(Jacques Marquette, 1637~1675)가 선주민들을 대상으로 선교 활동을 하는 그림. 그는 주로 북미 지역에서 활동했던 것으로 알려져 있다. 마르케트 대학교 소장.

03 프란치스코 사베리오 신부의 초상화. 그는 일본 가고시마에서 본격적으로 선교 활동을 시작했다. 17세기에 일본인이 그린 것으로 고베시립박물관에 소장되어 있다.

ud. (b. 1900?)

ROGER WILLIAMS SHELTERED BY THE NARRAGANSETTS.

S. P. FRANCISCVS XAVERIVS SOCIE. IESV

제국주의자들도 앞다퉈 새로운 대륙으로 진입했다. 지극히 당연하게도 이들과 선주민들과의 갈등은 필연적이었다. 스페인 출신 에르난 코르테스Hernán Cortés, 1485~1547가 멕시코를 침략1519~1521할 때도 그랬다. 스페인의 중남미 침략과 그로 인한 전쟁은 1573년 스페인 왕이 더 이상의 침략을 금지할 때까지 지속되었다. 스페인은 이슬람 왕국과 오랜 전쟁을 치르면서 군사력이 증대되었고, 타자와의 전쟁에 매우 익숙했다. 그래서 스페인의 깃발이 휘날리는 곳에는 대개 전쟁이 일어났다.

스페인과 비교적 가까이에 위치한 포르투갈은 스페인과 양상이 사뭇 달랐다. 포르투갈은 스페인처럼 무력으로 새로운 땅을 정복하려 하기보다 브라질을 중심으로 자원 개발과 선교 활동을 주로 해왔기 때문에 선주민들과 격렬한 전쟁을 치르지는 않았다. 포르투갈은 여느 유럽 국가들보다 가장 먼저 해외로 눈을 돌린 국가이기도 하다. '항해 왕자'로 불리던 엔히크Infante Dom Henrique, o Navegador, 1394~1460는 실제로 포르투갈의 왕자였다. 그는 아프리카는 물론 아시아까지 가는 항해로 개척을 지원했고, 이를 위한 선박 기술 개발에도 적극 힘을 실었다. 1415년 포르투갈은 북아프리카 해안의 항구도시이자 사하라 무역로의 종착지인 세우타Ceuta를 정복했는데, 이를 계기로 엔히크는 아프리카의 가능성에 관심을 갖게 되었다. 그는 이후 아프리카 해안 곳곳에 수많은 탐험선을 보내 항로를 개척하기 시작했고, 결국 포르투갈이 대항해 시대를 열게 하는 기반을 마련했다. 아프리카에 처음 들어가면서 포르투갈은 선교 활동을 명목으로 내세웠지만, 정작 이들의 관심사는 아프리카와의 무역과 노예의 확보였다. 따라서 현지 선주민들을 대상으로 하는 선교 활동은 미미했고, 심지어 선교사들 가운데는 선주민 노예가 종교의 전파에 도움이 된다고 여겨 이들을 중심으로 선교 활동을 했던 사례도 있다.

포르투길의 뜻대로 아프리카에서의 무역은 비교적 활발하게 이루어졌다. 따라서 거점 항구에서 선주민들이 포르투갈어를 배우는 경우가 많았다. 하지만 이 당시 그들이 배운 포르투갈어는 표준어라기보다 포르투갈어와 현지인의 언어가 섞여 간소화된 새로운 공통어였다. 이는 유럽 언어와 비유럽 언어의 만남으로 인해 새로운 언어가 탄생한 첫 번째 사례이기도 하다.

신종 언어의 탄생 사례는 또 있다. 카리브 제도에서 아프리카에서 끌려온 노예들이 원래 사용하던 언어와 새로 유입된 유럽 언어가 섞이면서 만들어진 크리올creole도 그중 하나다. 프랑스의 침략을 받은 아이티에서는 프랑스어와 서아프리카의 언어가 섞여 만들어진 아이티 크리올이 나왔고, 영국의 침략을 받은 자메이카의 크리올은 영어의 구조에 아프리카어의 어휘가 섞여 만들어졌다. 그러나 훗날 아프리카에서 끌려온 노예들은 모어 사용은 철저하게 금지당하고 강제로 새로운 언어를 배워야 했다. 이들이 외국어를 배우는 방식은 학교에서, 교재를 통한 것이 아니었다. 인간 이하의 대접을 받는 노동 현장에서 채찍을 통해 배워야 했다.

신종 언어의 사례로 들 수 있는 또 하나는 링구아 프랑카lingua franca다. 쉽게 설명해서 서로 다른 모어를 사용하는 이들끼리 소통을 위해 사용하는 언어를 뜻하는데, 각자 원하는 목적을 위해 모인 사람들 사이에서 자연스럽게 만들어지기 때문에 공통어의 성격도 분명하고, 그 지역의 언어를 토대로 삼는 경우는 많지만 특정한 누군가를 그 언어의 원어민이라고 말할 수는 없다. 중세 지중해를 무대로 활동하던 상인들 사이에서 처음 등장한 것으로 알려져 있고, 이때 나온 이른바 '지중해 링구아 프랑카'는 이탈리아어에서 파생했다.

　보통 모어에 비해 사용 빈도는 높지 않아서 유창하게 쓰는 이들보다는 기초 회화 수준으로 의사소통을 하는 이들이 많다. 따라서 크리올처럼 뿌리를 내리기도 어렵고, 소멸의 가능성도 훨씬 높다. 세르반테스의 『모범 소설집』 수록 작품 중 하나인 「마음씨 좋은 연인에 관한 소설」에 17세기 초 '지중해 링구아 프랑카'를 포함한 당시의 복잡한 언어 상황이 잘 묘사되어 있으니 이 작품을 읽어보면 이해하는 데 도움이 될 듯하다.

　링구아 프랑카는 사람들의 기초적인 소통 외에 독특한 역할을 맡았다. 이를테면 르네상스 시기 고전 그리스어나 라틴어로 된 고전 문헌은 무역의 길을 통해 콘스탄티노폴리스에서 이탈리아로 전파되었고, 이후 『성경』을 비롯한 종교 관련 경전 역시 같은 경로로 전해졌다. 이 과정에서 소통을 촉진한 것이 바로 링구아 프랑카다.

　링구아 프랑카의 사례는 다양하다. 동부 이란어군에 속하는 소그드어Sogdian는 오늘날 우즈베키스탄과 타지키스탄 인근에 있던 소그디아나 지역을 중심으로 형성된 당나라 시대 실크로드의 링구아 프랑카였다. 넓은 지역에 걸쳐 다양한 언어를 사용하는 사람들끼리 원활한 소통을 위해 등장한 소그드어는 이란어군에 토대를 두고 있지만 당나라와의 활발한 교류로 인해 중국어 단어를 많이 흡수해 형성되었다. 아람 문자에 뿌리를 둔 소그드 문자는 이후 위구르 문자로 진화했고, 다시 위구르 문자는 몽골과 만주의 문자로 진화를 거듭했다. 비록 10세기경 소그드어는 사라졌지만, 몽골 정부가 부활을 위해 애쓰는 문자를 통해 그 흔적이 살아서 전해지고 있다.

　그렇다면 오늘날 찾아볼 수 있는 링구아 프랑카는 없을까? 있다. 나

제국주의와 문화 이식의 첨병, 외국어

이지리아 북부 지역에서 주로 사용되는 하우사Hausa어는 하우사족의 언어이지만 가나, 베냉, 니제르, 자느, 카메룬 등의 인근에서 링구아 프랑카로 역할을 하고 있다. 이것만이 아니다. '글로벌 영어' 역시 크게 보아 링구아 프랑카다. 글로벌 영어를 사용하는 이들 중에는 영어가 모어인 이들도 많고, 제2언어로 유창하게 쓰는 이들도 셀 수 없이 많다. 그렇지 않은 이들도 거의 대부분 학교에서 영어를 배운 경험이 있다. 그 때문에 링구아 프랑카의 일반적인 개념보다는 훨씬 넓은 의미로 세계 공통어라는 인식이 강하고, 영어를 열심히 배우는 이들도 많다. 하지만 비원어민 사이에서 특정한 목적을 위해 사용된다는 특징으로만 볼 때 넓은 의미에서 링구아 프랑카라고 해도 틀린 말은 아닐 것이다.

서로 더 넓은 신대륙을 차지하기 위해 경쟁하던 스페인과 포르투갈은 1494년 서로 다른 곳에서 식민지를 넓혀가기로 합의했다. 스페인은 아메리카 대륙을, 포르투갈은 아프리카와 아시아를 중심으로 각자의 영역을 구분하기로 한 셈이다. 오늘날 아메리카 대륙에서는 스페인어를 사용하는 사람들이 많고, 아프리카 대륙에서는 포르투갈어를 사용하는 이들이 많은 것도 이때 이루어진 합의에 의한 결과일 수 있겠다.

——— 선교 활동과
외국어 전파의 상관 관계

외국어 전파 과정에서 15세기 말부터 17세기까지의 대항해시대에 선교사들의 활동과 역할은 매우 큰 의미를 지니고 있다. 바다를 건너간 유럽 언어는 폭력과 갈등을 동반했고, 그 과정을 거쳐 새로운 땅에 뿌리를 내렸다. 모든 관계는 일방적일 수만은 없다. 유럽 언어는 새로운 땅에 뿌리를 내리면서 자신들의 언어와 관계 없는 새로운 언어를 발견하게 마련이었다. 그럼으로써 유럽인과 현지인 양쪽 다 새로운 언어를 접함으로써 익숙한 언어가 아닌 다른 언어에 대한 관심이 생길 수밖에 없었다. 언어에 대한 인류의 본격적인 관심은 그렇게 시작되었다고 해도 과언이 아니다. 어디 언어뿐이겠는가. 언어를 비롯한 문화 전반으로 관심의 범위가 넓어지는 게 당연한 수순이었다. 그 첫 머리에 바로 선교사들이 있었다. 이들은 단순히 물건만 팔고 돌아가는 상인들보다 훨씬 현지인들과 밀접한 관계를 형성해야 했다. 그리고 무엇보다 꽤 오랫동안 현지에 머물러야 했다. 이들은 현지인들의 언어, 자신들에게 외국어였을, 그 언어를 학습하면서 동시에 자신들의 모어를 현지인들에게 가르쳤다. 동시에 많은 선교사가 매우 높은 수준까지 스스로 배우고 익힌 외국어에 관한 기록과, 학습용 사전과 교재 등을 남김으로써 언어학의 발전에 크게 기여했다.

선교 현장에서 가장 먼저 이루어진 외국어 학습 과정은 바로 말하기였다. 그 이전까지, 유럽 내부에서 외국어를 배운다는 것은 곧 글을 배우는 것이었다. 하지만 대륙 바깥으로 넘어가면서 외국어 학습의 첫 단계는 말하기로 전환되었다. 이로써 외국어 교육 과정에서 말하기의 중요성, 말하기 학습 방식에 관한 관심이 높아졌다.

이를 두고 단순히 선교사들의 활동 또는 교회 안에서 이루어진 태도의 변화라고 그 의미를 축소하기도 하지만, 이것이 의미하는 바는 그리 단순하지 않다. 유럽의 선교사들이 대륙 바깥의 이방인들에게 가르친 것은 라틴어가 아닌 바로 자신들의 모어, 자국의 국어였다. 국가라는 인식이 형성되고 국가마다 국어의 정립에 힘 쓰던 때, 모든 언어의 전제이자 기본으로 뿌리 깊게 형성된 소위 '라틴어 패권'에 대한 매우 실질적인 도전이 뜻밖에도 대륙 밖에서 이루어지고 있었다. 그리고 이때부터 유럽외 가 국가들이 주도한 제국주의가 종교와 자본의 도움을 받아 세계 곳곳을 활보하기 시작했고, 이로써 제국주의 국가의 언어 역시 제국주의의 발길이 닿는 곳마다 세상 곳곳으로 퍼져나갔다. 이는 20세기에까지 영향을 미쳤고, 오늘날에도 그것으로부터 온전히 벗어났다고 말할 수 없다.

──── 계몽주의의 도래가 불러온
외국어 교육 방식의 변화

15세기 말부터 17세기까지의 대항해시대는 또한 자본주의가 발아·확장하고 있었고, 그에 따라 곳곳에서 새로운 변화가 일어났다. 이미 르네상스 시대에 그랬듯 자본은 교회의 울타리를 넘어 다른 영역에 관심을 갖기 시작했다. 대항해시대의 관심 분야는 과학, 그리고 그것의 철학적 기반인 이성주의였다. 이에 따라 자연 현상을 신의 섭리로서가 아니라 과학적 방법을 통해서 증명하는 것이 매우 중요해졌고, 하느님의 뜻이 아닌 과학적 논리를 중시하는 사상이 뿌리를 내리기 시작했다. 이러한 변화는 18세기 계몽주의 시대의 문을 열었을 뿐만 아니라 더 나아가 왕과 귀족을 거부한 미국과 프랑스의 혁명은 물론 18세기 러시아제국의 표트르 1세Pyotr I, 1672~1725 황제와 예카테리나 1세Ekaterina I, 1684~1727 황제의 국가 근대화와 '프랑스화'에까지 영향을 미쳤다. 그리고 1760년경부터 영국에서 불 붙은 산업혁명의 촉진에 이르러 그 정점을 찍었다.

계몽주의의 도래를 전후로 여러 변화가 나타났다. 외국어 교육의 방식에도 역시 변화가 시작되었다. 특히 체코 출신 요한 코메니우스Johann Amos Comenius, 1592~1670는 기억해둘 만한 인물이다. 체코를 지배하는 합스부르크가의 개신교 억압을 피해 1627년 폴란드로 망명한 그는 그곳에서 외국어 학습에 관심을 갖게 되었고, 아일랜드 출신 윌리엄 바스William Bathe, 1564~1614 신부의 영향을 받아 1631년『열린 언어의 문』Janua linguarum reserata이라는 라틴어 학습 교재를 출간했다. 이 책은 약 8,000개의 라틴어 단어를 1,000개의 예문으로 설명을 한 것으로, 예시로 든 내용은 일상과 교양을 다룬 것이었다. 이처럼 예문을 통해 단어를 설명하고 일상과 교양에 관한 내용으로 예문을 제시하는 방식은 오늘날 우리 눈에는 익숙하나 외국어 교육의 역사에서는 처음 등장하는 것이었다. 오늘날의 외국어 학습 교재 서술 방식이 이미 이때부터 등장한 셈이다. 그는 영어, 프랑스어, 독일어는 물론 네덜란드어, 스웨덴어 그리고 아랍어로도 번역을 해둠으로써 여러 외국어를 함께 공부할 수 있게 했다. 책에 수록한 모든 단어와 문장마다 라틴어와 해당 언어로 설명을 해둔 것이다.『열린 언어의 문』은 출간 이후 17세기 말 무렵까지 유럽에서 성경 다음으로 가장 잘 팔리는 책이 되었다.

　　이로써 유명세를 얻게 된 코메니우스는 교육 전반에 관심을 갖게 되었고, 영국이나 스웨덴 등 다른 나라의 교육 방식에 대한 자문도 해주곤 했다. 1636년 영국의 식민지였던 시절 미국에 최초로 설립된 하버드 대학교의 학장 후보로 거론되기도 했던 것을 보면 그 유명세를 짐작할 수 있다.

　　외국어 교육에 대한 그의 관심은 꾸준했다. 라틴어 교재를 계속 출간하면서도 늘 새로운 방식을 지속적으로 시도했다. 역시 1658년 그가 펴낸『가감계도 표시』Orbis sensualium pictus는 아이들을 위한 라틴어 교재로, 외국어 학습 교재 역사상 최초로 내용을 설명하는 그림을 책에 삽입했다. 약 150여 개의 테마를 각 장으로 나누어 구성했는데, 각 장마다 그림 한 장씩을 배치하고 여기에 관련 라틴어와 모어로 된 간단한 텍스트가 수록되어 있다. 이 책 역시 여러 외국어를 동시에 공부할 수 있도록 '3개 언어', '4개 언어'용을 추가로 제작하기도 했다.

코메니우스의 라틴어 학습 교재는 즉흥적인 시도와 단순한 아이디어의 결과물이 아니었다. 다음과 같은 이론이 구성의 바탕이었다.

첫째, 모든 외국어는 학습자의 모어 또는 이미 익숙한 현대어를 통해서 배워야 한다.

둘째, 개념은 단어보다 그림으로 배워야 한다.

셋째, 쉬운 내용으로 시작해서 단계적으로 어려운 내용을 배울 수 있어야 한다.

넷째, 외국어뿐만이 아니라 그 언어권의 다양한 지식, 교양, 종교와 윤리적 내용도 다뤄야 한다.

다섯째, 외국어 학습은 다른 학습과 마찬가지로 즐거워야 한다.

그는 자신의 이런 이론을 비록 라틴어 교육 중심의, 어린이들을 위한 교재의 개발에 적용했지만, 이것이 비단 어린이들만이 아닌 어른들에게도 해당이 되는 보편적인 이론이라고 주장했다. 외국어 학습에 관한 그의 이론은 훗날 19세기 말에 이르러 다시 주목을 받게 되고, '외국어 교육 혁신 운동'에 매우 큰 영향을 미칠 만큼 의미가 매우 크다.

and setteth the rate of it, | & indicat pretium,
and how much | quanti
it may be sold for. | liceat.
The *Buyer*, 10. cheapneth | *Emptor*, 10. licetur,
and offereth the price. | & pretium offert.
If any one | Si quis
bid *against him*, 11. the | *contralicetur*, 11.
thing is delivered to him | ei res addicitur
that promiseth the most. | qui pollicetur plurimum.

CXXVII.
Measures and Weights. | Mensuræ & Pondera.

We measure things that | Res continuas metimur
hang together with an *Eln*, | *Ulná*, 1.
1. liquid things | liquidas
with a *Gallon*, 2. | *Congio*, 2.
and dry things | aridas
by a *two-bushel Measure*, 3. | *Medimno*, 3.
We try the heaviness of | Gravitatem rerum ex-
things by *Weights*, 4. | perimur *Ponderibus*, 4.
and *Balances*, 5. | & *Librá* (bilance), 5.
In this is first | In hác primó est

the *Beam*, 6. | *Jugum* (Scapus), 6.
in the midst whereof is a | in cujus medio
little *Axle-tree*, 7. above | *Axiculus*, 7. superiùs
the *cheeks* and the *hole*, 8. | *trutina* & *agina*, 8.
in which the *Needle*, 9. | in quá *Examen*, 9.
moveth it self to and fro: | sese agitat:
on both sides | utrinque
are the *Scales*, 10. | sunt *Lances*, 10.
hanging by *little Cords*, 11. | pendentes *Funiculis*, 11.
The *Brasiers balance*, 12. | *Statera*, 12.
weigheth things by hang- | ponderat res, suspendendo
ing them on a *Hook*, 13. | illas *Unco*, 13.
and the *Weight*, 14. | & *Pondus*, 14.
opposite to them which | ex opposito, quod
in (a) weigheth just as | in (a) æquiponderat
much as the thing, | rei,
in (b) twice so much | in (b) bis tantum,
in (c) thrice so much, &c. | in (c) ter, &c.

Physick. CXXVIII. Ars Medica.

The *Patient*, 1. | *Ægrotans*, 1.
sendeth for a *Physician*, 2. | accersit *Medicum*, 2.

12

The Clouds. VIII. Nubes.

A *Vapour*, 1. ascendeth | *Vapor*, 1. ascendit ex
from the *Water*. | *Aquá*.
From it a *Cloud*, 2. | Inde *Nubes*, 2.
is made, and a *white Mist*, | fit, et *Nebula*, 3.
3. near the Earth. | prope terram.
Rain, 4. | *Pluvia*, 4.
and a small *Shower* distil- | et *Imber*,
leth out of a *Cloud*, drop | stillat e *Nube*,
by drop. | guttatim.
Which being frozen, is | Quæ gelata, *Grando*, 5.
Hail, 5. half frozen is *Snow*, | semigelata, *Nix*, 6.
6. being warm is *Mel-dew*. | calefacta, *Rubigo* est.
In a rainy *Cloud*, | In nube pluviosá, oppo-
set over against the Sun | sitá soli *Iris*, 7. apparet.
the *Rainbow*, 7. appeareth.
A *drop* falling into the | *Gutta* incidens in aquam,
water maketh a *Bubble*, 8. | facit *Bullam*, 8.
many *Bubbles* make | multæ *Bullæ* faciunt
froth, 9. | spumam, 9.
Frozen Water is called | Aqua congelata
Ice, 10. | *Glacies*, 10.
Dew congealed, | *Ros* congelatus,

is called a *white Frost*. | dicitur *Pruina*.
Thunder is made of a | *Tonitru* fit ex
brimstone-like *vapour*, | *Vapore* sulphureo,
which breaking out of a | quod erumpens è Nube
Cloud, with *Lightning*, 11. | cum *Fulgure*, 11.
thundereth and striketh | tonat & fulminat.
with lightning.

The Earth. IX. Terra.

In the *Earth* are | In *Terra* sunt
high *Mountains*, 1. | Alti *Montes*, 1.
Deep *Vallies*, 2. | Profundæ *valles*, 2.
Hills rising, 3. | Elevati *Colles*, 3.
Hollow *Caves*, 4. | cavæ *Speluncæ*, 4.
Plain *Fields*, 5. | Plani *campi*, 5.
Shady *Woods*, 6. | Opacæ *Sylvæ*, 6.

요한 코메니우스가 1658년 아이들을 위해 만든 라틴어 교재 『가감계도 표시』의 영어판. 『가감계도 표시』는 외국어 학습 교재 역사상 최초로 내용을 설명하는 그림을 책에 삽입했다. 예시로 든 것은 무게의 측정, 약 만들기, 날씨, 지형, 근육, 기하학, 천구의 등에 관한 단어와 표현을 설명하는 것으로, 이 외에도 책 안에는 당시 라틴어 수업 장면으로 추정되는 그림 등이 다양하게 실려 있다. 영어판은 1887년 미국에서 출간되었다. 미국 국회도서관 소장.

48

A *Tongue* and a *Palate*, | *Lingua* cum *Palato*,
and *Teeth*, 16. | *Dentibus*, 16.
in the *Cheek-bone.* | in *Maxilla.*
A Man's *Chin* | mentum vllih.
is covered with a *Beard*,14. | tegitur *Barba*, 14.
and the *Eye* | Oculos vero
(in which is the *White* | (in quo *Albugo*
and the *Apple*) | & *Pupilla*)
with *eye-lids*, | *palpebris*,
and an *eye-brow*, 15. | & *supercilio*, 15.
The *Hand* being closed | *Manus* contracta,
is a *Fist*, 17. | *Pugnus*, 17. est
being open is a *Palm*, 18. | aperta, *Palma*, 18.
in the midst, is the *hollow*, | in medio *Vola*, 19.
19. of the Hand. |
the extremity is the | extremitas,
Thumb, 20. | *Pollex*, 20.
with four *Fingers*, | cum quatuor *Digitis*,
the *Fore-finger*, 21. | *Indice*, 21.
the *Middle-finger*, 22. | *Medio*, 22.
the *Ring-finger*, 23. | *Annulari*, 23.
and the *Little-finger*, 24. | & *Auriculari*, 24.
In every one are | In quolibet sunt
three *joynts*, a. b. c. | *articuli* tres, a. b. c.
and as many *knuckles*, d.e.f. | & totidem *Condyli*, d. e. f.
with a *Nail*, 25. | cum *Ungue*, 25.

49

The Flesh and Bowels. XL Caro & Viscera.

In the *Body* are the *Skin* | In *Corpore* sunt *Cutis*
with the *Membranes*, | cum *Membranis*,
the *Flesh* with the *Muscles*, | *Caro* cum *Musculis*,
the *Chanels*, | *Canales*,
the *Gristles*, | *Cartilagines*,
the *Bones* and the *Bowels*. | *Ossa* & *Viscera*.
The *Skin*,1. being pull'd | *Cutis*, 1. detractâ,
off, the *Flesh*, 2. appeareth, | *Caro*, 2. apparet,
not in a continual lump, | non continuâ massâ,
but being distributed, as | sed distributa,
it were in stuft puddings, | tanquam in farcimina,
which they call *Muscles*, | quos vocant *Musculos*,
whereof there are reckoned | quorum numerantur
four hundred and five, be- | quadringenti quinque,
ing the Chanels of the *Spi-* | canales *Spirituum*,
rits, to move the *Members*. | ad movendum *Membra*.
The *Bowels* are the in- | *Viscera* sunt *Membra* in-
ward *Members* : | terna :
As in the Head, the | Ut in Capite, *Cerebrum*, 3.
Brains,3. being compassed | circumdatum *Cranio*, &
about with a *Skull*, and |
Y |

Geometry. CIII. Geometria.

A *Geometrician* | *Geometra*
measureth the *height* of | metitur *Altitudinem*
a *Tower*, 1....2. | *Turris*, 1....2.
or the *distance* | aut *distantiam*
of *places*, 3....4. | *Locorum*, 3....4.
either with a *Quadrant*, 5. | sive *Quadrante*, 5.
or a *Jacob's-staff*, 6. | sive *Radio*, 6.
He maketh out the | Designat
Figures of things, | *Figuras rerum*
with *Lines*, 7. | *Lineis*, 7.
Angles, 8. | *Angulis*, 8.
and *Circles*, 9. | & *Circulis*, 9.
by a *Rule*, 10. | ad *Regulam*, 10.
a *Square*, 11. | *Normam*, 11.
and a *pair of Compasses*,12. | & *Circinum*, 12.
Out of these arise | Ex his oriuntur
an *Oval*, 13. | *Cylindrus*, 13.
a *Triangle*, 14. | *Trigonus* 14.
a *Quadrangle*, 15. | *Tetragonus*, 15.
and other figures. | & aliæ figuræ.

The Celestial Sphere. CIV. Sphera cælestis.

Astronomy considereth | *Astronomia* considerat
the *motion of the Stars*, | *motus Astrorum*,
Astrology | *Astrologia*
the Effects of them. | eorum Effectus.
The *Globe of Heaven* | *Globus Cæli*
is turned about upon an | volvitur
Axle-tree, 1. | super *Axem*, 1.
about the *Globe of the* | circa globum
Earth, 2. in the | *terræ*, 2.
space of XXIV. hours. | spacio XXIV. horarum.
The *Pole-stars*, or *Pole*, | *Stella polares*,
the *Artick*, 3. | *Arcticus*, 3.
the *Antarctick*, 4. | *Antarcticus*, 4.
conclude the *Axle-tree* | finiunt *Axem*
at both ends. | utrinque.
The *Heaven* is full of | *Cælum* est
Stars every where. | Stellatum undique.
There are reckoned above | *Stellarum fixarum*
a *thousand fixed Stars* ; | numerantur plus *mille* ;
but of *Constellations* | *Siderum* verò
towards the North, XXI. | *Septentrionarium*, XXI.
towards the South, XVI. | *Meridionalium*, XVI.

1660년 파리 남쪽에 있던 포르루아얄 수도원에서는 『포르루아얄 문법』이라는 라틴어 학습 교재가 출간되었다. 이 책은 프랑스어로 집필되어 라틴어를 배우려는 많은 프랑스 사람에게 도움을 주었을 뿐만 아니라 외국어 학습에 모어의 역할이 중요하다는 사실을 인정받는 계기가 되어주었다. 프랑스어로 집필된 이 책의 주장 역시 매우 흥미롭다. 요약하자면 이런 내용이다.

"이성주의는 매우 보편적이기 때문에 모든 인간의 사고, 생각은 동일하지만, 그 사고를 반영하는 언어는 다르다. 언어라는 것은 매우 표면적인 현상이므로, 외국어 학습은 보편적인 사고를 기반으로 모어와 외국어의 동질성을 중심에 두고 이루어져야 한다. 예를 들어 프랑스어를 모어로 쓰는 사람이 외국어를 학습할 때 프랑스어로 배우면 외국어 학습에 훨씬 도움이 되고, 만일 그 내용이 종교와 관련된 것일 경우 모어를 통한 외국어 학습은 종교를 이해하는 데에도 도움이 된다."

이 책의 등장 이후 외국어 학습에 모어를 도입함으로써 외국어 문서를 모어로 번역하는 문법 번역식grammar translation 교수법이 형성되기 시작했고, 20세기 중반 유명한 언어학자인 노암 촘스키Avram Noam Chomsky, 1928~는 '변형 생성 문법 이론'을 제시하면서 이 이론으로부터 영향을 받았노라고 언급한 바 있다.

과학자들,
인공 언어로 자연 언어의 한계 극복을 꿈 꾸다

계몽주의 시대 과학 발전에 기여했던 대표적 인물로 뉴턴1642~1727이 있다. 그 당시에는 많은 과학자가 언어에 대한 관심을 보였다. 뉴턴도 마찬가지였다. 오늘날에도 외국어를 공부해본 이들이라면 누구나 그 언어에 배어 있는 비합리적 부분 때문에 고생을 한 경험이 있을 것이다. 뉴턴은 이런 자연 언어가 가지고 있는 한계를 극복하기 위해 인공 언어를 개발하려 했다. 그가 개발하려 했던 인공 언어의 기본 개념은 합리성이었다. 예를 들면 과일을 뜻하는 모든 언어가 같은 어원을 가지고 있으면 각 언어마다 과일을 뜻하는 개별 단어는 달라도 그 뜻을 쉽게 파악할 수 있다. 그러나 그는 끝까지 개발에 몰두하지는 못했다. 언어학보다는 물리학 쪽에 관심이 더 커지면서 인공 언어 개발은 중단을 한 셈이다.

어디서든 쉽게 통하는 공통어, 합리적 인공 언어 개발에 대한 꿈은 뜻밖에도 오늘날 과학에서 사용하는 학명 개발에 영향을 미쳤다. 18세기 중반에 활동했던, 생물 분류학의 아버지로 알려진 스웨덴 식물학자 칼 린나이우스Carl Linnaeus, 1707~1778는 생물의 분류 작업을 하면서 서로 다른 언어를 사용하는 학자들끼리의 소통에 방해가 되는 언어 장벽을 극복하기 위한 방안을 모색했다. 우선 각 생물을 지칭하는 학계의 보편적 명칭이 필요하다고 판단한 그는 라틴어 문법을 중심으로 하는 학명 제도를 만들었다. 그는 여러 언어에서 기본 단어를 빌리되, 그 단어에 라틴어 어미를 붙여 합성어를 만드는 방식으로 학명을 정리했다. 당시 유럽 전역의 교회와 지식인들에게 익숙한 언어였으므로 라틴어의 활용은 누구나 할 수 있는 자연스러운 선택이었다. 그러나 개별 학명을 두 단어로 한정시킨 것은 누가 뭐라고 해도 린나이우스의 공이었다. 이로써 기본적인 단어는 라틴어와 고대 그리스어로 구성된 것이 많지만, 다양한 언어에서 단어를 빌려오는 학명의 원칙이 만들어졌다. 예를 들어 한국에서만 나오는 삼치와 비슷하게 생긴 바닷물고기 평삼치의 학명은 'Scomberomorus koreanus'다. 앞의 Scomberomorus는 속명, koreanus는 종명이다. 종명인 koreanus는 한국을 뜻하는 영어 'Korea'를 라틴어화한 것으로 '종'은 항상 소문자로 쓰기 때문에 첫 번째 'K'를 소문자로 표기한다. 이러한 학명의 체계는 뉴턴이 꿈꾼 언어의 합리성을 실현한 것일 수 있다. 하지만 단어의 구성 형식에 그친 것이어서 언어라고 말하기는 어렵다. 바로 그 점 때문에 보편성을 획득할 수는 있었겠지만.

자연 언어를 쉽고 과학적으로 배울 수 있는 방법을 찾아보려는 이상주의적 기대가 이 무렵부터 이미 시작되었다는 것은 눈 여겨 볼 지점이며, 이것은 오늘날 외국어 문화사 연구의 핵심적 주제로 대두되고 있다. 또한 이때부터 형성된, 언어를 과학적으로 분석할 수 있다는 기대는 19세기 들어 발전한 언어학의 학문적 토대를 마련해준 계기가 되었다.

인공 언어에 관한 관심은 이후 여러 언어학자에게 이어졌다. 자연 언어가 가지고 있는 비합리성을 걷어내고, 합리적이면서 배우기 쉬운 인공 언어를 개발하려는 시도는 19세기 말 에스페란토Esperanto 운동으로까지 이어졌다. 그러나 이렇다 할 성과를 내지 못한 채 오늘날까지도 여전히 외국어 문화사의 주변적 위치에 머물고 있다. 에스페란토에 관해서는 제4장에서 자세히 살펴보기로 하자.

산류층,
여행을 위해 외국어를 배우다

17세기 후반부터 18세기까지 유럽은 비교적 평화로웠다. 유럽의 상류층 젊은이들 사이에는 일종의 교양 증진 여행이라고 할 수 있는 '그랜드 투어'Grand Tour가 크게 유행했다. 18세기 후반에는 북유럽과 아메리카 대륙에서도 그랜드 투어를 다녀오는 이들이 종종 있었다. 주로 남자들이 떠나긴 했지만 간혹 여자들도 떠나곤 했다. 개인에 따라 이동경로는 달랐지만 대표적인 코스는 비슷했다.

우선 벨기에나 프랑스 파리에 가서 프랑스어나 춤 또는 승마 등을 즐기고 스위스를 거쳐 알프스 산맥을 넘어 이탈리아의 베네치아·로마·피렌체·나폴리 등을 둘러본 뒤 다시 북쪽으로 향해 비엔나·베를린 등을 거쳐 네덜란드와 벨기에를 돌아본 뒤, 영국으로 향한다. 기간 역시 개인 사정에 따라 다른데 짧게는 몇 달부터 길게는 몇 년 동안 여행을 다녀오는 경우도 많았다.『로마제국쇠망사』의 저자 에드워드 기번Edward Gibbon, 1737~1794은 1763년 그랜드 투어를 떠나 1764년까지 로마에 머물면서 로마사에 관한 책을 구상했다. 오늘날 파리, 베네치아, 로마 등의 도시를 찾는 여행객들이 여전히 많은 것도 그랜드 투어가 활발하게 이루어질 당시 형성된 여행의 주요 코스에서 비롯된 것일지 모른다.

멀리 떠나 더 넓은 세상을 보고 오는 것이 목적 중 하나였던 여행의 특성상 외국어에 대한 관심이 매우 높아졌고, 외국어 학습은 여행 준비의 일환으로 인식되기에 이르렀다. 당시 유럽에서는 프랑스어가 공통어였다. 때문에 주로 교양과 사교를 위해 배우는 외국어는 곧 프랑스어를 의미했다. 그랜드

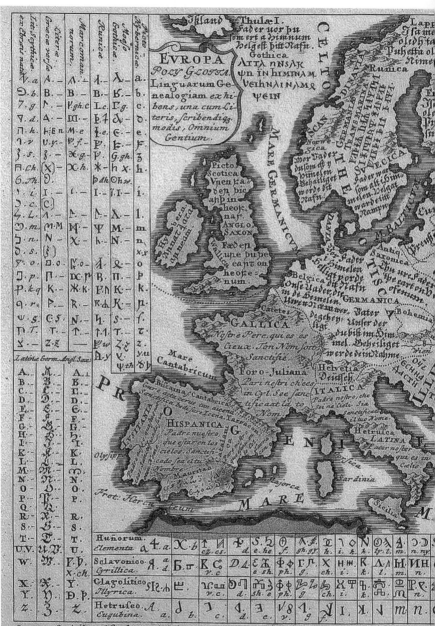

Opera Godofr. Henselii delineata.

독일 언어학자 고트프리드 헨셀(Gottfried Hensel, 1687~1765)은 1741년 문자 체계를 중심으로 유럽의 여러 언어 계통에 관한 책을 집필했는데, 그 책에 실린 지도를 보면 당시 유럽의 언어 사용 현황에 관한 그의 관심을 짐작할 수 있다.

라틴어로 되어 있는 이 지도는 크게 두 가지 색으로 나뉘어 있다. 영국에서부터 프랑스를 거쳐 지도의 남쪽은 진한 색이고 독일에서 유럽 동북쪽은 그 색이 연하다. 유사한 계통의 언어들을 구분한 듯한데 오늘날 영어는 독일어와 같은 게르만어파에 속하는데 이 지도에서의 색은 다르다. 이는 1066년 노르만인들이 잉글랜드를 정복하면서 영어가 라틴어 계열인 프랑스어의 영향을 받은 것을 반영하고 있는 듯하다. 아마도 이 지도는 라틴어와 그리스어의 영향을 받은 지역은 진한 색으로, 그 외 언어의 영향을 받은 곳은 연한 색으로 구분한 것으로 추측된다. 소장처 미상.

투어는 1789년 프랑스 혁명과 19세기 초 나폴레옹 전쟁 무렵 뜸하다가 19세기 중반에 다시 부활했다. 하지만 이 무렵부터는 교통 수단이 대중화 되면서 그랜드 투어는 더 이상 귀족과 부유층만의 전유물로 여겨지지 않았다.

유럽 각 대학에 신설되기 시작한
다양한 외국어 과목들

르네상스 시대 대학 교육 과정에서 라틴어와 고대 그리스어는 매우 중요한 위치를 차지했으나 그밖의 다른 언어를 배우고 가르치는 것에는 대부분 거의 관심이 없었다. 유럽 전반이 비슷했다. 하지만 18세기에 접어들면서 다른 외국어를 배우려는 이들이 늘어나자 점차 대학에서도 관련 과목을 신설하기 시작했다. 아일랜드 더블린 대학 트리니티 칼리지Trinity College Dublin가 1775년 유럽 대학 중 처음으로 여러 외국어 교육 과정을 신설했다. 당시 총장은 자기 월급을 떼서 교수 두 명을 고용했지만, 그 이듬해부터는 영국의 국왕 조지 3세가 국비를 지원했다. 당시 아일랜드는 영국의 부속 지역이었다. 두 명의 교수 중 한 사람은 프랑스어와 독일어를, 또 한 사람은 이탈리아어와 스페인어를 담당했다. 교양 선택 과목이었지만, 유럽 여행을 준비하는 학생들이 추가 학비를 내고 수업을 들었다. 이렇게 출발한 대학에서의 외국어 교육은 19세기까지 이어져 문학을 포함해 다른 과목과 나란히 인정을 받게 되었고, 그것이 오늘날까지 이어지고 있다.

외국어를 배우려는 이들은 또 있었다. 서양 제국주의가 아시아로 그 영역을 확장하면서 선교사를 비롯한 이방인을 접하게 된 현지인들은 이들의 언어를 배우기 위해 노력했고, 이후 제국주의가 본 모습을 드러내 지배자로 군림하기 시작하면서부터는 현지인들에게 지배자의 언어를 가르치기 위한 교육 기관이 설립되었다. 많은 경우 제국주의 국가들은 이런 기관을 통해 지배자로서의 자신들의 존재를 인정하고 협력함으로써 자신들과 현지인들 사이에서 가교 역할을 하는 이들을 양성했다. 영국이 지배했던 인도, 프랑스가 지배했던 베트남이 대표적이다.

─── 언어와 문화의 관계를 둘러싼
다양한 주장의 등장

한편으로 유럽인들은 아시아에 새로 개척한 식민지의 언어와 유럽 언어의 비교 분석을 시도했다. 영국인 윌리엄 존스William Jones, 1746~1794는 어릴 때 라틴어·고대 그리스어·페르시아어·아랍어·히브리어 등을 배웠고, 기초 중국어 독해까지 가능했다. 그는 평생 새로운 언어를 지속해서 배우고 익혀 세상을 떠날 무렵에는 약 13개 언어를 유창하게 구사하고, 약 18개 언어를 어느 정도 이해할 수 있을 정도였다. 존스는 1783년 인도에서 산스크리트어를 열심히 공부하기도 했는데, 1786년 산스크리트어와 그리스어 그리고 라틴어가 모두 같은 뿌리에서 나와 발달했다고 주장해 큰 파장을 일으키기도 했다.

또한 철학과 문학에 대한 조예가 남달랐던 헤르더Johann Gottfried Herder, 1744~1803는 언어에 대한 새로운 이론을 제시했다. 그는 언어가 '사고의 기능'이기 때문에 언어는 그 자체로도 중요하지만 사고에 영향을 미칠 수도 있다고 했다. 그 후에 철학자이자 언어학자이며 교육자이기도 한 홈볼트1767~1835는 '언어는 사고에 영향을 미치는 것은 물론 세계관에까지 영향을 준다'고 주장했다. 베를린 홈볼트 대학교 설립자이기도 한 그의 이론은 20세기에 들어와 '문법 체계가 사고와 관련이 있다'는 사피어-워프 가설Sapir-Whorf Hypothesis에 영향을 미쳤고, 오늘날까지도 언어와 사고 그리고 문화가 서로 상호적 관계에 있다고 주장하는 학자가 있을 만큼 여전히 논의가 진행 중이다.

언어와 문화의 관계를 둘러싼 다양한 주장이 등장하면서 이는 19세기에 등장했던 민족주의에도 일정한 영향을 주었고, 이후 새로운 갈등 구조에도 작용했다. 즉 '민족'을 정의하는 데 같은 언어를 사용한다는 것은 매우 중요하게 여겨졌다. 19세기 독일은 물론 이탈리아의 흩어져 있던 도시국가들이 하나의 국가로 통일되는 과정에서 같은 언어를 사용한다는 것은 매우 중요한 요건이 되었다. 한 예로 1795년 프로이센, 러시아, 오스트리아에 의해 분할되어 지도상에서 사라졌던 폴란드는 1918년 독립되긴 했지만 제2차 세계대전을 거치면서 다시 독일과 소련에 의해 분할 점령되었다. 폴란드의 서쪽은 독일이, 동쪽은 소련이 점령한 것인데 이 당시 독일과 소련은 폴란드어 대신 자국의 언어를 사용하도록 강요했고, 같은 민족임에도 다른 언어를 사용해야 했던 경험으로 인해 1945년 해방 이후 폴란드인에게 폴란드어는 민족정체성의 상징이 되었다.

─── 국가의 권위를 세우기 위해, 앞다퉈 도서관을 세우다

르네상스 시대가 고전 철학과 사상의 부활을 강조했다면, 계몽주의 시대는 새로운 과학적 발견과 지식의 창조를 강조했다. 이 때문에 책에 대한 수요가 급증했고 발이라도 맞춘 듯 때맞춰 이루어진 인쇄 기술과 출판 유통의 비약적 발달로 인해 책의 보급이 확산되었다. 이런 분위기에 맞춰 국가의 권위를 내세우기를 좋아했던 제국주의 국가일수록 왕립 또는 국립 도서관을 앞다퉈 설립했다. 도서관의 설립은 지식의 보급 차원에서도 매우 중요했지만, 서로 가치 있는 문헌을 소장하기 위해 애쓴 덕분에 나라별로 외국어 문화사와 관련 깊은 다양한 자료가 구비되었다.

도서관의 첫 출발은 영국에서 시작되었고, 영국을 중심으로 발달했다. 1602년 옥스퍼드 대학 출신 토마스 보들리 경Sir Tomas Bodley, 1543~1613이 재건한 보들리언 도서관Bodleian Library은 대학 중앙도서관의 중요한 모델이 되었으며, 1753년에 설립한 영국박물관 내부 도서관은 1973년에 독립 기관으로 분리한 영국도서관의 모태이다. 왕립도 사립도 아닌 최초의 국립도서관이라는 영예를 가진 영국도서관은 설립 후 계속해서 수많은 자료를 수집·소장했고, 여기에 19세기 초 국왕 조지 3세가 자신의 장서 6만 5,000권을 소장케 한 것이 도서관 발전에 크게 기여했다. 이 밖에도 18세기 영국에서는 리버풀, 리즈, 뉴캐슬 등에 유행처럼 회원제 도서관이 생겼다. 영국의 식민지였던 북미에서도 필라델피아에 최초의 도서관이 설립된 이래 찰스턴과 프로비던스 그리고 뉴욕 등에도 도서관이 설립되었다.

프랑스 국립도서관은 1792년 설립되었다. 1368년 샤를 5세 때 처음 설립, 1692년 일반에 개방됐던 왕립도서관에 뿌리를 두고 있는 이 도서관은 프랑스 혁명 당시 왕실과 귀족 도서관에서 약탈한 책들이 소장되어 유명세를 타기도 했다. 뒤를 이어 1795년 러시아 역시 국립도서관을 설립했고, 미국 역시 1800년에 국회도서관을 설립했다.

일반인들이 드나들 수 있는 공립도서관은 다소 늦은 19세기 중반부터 생기기 시작했다. 영국에서는 1850년 공립도서관법이 만들어짐으로써 각

18세기 프랑스 도서관. 1785~1788년에 새로 지은 도서관 열람실을 펜화로 그린 것이다. 1368년 샤를 5세 때 처음 설립된 뒤 1692년 일반에 개방됐던 이 도서관은 1792년 프랑스 국립도서관으로 명칭을 달리했다. 프랑스 국립도서관 소장.

제국주의와 문화 이식의 첨병, 외국어

지자체에서 공립도서관을 설립할 수 있는 권리를 갖게 되었다. 미국의 경우 1852년 보스턴시립도서관이 설립되긴 했으나 공립도서관의 본격적 설립은 19세기 말에 이루어졌다. 다름아닌 철강 사업자 카네기1835~1919의 지원으로 이루어졌는데, 그의 도서관 지원 사업을 통해 미 전역에 약 1,700여 개의 공립 및 대학 도서관이 설립되었고, 영국과 캐나다에도 약 800여 개의 도서관이 설립되었다.

아시아에서의 도서관은 언제부터 시작했을까? 그 발전 과정은 유럽과 매우 유사하다. 중국과 한국에서는 왕실의 기록을 보관하는 기관이 따로 있었지만, 왕조의 변화나 전쟁으로 인해 파손되는 경우가 잦았다.

도서관이라고 할 수 있는 거의 최초의 형태는 중국 왕실에서 일했던 학자 범흠范欽, 1506-1585이 1561년 닝보寧波에 설립한 천일각天一閣이다. 일종의 개인도서관으로, 지금은 중국의 문화재로 지정된 것은 물론 세계에서 가장 오래된 사립도서관 중 하나로 인정받고 있다. 중국에서의 본격적인 도서관의 출발은 1776년 자금성 안에 황제의 기록과 책을 보관하기 위해 설립한 문연각文淵閣부터라고 할 수 있는데 건물의 형태는 천일각을 모방해 지었다.

흥미롭게도 조선 왕실 도서관인 규장각도 문연각과 마찬가지로 1776년에 설립되었다. 같은 해에 즉위한 정조는 왕권을 강화하기 위해 선대 왕들과 관련한 기록과 왕실의 책 등을 보관하기 위해 창덕궁 후원에 규장각을 설립했다. 규장각은 단지 이전 왕조의 기록과 문헌을 보관하기 위해서 지어진 것은 아니었다. 이곳은 책을 출간하고 외교 문서를 번역하며 교육까지 이루어지는 기관이었다. 정조가 세상을 떠난 후에도 규장각은 계속 존속되었고, 오늘날 규장각한국학연구원이라는 서울대학교의 부설 기관이자 세계적인 한국학 연구소의 명칭으로 사용된다. 규장각은 왕실에 그 뿌리를 두고 훗날 국립 기관으로 발달했다는 점은 영국과 프랑스 도서관과 유사하지만 국립도서관이 아닌 국립대학의 부설 연구소라는 부분에서는 다소 차이가 있다. 이는 19~20세기 일본 제국주의 침탈과 깊은 관련이 있다. 일제강점기 당시 나라를 빼앗긴 식민지 조선은 국립도서관을 만들 수 없었다. 일본 제국주의자들은 규장각에서 소장하고 있던 문헌 등을 친일파를 양성하기 위해 설립한 경성제국대학 도서관에 소장하게 했고, 이로써 조선 시대 정조가 설립한 규장각의 존재는 유명무실해지고 말았다.

일본의 도서관 역사는 황실보다 실제 권력자 또는 개인을 중심으로 발전되어 내려왔다. 에도 막부의 첫 번째 쇼군인 도쿠가와 이에야스가 귀한 장서를 수집하기 시작했고, 손자인 도쿠가와 이에미쓰德川家光, 1604~1651 쇼군은 1639년부터 에도 성 안에 모미지야마문고紅葉山文庫를 설치하고 장서 수집을 이어갔으며 이후 도쿠가와 요시무네德川吉宗, 1684-1751 쇼군은 이를 크게 확장했다. 19세기 막부 말에 이르러서는 약 12만 3,000여 권의 장서를 갖췄는데, 그 가운데 65퍼센트가 『수호전』과 『서유기』 등을 비롯한 중국 서적이었다. 이를 보면 당시 일본인들이 '외국어'인 한문과 중국 문학에 얼마나 큰 관심을 가지고 있었는지를 짐작할 수 있다. 에도 막부는 나아가 중국의 대표적 사상이라고 할 수 있는 유교를 공식 이념으로 보급하기도 했다. 막부의 장서 안에 있던 『수호전』과 『서유기』 등은 그 보존 상태도 매우 좋다. 지금은 일본 국립공문서관에서 소장하고 있다.

계몽주의 시대,
외국어 전파 과정의 변곡점

18세기 계몽주의 시대는 도시를 중심으로 문화 활동이 매우 풍성했던 14~17세기 르네상스 시대와 19세기 산업혁명기 사이에 있다. 역사적 시기 구분으로 볼 때 계몽주의 시대는 '근세'에 해당하는데, 재차 설명하자면 말 그대로 중세와 근대의 사이라 할 수 있다. 이 무렵 근대와 현대 세계 질서의 기본이 되는 국가가 등장했으며, 자본주의라는 경제 논리가 형성되었다. 이 커다란 변화에 의해 새롭게 등장한 국가들은 자신들의 권력 확대와 경제력 확보를 위해 시선을 나라 밖으로 돌렸고, 이로 인해 제국주의가 시작되었다. 이른바 글로벌 시대가 세계사에 최초로 등장했다.

이러한 변화는 새로운 불평등과 갈등을 불러일으켰다. 유럽 제국주의자들이 세계 곳곳에 무분별하게 꽂은 자국의 깃발로 인해 선주민들과 유럽인들의 갈등이 극심해졌고, 이들은 아프리카 선주민들을 노예로 끌고 가기까지 했다. 여기에서 필연적으로 불평등한 관계가 시작되었고, 이로 인한 상처는 오늘날까지도 완전히 해소되지 않은 채 남아 있다.

외국어의 전파 과정 역시 큰 변곡점을 맞았다. 우선 새롭게 등장한 국가들은 자국민들의 수많은 언어와 방언 중에서 권력을 손에 넣은 왕과 귀족들의 언어를 국어로 지정하고, 보급에 힘을 썼다. 이를 위해 사전을 편찬하고, 도서관 설립 역시 그런 노력의 일환이었다. 이로써 그동안 모든 언어의 종주국 역할을 했던 라틴어의 존재감이 줄어들고 그 자리에 새롭게 등장한 서로 다른 나라의 국어를 공부하는, 즉 외국어 학습의 필요성이 구체적으로 대두되었다.

또한 제국주의의 야심찬 행보가 광폭으로 치닫게 되면서 유럽인들은 지금까지 상상할 수 없던 새로운 타자를 만나게 되었으며, 이들과 접촉면이 넓어질수록 어쩔 수 없이 낯선 언어를 익혀야 했다. 그것은 이들의 무례한 방문을 당해야 했던 새로운 대륙의 사람들 역시 마찬가지였다. 매우 이질적인 언어권의 사람들의 만남이 잦아지면서 서로의 언어에 대한 학습이 필요했다. 애초에 만남의 시작 자체가 평등한 것이 아니었기 때문에 제국주의자들과 그들의 방문을 받은 이들 사이에 갈등은 필연적이었고, 불평등은 심화되었다. 그리고 애석하게도 그때 약자였던 이들은 오늘날까지도 여전히 여러 면에서 불평등한 관계에 놓여 있다.

제국주의 확장의 선두에 자리 잡고 있던 선교사들이 주로 가교 역할을 했다. 이들은 새로운 땅에서 만난 이들이 사용하는 언어의 사전과 문법 참고서를 집필했고, 새로운 언어의 특징을 연구·기록하기 시작했다. 이러한 활동은 언어 학습의 대상을 혁신적으로 바꿔놓았다. 우리가 외국어를 학습하는 기본 패러다임이 바로 이 시기에 출발한 셈이다. 이전까지만 해도 라틴어로 상징되는 고전어를 배우거나, 인근 다른 국가의 언어를 배우는 것이 다였던 외국어 학습의 대상이 그 당시에 사용하는 말들로 변화하더니 이제는 저 멀리 다른 대륙의 언어로 확장·변화한 것이다. 이로써 외국어 학습의 방향은 글 중심에서 말 중심으로 서서히 변화해가기 시작했다.

그리고 한편으로 새로운 세상을 만들기 위한 이성주의가 세계사 한 귀퉁이에서 싹트고 있었다. 이성주의자들은 인간이 이성을 통해 무한하게 발전할 수 있다는 믿음을 가지고 있었고, 그것을 눈앞의 현실로 만들어내려는 의지가 강했다. 이들은 이성주의에 기반하여 자연 현상을 분석하기 시작했고,

이로 이해 매우 빠른 속도로 과학이 발전하고, 이윽고 산업혁명이 일어났다. 산입혁명에 이어 18세기 말 미국은 독립했고, 프랑스 혁명에 이르러 마침내 역사는 변곡점을 만들어냈다. 이러한 이성주의의 영향을 받아 외국어의 전파 과정 역시 새로운 변화를 눈앞에 두고 있었다.

혁명과 전쟁, 그리고 외국어

19세기에서 20세기로 넘어가는 전환기, 역사는 온통 혁명과 전쟁으로 점철되었다. 언어는 시대를 반영한다. 언어는 단지 의사소통의 도구가 아니었다. 민족 정체성의 상징, 국가 결속의 강화 장치, 국가의 힘을 강제하는 수단이었다. 지배국은 피지배국에 서로 다른 방식으로 자국어를 강요했다. 외국어 전파는 언어를 둘러싼 강요와 투쟁, 저항과 분투의 역사였다.

유럽의 평화로운 100년,
맹주의 언어로 부상하는 영어

계몽주의 시대는 18세기 말 미국 독립과 프랑스 혁명으로 막을 내렸다. 프랑스 혁명은 혁명 그 자체로 끝나지 않았다. 프랑스는 물론 유럽 전역에 정치적인 혼란이 계속되었고, 여기에 나폴레옹의 등장은 유럽을 극심한 혼돈 속에 몰아넣었다.

1789년에 일어났던 프랑스 혁명은 자본주의의 발달로 인해 등장한 부르주아지라는 신흥부유층이 절대적 왕권을 불편해하면서 시작된 자유주의 혁명이었다. 1775년 미국의 독립전쟁에서 영향을 받은 측면도 있다. 혁명의 주체는 또 있었다. 도시의 시민들과 농촌의 소농들 역시 경제적 불만이 고조되어 있던 터라 혁명의 불길이 타오르자 빠른 속도로 합류, 혁명은 전국적으로 확산되었다. 1791년 국왕 루이 16세를 존속시키되 입헌군주제를 도입하자는 타협안이 나왔으나 왕정을 폐지하고 공화국을 설립하려는 이들의 요구에는 미치지 못한 것이었다. 한동안 정치적 혼란이 계속되었고, 설상가상 영국과의 전쟁으로 극심한 혼란에 빠져들었다. 가까스로 쟁취한 공화정은 1799년 나폴레옹이 쿠데타를 일으키고 스스로 황제가 됨으로써 잠시 막을 내려야 했다. 나폴레옹은 유럽 대륙을 통일시키려는 야망으로 전쟁을 이어나갔다. 그가 불러일으킨 전쟁은 1815년 일종의 평화협상이라 할 수 있는 빈 회의를 통해 종식되었고, 이로써 유럽 대륙은 이후 20세기 초 제1차 세계대전이 터질 때까지 약 100여 년의 평화로운 시대를 맞이했다.

바로 전쟁이 없는 이 시절, 인류는 고대 농업혁명 이후 가장 크고 중요한 변화를 목도했다. 바로 산업혁명이었다. 1760년경 영국에서 그 싹을 틔운 산업혁명의 원인은 여럿이다. 우선 영국은 유럽 대륙에 비해 왕권이 약하고, 개인의 소유권이 훨씬 더 강했다. 때문에 자본주의의 기본권이라 할 수 있는 개인의 재산권을 행사하기에 좋은 환경이었다. 영국인들은 자신들의 재산을 늘리기 위해 여러 방법을 고안해냈다. 새로운 기술에 대한 호기심 역시 강렬했다. 새로운 기술을 자신들의 사업장에 활용하는 데 적극적이었던 이들은 기술의 도입으로 생산성이 비교할 수 없을 만큼 높아지자 더 새로운 기술을 만들어내는 데 주저하지 않았다. 자본의 관심이 새로운 기술을 만들어내는 데로 쏠리자 이전에 없던 기계류의 발명이 매우 활발해졌다. 기술이 발전하면 할수록 생산성은 높아지고, 생산성이 높아질수록 자본가들의 주머니가 두둑해졌다. 그것은 다시 새로운 기술 개발로 이어지고, 가내수공업 규모의 일터가 어느새 공장으로 나날이 확장되어갔다. 이렇게 시작한 영국의 산업혁명은 이들의 기술력을 바탕으로 유럽 전역으로 미국으로 퍼져 나갔다. 도시마다 산업혁명으로 들어선 공장의 기계 소리가 멈추지 않았다. 여기에 필요한 것은 노동력이었다. 기존 도시 노동자들의 숫자로는 공장의 수요를 따라갈 수 없었다. 도시 외곽의 농촌 지역 노동력이 도시로 대거 이동하기 시작했다.

16세기 후반부터 거의 150여 년 동안 유럽의 맹주는 프랑스였다. 따라서 프랑스가 유럽 전역에 미친 문화적 영향력은 가늠할 수 없을 만큼 막강했고, 이로 인해 외교 무대에서 프랑스어야말로 유럽의 공통어로 기능했다. 그런데 프랑스 혁명과 나폴레옹의 제국주의 건설 야심으로 인한 전쟁으로 프랑스가 주춤한 사이 산업혁명을 주도한 영국이 프랑스를 제치고 유럽 전역의 강대국으로 부상했다. 그러면서 자연스럽게 프랑스어가 차지하던 위상을 영어가 대신하기 시작했다. 영국의 위상은 20세기 초에 정점을 찍었다. 당시 소위

'대영제국'이라 일컬어지는 영국제국의 영토는 세계 면적의 24퍼센트를 차지했고, 제국 내 인구는 전 세계 인구의 23퍼센트를 차지할 정도였다. 그 범위와 영향력이 참으로 엄청나 당시 영국을 가리켜 '해가 지지 않는 나라'라고 할 정도였다.

한편, 독립전쟁 이후 하나의 국가로 자리 잡은 미국 역시 경제적으로 급부상 중이었다. 미국의 언어는 다름아닌 영어였다. 전 세계적으로 막강한 힘을 자랑하는 초대형 제국인 영국의 언어도 영어인 데다, 역시 초강대국으로 그 위세를 떨치기 시작한 미국 역시 영어를 사용하고 있으니, 전 세계적으로 영어의 파급력은 순식간에 퍼져 나갔다. 오늘날 우리가 암묵적으로 세계 공통어로 인식하고 있는 영어의 위상은 이렇듯 19세기 영국 제국주의와 산업혁명의 확산, 그리고 20세기 후반 강대국으로 부상한 미국의 위상, 여기에 글로벌 경제 구조의 등장 등으로 형성된 것이며 이로써 영어는 인류 역사상 최초로 세계 공통어가 될 발판을 마련했다.

영국 산업혁명에는 두 가지 단계가 있다. 우선 섬유 생산 현장을 중심으로 공장과 노동자가 등장하고 도시화가 가속화됨으로써 기본 패러다임이 형성되었다. 이것이 첫 번째 단계라면 두 번째는 철강 산업이었다. 19세기 중반부터 시작한 철강 산업은 섬유 산업보다 그 규모와 영역이 훨씬 크고 넓었다. 이로 인해 철도와 증기선이 만들어져 확산되었으며 산업의 인프라가 갖춰질수록 사업 규모는 더 확장되었다. 도시화는 더욱 가속화되었고 미국이나 브라질 등과 같은 아메리카 대륙으로의 이민도 활발해졌다. 그리고 그 결과 그 이전의 인류가 경험하지 못한 문화와 언어의 대규모 접촉이 이루어졌다.

민족주의의 부상, 민족 정체성을 확인해주는 언어

19세기 초반, 평화를 되찾은 유럽에는 민족주의가 서서히 고개를 들기 시작했다. 앞서 살펴보았듯 17세기 무렵부터 세계 질서의 기본 단위로 국가가 등장했는데, 당시의 국가라는 개념은 국왕이 영토를 통치하는 것이 전제되어 있었다. 그런데 프랑스에서 혁명이 일어나고, 상대적으로 왕권이 약한 영국이 초강대국으로 부상하면서 국가 개념이 점차 다르게 인식되었다. 하나의 국가란 같은 국왕에 의해 지배를 받는다는 기존의 인식 대신 동질성이 있는 민족끼리 같은 국가에 속해야 한다는 주장이 새롭게 주목을 끌었다. 그러면서 하나의 국가로 묶여 있던 이질적인 민족들의 분리가 이루어졌다. 1815년 빈회의의 결정에 따라 오늘날의 벨기에 지역은 프랑스에서 떨어져 나와 네덜란드에 편입되었다. 프랑스 동쪽에 있던 프로이센 역시 프랑스 가까이에 있던 베스트팔렌 지역을 자국 내로 편입시켰다. 그런 한편으로 1814년에 전쟁을 종료한 파리 조약에 따라 프랑스에서는 혁명으로 타도한 왕조가 복원되었다.

그런데 이 과정에서 정작 민의는 고려되지 않았다. 새로운 질서의 수면 아래 불만이 싹 트고, 그것이 고조되는 건 어찌 보면 당연한 결말이었다. 벨기에는 1830년 독립전쟁을 치러야 했다. 같은 해 프랑스는 국왕을 타도하고 새로운 국왕이 자리를 잡았지만, 1848년 혁명으로 제2공화국이 설립되었다.

이 무렵 오늘날의 독일과 오스트리아 지역을 중심으로 유럽 전역에서 크고 작은 민주화와 독립 혁명이 일어났다. 이들의 공통점은 같은 문화를 향유하고, 같은 언어를 쓰는 사람끼리 국가를 이루어 살고 싶다는 것이었다. 종교 역시 빠질 수 없었다. 그 후 독일과 이탈리아가 각각 민족의 동질성을 호소함으로써 통일 독일, 통일 이탈리아를 건설했다. 이들에게 서로의 정체성을 확인하고 동질감을 획득하는 데 중요한 역할을 한 것이 바로 언어였다. 즉 같은 말을 쓰느냐의 여부였다. 이후 언어는 민족의 정체성을 확인하는 데 매우 중요한 요소가 되었고 이후로 지금까지 그 중요성은 계속해서 이어지고 있다. 자국의 언어가 중요해질수록 외국어는 더욱 선명해졌고, 외국어를 논의할 때마다 민족주의는 빼놓을 수 없는 전제가 되었다.

외국어 전파 과정 역시 영향을 받지 않을 수 없었다. 19세기 후반 교통이 발달하면서 국가 간, 대륙 간의 인적 교류는 훨씬 더 다양해졌다. 이로써 외국어 교육의 방식에도 대대적인 혁신이 이루어졌다.

——— 19세기 전반,
외국어 전파와 교육을 둘러싼 새로운 풍경

하지만 우리는 그보다 앞선, 즉 19세기 전반에 이루어진 외국어 전파의 새로운 풍경을 살필 필요가 있다. 아울러 이와 관련하여 영향을 주고 받은, 19세기 후반 동북아시아에게까지 영향을 미친, 서양의 제국주의로 인한 외국어 전파의 과정 역시 들여다봐야 한다.

19세기 전반의 외국어 전파 과정은 크게 세 가지 흐름으로 요약할 수 있다. 하나는 사회적 변화에 따른 교육 개혁이고, 또 다른 하나는 민족주의의 영향으로 높아진 국어에 대한 주요 국가들의 관심과 자국 언어의 전파를 위한 노력이다. 그리고 마지막 하나는 외국어에 대한 관심이 높아지면서 쇠퇴 속도가 빨라진 고전어, 즉 라틴어의 교육 방식이 외국어 학습에 미친 영향이다.

교육 개혁은 18세기 말 베를린을 중심으로 한 프로이센 왕국에서 시작했다. 프리드리히 2세1712~1786는 주변국과의 전쟁을 통해 프로이센 왕국의 영토를 확장하고 국력을 향상시키려 했다. 그런 노력의 일환으로 1763년 5세부터 13세까지의 아동을 대상으로 8년 간의 교육을 의무화하는 명령을 내린 그는 교육을 위해 세금을 쓰기 시작했으며, 효율적인 학습을 위해 각 학년마다 교육 과정을 만들었다. 이러한 교육 개혁이 계속되면서 자연스럽게 교사 양성 과정이 마련되었고, 고등학교 제도가 신설되었다. 1788년에 치르기 시작한 고등학교 졸업 시험abitur은 1812년 전국적으로 확대되었고 의무 교육이 아닌 실용 고등학교와 대학 진학용 고등학교도 설립되었다.

이러한 교육 개혁의 목적 중 하나는 '국가에 충실한 국민'을 만드는 것이었다. 따라서 학교의 교육 과정에 국어인 독일어 교육은 매우 중요하게 배치되었고, 이는 상류층을 위한 교육이라기보다 국가 건설에 도움이 되게 하려는 실용적인 성격이 강했다. 때문에 국어, 즉 독일어를 누구나 읽고 쓰게 하는 것이 가장 중요했다. 나폴레옹의 지배를 받았던 프로이센을 비롯한 독일어권 지역에서는 민족주의 의식이 더욱 더 공고해지면서 독일어 교육의 필요성이 더 강하게 대두되었다. 고전어는 대학 진학용 과목이자 졸업시험 과목이긴 했으나 대다수 국민이 받는 기본 교육에서는 배제되었다. 아울러 독일어인 국어는 기본이며 외국어는 교양에 불과하다는 인식이 교육 과정에 깔려 있었고 이로써 국어와 외국어, 필수 언어와 부차적 언어라는 구분이 이때로부터 시작되었다. 이러한 구분과 교육 과정은 차차 다른 나라에 영향을 미쳤으며 오늘날까지도 크게 달라지지 않고 있다.

국가를 건설하고, 충실한 시민을 만들기 위해 노력했던 또 다른 나라가 있었다. 바로 미국이었다. 영국의 지배를 받던 미국은 1775년 독립전쟁을 시자, 1783년 드디어 독립을 쟁취했다. 초기에는 연방 정부가 자리를 잡지 못했으나 1789년 새로운 헌법의 적용으로 정치적인 안정을 찾았다. 제3대 대통령 토머스 제퍼슨1743~1826은 교육에 매우 관심이 많았던 인물로, 그의 나이 76세 되던 해인 1819년 버지니아 대학을 설립하고 대학의 건물들을 설계하기까지 했다. 공교육에 대한 그의 관심은 1820년대 산업혁명의 영향을 받았던 미국 북부 지역에서부터 구현되었다. 도시화가 빨라지면서 이 지역의 인구 밀도가 높아졌다. 1830년부터는 아일랜드와 캐나다 퀘벡주에서 들어오는 이민자 수도 늘어났다. 이에 따라 여러 사회 문제가 발생했다. 무엇보다 이민자 중에 영어를 모르는 사람이 많았다. 당시 아일랜드는 영어를 공통어로 쓰고 있지 않았다. 다른 언어를 쓰는 이민자들로 인한 사회 분열을 염려했던 미국의 개신교 엘리트들은 충실한 미국 시민을 양성할 필요를 느꼈고 백인 남자들에게 부여되던 투표권의 올바른 행사를 위해서라도 제퍼슨 대통령이 중시했던 시민 교육의 필요성에 기꺼이 동의했다.

그러던 차에 프로이센의 교육 개혁 관련 소식이 전해졌고, 이는 공립학교의 제도화에 관한 관심으로 이어졌다. 1835년 미시간주의 첫 번째 주 헌법은 프로이센식 공교육 제도의 설립을 지정했고, 1843년에 교육 개혁가인 호러스 맨Horace Mann, 1796~1859의 프로이센 학교 시찰 이후 이에 대한 논의는 더욱 활발해졌다. 1852년 매사추세츠주 역시 프로이센식 공교육 제도를 도입했고, 이후 미국 북부 지역의 다른 주에서도 매우 빠른 속도로 비슷한 학교 제도가 도입됐다. 교육 내용은 영어의 독해와 쓰기가 강조되었고, 그 분위기는 매우 엄격했다. 이러한 영어 교육은 늘어나는 이민자들에게 미국인으로서의 정체성을 심어주었고 이러한 전통은 오늘날에도 이어져 내려와 같은 역할을 하고 있다. 유럽에서처럼 고도화된 민족주의에 기반한 것은 아니지만, 공교육을 통해 자국어를 가르침으로써 충실한 국민을 양성한다는 점은 비슷하다.

학교 제도 역시 프로이센의 영향을 많이 받았다. 19세기 초에 설립한 공립학교는 프로이센과 마찬가지로 8년 과정이었다. 대학 진학을 목표로 하고 있던 고등학교에는 입학 시험도 있었고 학부모는 학비를 부담해야 했다. 대학 진학률은 약 5퍼센트 정도였는데 대부분의 대학 진학을 위해서는 고전어를 필수로 배워야 했다. 고등학교에서 다른 외국어는 거의 가르치지 않았고 라틴어와 고대 그리스어를 가르쳤다. 약 50퍼센트의 미국 고등학생들이 라틴어를 배웠다. 물론 19세기 후반에 들어오면서 각 대학들이 외국어 교육을 강화하자 고전어는 점차 쇠퇴하기 시작했지만 오늘날까지도 라틴어는 미국 교육 현장에서 차지하는 비중이 상당하다. 실제로 미국 고등학교에서 가르치는 외국어의 순위를 살펴보면 라틴어는 스페인어·프랑스어·독일어 다음으로 4위를 차지하고 있고, 대학에서는 9위를 지키고 있다. 미국에서는 공립학교 외에 사립학교도 설립되었다. 이 가운데는 이민자들이 세운 학교도 있었다. 공립학교의 교사 대부분은 개신교 신자였다. 아일랜드 등 가톨릭 국가에서 온 이민자들은 이질감과 소외감을 느낄 수밖에 없었고, 이들은 자신들이 다니는 성당을 중심으로 별도의 학교를 세웠다. 그때나 지금이나 미국 사립학교 규정은 교육 과정을 자유롭게 편성할 수 있었으므로 이민자들이 세운 학교에서는 영어 이외에 각자의 이민자 공동체에서 사용하는 언어를 가르치기도 했다. 이렇듯 19세기 말 미국의 교육 현장에서는 다양한 언어 교육이 이루어지고 있었다. 하지만 이민자의 아이들에게 어디까지나 국어는 영어였고, 자신들의 공동체에서 사용하는 언어는 제2언어로 간주되었다.

외국어 학습을 시작하다,
여전히 읽고 쓰기를 먼저 배우나

교육 방식은 어땠을까? 19세기까지도 지속된 라틴어와 고대 그리스어의 영향으로 다른 언어의 교육 방식 역시 여전히 문법과 문장 해석이 중심이었다. 원어로 된 문헌을 읽고 국어로 해석하거나 국어의 문장을 원어로 작문하는 것을 연습하면서 독해력과 문법 지식을 향상시키는 것이 일반적이었다. 다음 단계에서는 문헌에 대한 분석이 이어졌다. 이는 이미 중세부터 이어져 내려온 문헌의 정독 방식과 차이가 없었고 일정하게 독해력을 중심으로 언어를 학습한 후에 대상 언어로 된 문헌, 특히 문학 작품을 분석하는 교육 패러다임은 오늘날 미국의 대학에서도 여전히 답습되고 있다. 이에 대한 불만과 고전어 교육에 관한 비판이 19세기 말 현장에서 고조되기 시작했다. 이것에 관해서는 다음 장에서 좀더 살피기로 하자.

당시 교육 방식 가운데 새로운 것도 있었다. 제2장에서 언급한 문법번역식 교수법이다. 원전을 읽기 전에 문법 학습을 위해 예문으로 만들어진 문장을 중심으로 읽고 쓰기를 연습하는 방식이었다. 예문은 주로 현대 사회와 문화를 표현하는 내용으로 구성되어 있었는데, 훗날 문맥이 없다는 이유로 비판을 받기도 했지만, 교육 현장에서 사용하는 문장이 고전 문헌에서 벗어난 첫 시도였다. 이로써 언어 교육 현장에서 최초로 고전 문헌과의 단절이 이루어졌다. 또한 문법을 효과적으로 가르치기 위해 문장을 활용하는 것은 18세기 과학 발전의 영향을 받은, 과학적 방법이었다. 즉 외국어 교수법에 과학성을 접목한 최초의 사례가 나타난 것이다. 이러한 시도는 미국보다 앞서서 교육 개혁을 이룬 프로이센의 영향을 받아 몇몇의 교육자들에 의해 이루어진 것으로 이들은 무엇보다 체계적인 외국어 교육의 필요성을 강조했다.

─── 미국식 영어 표기의 등장,
영국식 표기에서 미국식 표기로 표준이 바뀌다

19세기 미국 교육 현장에서는 영어 표기법, 즉 스펠링 표기의 개혁이 이루어졌다. 선구자는 노아 웹스터Noah Webster, 1758~1843였다. 영어의 간소화 표기에 관심을 가져던 그는 읽기와 쓰기 교육을 쉽게 하기 위해 미국식 영어 표기를 정리했다. 1783년부터 1785년에 걸쳐 『표기 교과서』, 『문법 교과서』, 『독해 교과서』를 포함한 '표기·문법·독해 교육제' 시리즈를 세 권으로 출간한 웹스터는 『표기 교과서』 부록에 미국식 표기의 필요성에 대해 언급하면서 미국이 독립국가가 되었으니, 자주적인 교육이 필요하다고 주장했다. 그뒤 그가 펴낸 『미국 표기 교과서』The American Spelling Book는 미국의 거의 모든 공립학교에서 사용했고, 이로써 웹스터가 정리한 방식이 미국 영어 표기 표준이 되었다.

그가 표기의 개혁에서 가장 중요하게 제시한 기준은 바로 간소화였다. 웹스터는 영국식 영어 표기가 비합리적이고 비민주적이며 무엇보다 귀족문화의 유산이라고 주장했다. 웹스터의 표기법 간소화는 이런 식이다.

〈영국식 표기〉		〈웹스터 표기〉
Colour	→	Color
labour	→	labor
Centre	→	Center
Programme	→	program

'colour'(색깔), 'labour'(노동)에서 발음할 때 굳이 없어도 되는 'u'를 빼고 'color'과 'labor'로, 'centre'와 'programme'는 'center'(중심, 중앙)와 'program'으로 간소화하는 식이다. 결과적으로 그가 정리한 표기 방식은 교육 현장에서 영어를 더욱 쉽게 배울 수 있게 했음은 물론 일반인들이 영어를 편리하게 읽고 쓰는 데에도 큰 도움이 되었다. 그리고 점차 미국과 영국의 표기 방식은 달라지기 시작했다.

웹스터는 사전을 편찬한 것으로 더 유명하다. 그의 첫 사전은 1806년에 출간되었는데, 여기에는 그가 이미 정리한 간소화된 미국식 표기를 일부 반영했다. 그 당시 미국의 알파벳 표기의 표준은 새뮤얼 존슨Samuel Johnson, 1709~1784의 『영어 사전』이었다. 웹스터는 이에 대항하기 위해 1828년 『미국 영어 사전』American Dictionary of the English Language을 출간했다. 약 7만여 개의 단어를 수록한 이 사전은 당시까지 출간된 것 중 가장 방대하다는 평가를 받긴 했으나 모든 단어를 자신이 제시한 간소화된 표기법으로 수록함으로써 숱한 논란을 야기했다. 이 사전에 대해 비판적이었던 건 대부분 미국의 교육계에서도 보수적 성향을 가진 이들이었다.

1828년 제7대 미국 대통령에 당선된 앤드루 잭슨Andrew Jackson, 1767~1845은 사우스캐롤라이나주 출신으로 미국 내의 영국 13개 식민지에서 태어나지 않은 첫 번째 대통령이었다. 그의 당선은 애국주의를 바탕으로 새로운 자국의 문화를 만들려고 했던 당시 미국의 분위기를 반영한 것으로 이런 사회적 변화의 기조에 웹스터의 사전은 잘 맞아떨어졌고 결국 그가 정리한 미국식 알파벳 표기가 일반 대중들에게 정착하는 데 큰 역할을 해냈다.

노아 웹스터가 이렇게 미국식 알파벳 표기를 강조했던 데에는 이유가

혁명과 전쟁, 그리고 외국어

노아 웹스터는 읽기와 쓰기 교육을 쉽게 하기 위해 미국식 영어 표기를 정리했다. 이로써 미국인들은 영국과 다른 자신들만의 표기법을 갖게 되었고, 그는 결과적으로 미국 영어의 표준화에 기여했다. 소개한 것은 1880년 개정판으로 출간한 초등학교용 『미국 표기 교과서』의 일부로 속표지와 알파벳 발음 설명, 발음 기호 설명, 알파벳 모양과 서체 설명, 삽화와 함께 새로운 표기법을 사용한 우화 등이다. 노스캐롤라이나 대학교 채플힐 소장.

있었다. 그는 모름지기 언어란 문화는 물론 개인의 사고에도 영향을 미치는 것이라고 여겼다. 때문에 귀족이 민중을 지배하는 비민주적인 유럽식 사고에서 미국이 독립하고 진정한 민주주의를 이룩하고 실천하기 위해서는 언어부터 독립을 해야 한다고 주장했다. 이러한 그의 주장이 당시 미국 사회의 전반적인 분위기와 맞아떨어지면서 간소화된 스펠링의 표기 방식은 시민들에게 받아들여졌다. 그가 펴낸 독해 교재에 미국 작가들의 작품에서 인용한 문장을 수록한 것 역시 좋은 평가를 받았다. 이는 영어를 영국의 언어가 아닌 미국의 언어로 삼으려던 미국의 '국어 만들기'와도 일맥상통한 측면이 있다.

오늘날 전 세계적으로 볼 때 영국식 영어 표기보다 미국식 영어 표기를 배우는 학습자가 훨씬 많다. 유럽이나 아프리카, 인도나 동남아시아 등 일부에서는 여전히 영국식 표기를 주로 배우고 있긴 하나, 남미를 비롯해 동북아시아와 필리핀 등에서는 영국식이 아닌 미국식 표기를 기본으로 배우고 있다. 물론 이는 간소한 표기법 때문일 수도 있으나 미국의 영향권 안에 있는 국가들에게 미국식 표기를 널리 알리려 애쓴 결과이기도 하다.

─── **신분과 피부색,**
성별에 따라 차별했던 미국의 교육 제도

미국의 교육 제도가 처음부터 미국 시민 모두에게 적용된 것은 아니었다. 대부분의 교육은 백인 남자를 중심으로 이루어졌다. 우선 여성은 제외되었다. 비록 18세기 전반에 설립된 공립학교에서는 백인 여성들의 등교를 허가하긴 했으나, 전체 여성 인구에 비해 턱없이 적은 숫자였고 그나마 19세기 후반까지 미국의 거의 모든 대학에서는 그녀들의 입학을 금지했다.

백인 여성들이 이렇게 차별을 받았으니 흑인에 대한 차별이 더욱 심하고 오래되었던 것은 자명하다. 1861년부터 1865년에 걸친 남북전쟁 이전까지 남부 지역의 흑인들은 대부분 노예 신분이었다. 이들은 배울 수 있느냐 없느냐를 논의할 필요도 없었다. 아예 교육을 받는 것이 원천적으로 금지되었기 때문이다. 아프리카에서 처음 끌려왔을 때 이들이 영어를 알 리가 만무했다. 때문에 백인들은 자신들의 편의를 위해 최소한의 영어를 가르치면서 동시에 노예들끼리 소통하는 것을 막기 위해 그들의 모어 사용을 엄격하게 금지했다. 서로 소통할 수 없도록 모어가 다른 흑인들을 한곳에 모여 살게 하기도 했다. 이렇게 함으로써 흑인 노예들의 영어 습득은 무척 빠르게 이루어졌고 그만큼 모어를 잊어버리는 속도 역시 매우 빨랐다.

같은 흑인이지만 북부와 남부의 처지가 매우 달랐다. 북부에서는 1800년경 노예 제도가 금지되면서 모든 흑인이 자유인이 되었고 1808년 노예 수입은 전면적으로 금지되었다. 자유를 찾기 위해 남부에서 북부로 도망을 치는 흑인들의 수도 매우 많았다. 하지만 노예가 아니라고 해서 차별을 받지 않은 건 아니었다. 북부에서도 흑인에 대한 차별은 매우 심했고 이들이 교육을 받는 것은 매우 어려운 일이었다. 그렇게 극심한 차별과 부당한 대우가 이루어지는 가운데서도 배우려는 의지가 강한 이들은 있게 마련이다.

태어날 때부터 노예 신분이었던 프레더릭 더글러스Frederick Douglass, 1817~1895는 어린 시절 백인 주인집에서 우연히 글자를 배운 뒤 남몰래 홀로 쓰고 읽는 법을 공부했다. 그는 노예 신분을 벗어나기 위해 남부를 탈출, 북부로 도망쳐 노예 해방을 위해 활동했다. 그는 1845년 자신의 경험담을 쓴 『미국 노예 프레더릭 더글라스의 삶에 관한 이야기』라는 책을 펴냈고 이 책은 출

영어를 배우는 것,
흑인에게는 안 되는 것,
선주민에게는 되는 것

미국의 교육은 대부분 백인 남성을 중심으로 이루어졌다. 대부분 노예 신분이었던 흑인들은 교육을 받는 것이 원천적으로 금지되었다. 흑인 노예 출신이면서 노예 해방을 위해 활동했던 프레더릭 더글러스가 펴낸 책은 언어를 배우고 사용한다는 것의 의미를 소상하게 전하고 있다.

하지만 선주민들에게는 사뭇 달랐다. 선주민의 미국화를 중요하게 여긴 탓에 이들에게는 거의 강제적으로 영어를 가르쳤다. 언어를 가르치는 데 철저하게 이분법을 적용한 셈이다.

UNITED STATES SLAVE TRADE.
1830.

01 <미국 노예 거래>. 노예 해방을 지지하는 단체가 1830년 노예 매매를 비판적으로 바라보는 시각으로 제작한 동판화로서, 당시 흑인 노예들을 어떻게 대했는지 알 수 있다. 흑인 노예들이 영어를 배운다는 것은 상상하기도 힘든 일이었다. 미국 국회도서관 소장.

02-03 프레더릭 더글러스의 초상과 그가 쓴 책 『미국 노예 프레더릭 더글라스의 삶에 관한 이야기』 속표지. 미국 국회도서관 소장.

04 1901년 펜실베이니아주의 선주민 학교인 카를리슬 선주민 스쿨(Carlisle Indian School)에서 이루어진 영어 수업 장면. 흑인 노예들에게는 철저하게 금지된 영어 학습이 이들에게는 거의 강제적으로 이루어졌다. 미국 국회도서관 소장.

간 후 베스트셀러가 되었다. 이 책에는 그의 삶의 역정이 담겨 있기도 하지만 자신이 어떻게 영어를 읽고 쓸 수 있게 되었는지에 관한 학습의 과정을 자세하게 기술한 부분이 특히 눈에 띈다. 영어로 된 글을 읽고 쓸 줄 안다는 것은 백인의 언어를 배운다는 의미였다. 그는 자신들의 언어를 독점하려는 백인들이 노예가 글을 배우는 것을 막기 위해 어떻게 행동했는지는 물론 글자를 읽고 쓸 줄 아는 것이 흑인 해방 운동에 얼마나 중요한 역할을 하는지에 대해서도 소상하게 기록했다.

영어 교육의 측면에서 놓고 보면 미국의 선주민들은 흑인들과는 또 다른 '대접'을 받았다. 영어 교육을 둘러싼 미국 주류 백인 사회의 행태는 모순 그 자체가 아닐 수 없다. 흑인들에게는 폐쇄적이기까지 했던 것과는 달리 선주민에게는 매우 적극적이다 못해 거의 강제적으로 영어를 가르쳤다. 선주민의 '미국화'를 그만큼 중요하게 여겼기 때문이다. 이를 촉진하기 위해 1819년 '선주민 문명화 법'Civilization Fund Act을 시행했고 이에 따라 선주민을 위한 학교를 설립하는 종교 단체는 정부 지원을 받을 수 있었다. 여러 교회가 앞다퉈 선주민을 위한 학교를 설립했고 영어 교육을 매우 강조했다. 또한 1879년 연방 정부는 기숙학교를 설립해 선주민 학생들을 받아 가르쳤는데 원칙적으로 학생들은 부모와 떨어져 학교에서 생활해야 했고 그 규칙과 학생 관리가 매우 엄격했다. 모든 교육이 영어로 이루어졌음은 물론이다. 이로 인해 학생들은 영어를 빨리 습득할 수 있게 되었고 역시 그 속도만큼이나 모어의 상실도 매우 빨랐다.

흑인 노예들이 영어를 배우는 것을 철저하게 금지시킨 까닭은 백인들의 언어를 읽고 쓸 줄 아는 흑인들이 많아질수록 그들을 지배하기 어려울 것이라고 여겼기 때문이다. 그렇다면 선주민들에게 강제적으로 영어를 가르치려 했던 것은 왜일까. 다름아닌 내부 제국주의의 발로였나. 미국 백인 주류 계층은 선주민들에게 영어를 가르침으로써 그들의 언어를 말살시키려 했다. 이를 통해 선주민들 고유의 민족성을 없앤 뒤 이들을 효과적으로 통제하려 했다. 이러한 내부 제국주의 양상은 비단 미국에서만 일어난 것이 아니었다.

─── 막강한 통치력을 획득한 국가들, 언어로 내부 제국주의를 감행하다

19세기에 접어들면서 국가의 통치력은 막강해졌다. 교통 발달로 인해 중앙은 물론 변방까지 강력한 통치의 영향권 안에 들어와 있었다. 막강해진 국가는 더욱 더 강력한 힘을 갖기 위해 곳곳에서 내부 제국주의적 태도를 보였다. 오랫동안 영국의 지배를 받았던 아일랜드가 그 대표적 사례다. 아일랜드가 영국의 통치를 받기 시작한 것은 1542년부터였다. 따라서 19세기 무렵 아일랜드의 수도 더블린의 상류층은 대부분 영어를 사용하고 있었다. 그들은 대부분 아일랜드 성공회 신자였다. 반면 농촌 지역은 달랐다. 주로 켈트족이었던 이들은 아일랜드 가톨릭 신자였고 이들에게 영어는 여전히 낯선 언어였다. 영국은 아일랜드를 통치한 지 오래 되었지만 그 이전까지만 해도 아일랜드 농촌 지역에는 관심을 두지 않았다. 하지만 산업혁명으로 인한 기술과 교통의 발달로 농촌 지역에까지 손쉽게 손을 쓸 수 있게 되자 1831년 무렵 전국적으로 '국민학교'national school를 설립하기 시작했다. 모든 교육이 영어로 이루어졌음은 물론이다. 비록 의무교육은 아니었지만 아일랜드 농촌에서는 교육을 받는 것이 그나마 성공할 수 있는 거의 유일한 기회로 인식되었다. 너도나도 학교에 입학하기 시작했다. 학교에서 아일랜드어의 사용은 엄격하게 금지되었다. 이로써 도시를 중심으로 거의 사라져가던 아일랜드어는 이제 농촌 지역에서까지 빠르게 사라져갔다. 이런 정책에 대한 아일랜드인들의 불만이 고조되자 1871년부터는 다시 아일랜드어 교육을 허용했지만 이미 영어가 뿌리를 깊게 내린 뒤였기 때문에 영어로 된 교육이 지속되었다.

참고로 영국과 아일랜드에 국민학교가 설립되기 시작한 것은 1831년부터였으나 의무교육은 그보다 훨씬 뒤인 1870년부터였다. 프랑스 역시 계속되는 정치적 불안으로 인해 의무교육의 도입은 비교적 늦은 편이었고 북유럽을 제외한 대부분의 국가들의 사정도 비슷했다. 때문에 나라마다 상황은 조금씩 다르긴 했지만, 전반적으로 교육을 받을 수 있느냐 없느냐에 따라 사회 계층의 뚜렷한 구별은 여전했다.

─── 국어 보급을 둘러싼
또다른 제국주의 양상

제국주의의 양상은 다르게도 나타났다. 19세기 제국주의의 선두 주자는 영국과 프랑스였다. 아프리카 대륙은 이 두 나라가 거의 나눠먹기식으로 지배하고 있었다. 지역적으로 보면 영국은 이집트와 남아프리카공화국을 차지했고 나이지리아와 가나도 영국의 지배를 받았다. 프랑스의 지배는 서아프리카와 중앙아프리카를 중심으로 이루어졌다. 이외에도 프랑스어를 사용하는 벨기에는 영토가 넓은 콩고를 지배했고, 포르투갈은 앙골라와 모잠비크를, 이탈리아는 리비아와 소말리아를 지배했다. 아시아의 여러 국가 역시 제국주의 국가들의 통치를 받아야 했다. 이들은 자신들의 식민지에 자신들의 국어를 전파하기 위해 전력을 다했다. 특히 많은 나라를 식민지로 지배하던 영국과 프랑스는 현지인에게 자신들의 국어를 보급하기 위헤 기관을 설립하고 적극적으로 지원했다. 식민지의 엘리트들 중 제국의 지배에 충실한 이들에게 자국의 언어를 집중적으로 가르쳤고 그 언어를 식민지 국가의 공식 언어로 사용하게 했다. 자신들의 언어를 통해 더욱 쉽게 통치하기 위해서였다. 그 결과 오늘날까지 영어는 영국, 미국, 캐나다, 호주, 뉴질랜드, 아일랜드 등 이른바 '영어권' 국가 외에도 약 55개국의 공용어로 지정되어 있다. 공용어를 지정하지 않은 방글라데시나 스리랑카와 같은 영국의 옛날 식민지 국가에서도 영어는 공통어로 사용되고 있다. 프랑스어 역시 약 29개국에서 공용어로 지정이 될 만큼 널리 퍼져 있는데, 29개국의 국가 가운데 약 21개국이 아프리카에 몰려있다는 것 역시 프랑스어 보급이 식민지배의 역사와 관련이 있음을 말해준다.

영국은 식민지 인도를 통치하기 위해 적극적으로 교육 제도를 활용했다. 인도는 영국의 통치를 받기 이전에도 여러 언어를 사용하는 특징을 가지고 있었다. 영국은 인구 수도 압도적으로 많고 언어도 다양한 인도를 효과적으로 통치하기 위해 초반에는 각 학교에서 인도 무굴제국의 공용어인 페르시아어와 전통적 고전어인 산스크리트어로 교육하는 것을 인정하고 영국 동인도 회사를 통해 이런 언어로 교육하는 대학을 지원하기도 했다. 하지만 1830년대 접어들면서 페르시아어나 산스크리트어로 교육을 시키는 것이 장기적으로 인도를 통치하는 데 도움이 되지 않으며 오히려 인도인들 가운데 영어를 사용하는 인적 자원을 적극적으로 양성해야 한다는 논의가 영국 내에서 활발해졌다. 그 결과 1835년 영어 교육법English Education Act이 시행되었다. 이 법에 따라 인도의 모든 대학에서는 영어로만 교육을 진행하도록 했고, 나아가 인도

1912년 영국에서 제작된 1910년 세
계 현황 지도. 세계의 수많은 영토
를 영국, 프랑스, 스페인, 미국, 네덜
란드, 포르투갈, 독일, 덴마크, 이탈
리아, 러시아, 일본, 벨기에 등 12개
제국이 나눠 소유하고 있음을 알 수
있다. 텍사스 대학교 도서관 소장.

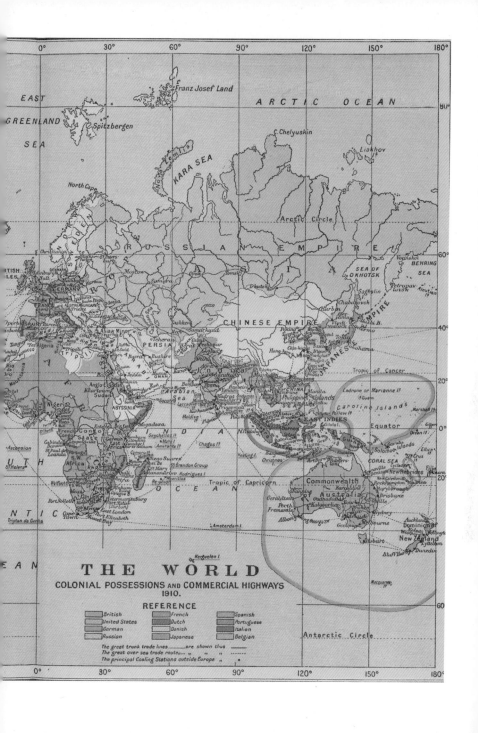

THE WORLD

COLONIAL POSSESSIONS AND COMMERCIAL HIGHWAYS
1910.

REFERENCE

British	French	Spanish
United States	Dutch	Portuguese
German	Danish	Italian
Russian	Japanese	Belgian

The great trunk trade lines ....are shown thus " " ....
The great over sea trade routes.... " " " --------
The principal Coaling Stations outside Europe " " • •

내의 모든 관공서의 행정 언어와 고등 법원의 공식 언어를 영어로 지정했다. 이로써 인도 내에 페르시아어 사용자가 급속히 사라졌고, 인도 전통 종교와 문화와 관련한 교육 기관의 수는 불과 몇 곳만 남아 명맥만 겨우 이어가는 형편이 되었다. 그리고 오늘날 영어는 인도인들의 또 하나의 언어가 되었다.

그런데 여기에서 주의 깊게 살펴볼 지점이 하나 있다. 내부 제국주의의 사례로 든 미국 선주민들과 아일랜드 농촌 지역에서의 영국의 언어 정책과, 또다른 제국주의 양상의 예로 든 인도에서의 영국의 언어 정책에는 매우 분명하고 결정적인 차이가 존재한다. 이 사례들의 차이는 바로 모어의 소멸 정도에 있다. 오늘날 인도에서 영어는 비록 또 하나의 언어처럼 깊게 뿌리를 내리긴 했지만, 모어가 사라지지는 않았다. 하지만 아일랜드와 미국 선주민들은 대부분 영어를 사용하고 모어를 쓰는 사람은 거의 없다.

이 차이는 어디에서 비롯된 걸까. 이런 차이를 만들어내는 것은 제국주의 안에 자리 잡은 동화 압력의 유무이다. 즉 지배국과 피지배국의 거리가 가까우면 지배국에게는 피지배국의 존재 자체가 위협이 된다. 때문에 '타자'인 피지배국민을 '내국인화'시켜야만 지배국의 안녕에 방해를 덜 받는다. 일제강점기 일본 제국주의가 식민지 조선인들에게 일본어 사용을 강제하고 민족성을 말살하려고 했던 것도 같은 연장선상에 있다. 일본 제국주의는 자신들과 지리적으로 가까이 있는 식민지 조선인들을 내국인화하지 않으면 두고두고 자국에 위협이 된다고 여겼다. 그런 위협의 가능성을 제거하기 위해 민족성을 희석시켜야 했는데 언어의 말살은 이를 위한 매우 유용한 방법이었다. 다시 말해 고유의 언어, 즉 모어를 말살시킴으로써 민족성을 희석시키고 지배국의 언어를 강제로 주입함으로써 위험 요소를 제거하는 효과를 노리는 셈이다. 언이야말로 민족을 정의하는 중요한 기둥 중 하나라는 사실을 지배국들은 너무나 잘 알고 있었다. 미국과 영국이 자신들이 통치하던 신주민과 아일랜드인들에게 자신들의 언어를 집요하게 가르치려 했던 것도 이런 이유에서였다.

인도는 달랐다. 지배국인 영국과의 거리가 매우 멀었다. 때문에 인도로 인한 위협을 걱정할 필요가 없던 영국 입장에서는 이익의 극대화를 위해서 적절히 통치만 하면 될 뿐 인도인을 굳이 내국인화시킬 필요가 없었다. 인도인들에게 영어를 가르친 것은 그들을 내국인화하려는 조치라기보다 통치의 편의성을 확대하기 위해서라고 보는 것이 적절하다. 물론 영국이 인도 내의 통치권을 확장하는 과정에서 폭력이 없었던 것은 아니고 통치의 유지를 위해 지속적인 폭력을 행사하기도 했지만 이들은 인도인들의 내국인화에는 별 관심이 없었다. 그들에게는 단지 자신들의 통치를 순조롭게 도와줄 인도 상류층의 친영파를 양성하면 그것으로 충분했다. 이를 위해 영국은 고등 교육계·언론계·관료계·법조계 등처럼 효율적인 통치에 필요한 기관을 영어화하고, 친영파 인도인을 주요 기관에 포진시켰다. 19세기 말 인도의 중하위 공무원 중 반 이상을 차지한 것은 인도인들이었다. 영어는 그들이 좀 더 좋은 조건에서 일을 하기 위한 사다리였다. 즉 영국은 인도인들의 모어를 영어로 대체하려는 시도 대신 영어를 할 줄 아는 인도인들에게 여러 혜택을 줌으로써 인도인들 스스로 영어를 배우게 하는 전략을 사용했다. 피지배국민 입장에서 보자면 새로운 지배계층, 이른바 사회 주류층에 진입하기 위해서는 지배국의 언어를 배워야 하는 상황이었다. 즉 영국은 친영파를 만드는 도구로 영어를 활용한 것이다. 영국만 그런 것이 아니다. 이는 제국주의 시절 수많은 국가에서 수없이 등장하는 허다한 사례 중 하나일 뿐이었다. 이처럼 언어 정책을 둘러싼 불평등한 상황은 반복·심화되었고, 그로 인한 갈등이 지배국과 피지배국 사이는 물론 피지배국민 사이에서도 고조되었다.

프랑스 제국주의, 문명 중심국이라는 자부심을 드러내다

영국과 함께 제국주의의 선두에 섰던 프랑스는 그 양상이 조금 달랐다. 프랑스는 19세기 아프리카를 중심으로 넓은 제국을 형성했는데, 영국에 비해 자국과의 동화를 강조했다. 1870년부터 1871년까지 프로이센과 벌인 전쟁에서 프랑스는 크게 패배하고 영토도 상당 부분 잃었으며 정치적으로도 혼란에 빠졌다. 그러나 프랑스는 아프리카에 식민지를 건설함으로써 국가적 자존심을 회복했다. 그러자 프랑스는 자신들이 구축한 새로운 제국에 프랑스 문화를 전파하기 위해 노력했다. 당시 제국주의 국가들은 너나 할 것 없이 자국 문명에 대한 자부심과 우월감이 하늘을 찔렀고, 이로 인해 자신들보다 문명이 덜 발달했다고 여기는 피지배국민들을 자신들이 계몽해야 한다고 여겼다. 17~18세기 프랑스는 유럽의 문화대국으로서 그 위상을 떨쳤고 다른 나라에 문화적 영향을 미치면서 스스로가 우수한 문명의 중심국이라는 자부심을 가져 왔다. 따라서 자신들의 지배를 받는 나라의 사람들을 프랑스인으로 내국인화하는 것을 우수한 문화와 문명을 보급시키는 행위로 여겼다. 때문에 아프리카는 물론 베트남까지도, 그들로 인한 어떤 위협을 느끼지 않아도 될 만큼 프랑스와 멀리 떨어져 있어 굳이 그들의 민족성을 말살하거나 모어를 소멸시킬 필요가 없었음에도, 문화면에서는 내부 제국주의 정책을 펼쳤다. 식민지를 통해 자신들의 이익은 이익대로 취하면서 자신들의 문명을 보급하는 시혜

직 입장을 취한 셈이다. 이런 입장에 따라 프랑스는 피지배국민들에게 프랑스어를 가르치는 것을 매우 중시했다.

새롭게 제국을 건설하기 시작한 프랑스는 1883년, 이전에 없던 교육 기관을 설립한다. 루이 파스퇴르Louis Pasteur, 1822~1895, 쥘 베른Jules Verne, 1828-1905 등 프랑스 지식인들이 모여 만든 이 기관은 외국인에게 프랑스어를 가르치는 공식 교육 기관으로서 자국어를 외국인에게 교육하는 역사상 최초의 공식 교육 기관이다. 이 기관의 이름은 알리앙스 프랑세즈Alliance Française 로서 전 세계에 프랑스어를 보급하려는 프랑스의 원대한 꿈이 담겨 있는 곳이다. 설립 당시의 공식 명칭은 '식민지 주민과 외국인에게 국어를 보급하는 협회'Alliance française pour la propagation de la langue nationale dans les colonies et à l'étranger였다. '식민지'라는 단어가 포함되어 있는 것에서 제국주의적 의도를 알 수 있다. 하지만 의도와 달리 실제로 프랑스어를 배운 현지인들은 도시에 거주하는 극소수의 상류층에 한정되었다.

이렇게 출발한 알리앙스 프랑세즈는 벌리츠 어학원처럼 19세기 외국어 학습 붐을 타고 유럽과 미국에까지 확장되었다. 2014년 현재 약 137개국에 850여 곳이 알리앙스 프랑세즈의 인증을 받은 프랑스어 전문 어학원 형태로 운영되고 있어 외국인들에게 프랑스어를 가르치는 교육 기관으로서 그 명성을 오늘날까지도 이어가고 있다. 전 세계 자국어 보급 기관으로서는 그 규모와 역사 면에서 최고라 할 수 있다.

식민지 국가들의 독립 이후에 지배국과 피지배국 사이에 프랑스어를 둘러싼 뜻밖의 현상이 나타났다. 20세기 후반 프랑스로부터 독립한 아프리카의 많은 나라에서 오히려 프랑스어가 널리 확산되었다. 이들 나라는 다양한

제국주의자들의 언어 전파 정책,
가르치려는 자와 배워야 하는 자 사이에
존재하는 불평등

01 1914년 콩고에서 이루어진 프
랑스어 수업 장면. 콩고는 당시 벨
기에의 지배를 받고 있었다. 이 학
교는 선교사가 운영하던 곳으로 대
부분의 교육은 프랑스어로 진행되
었다. 예일 대학교 신학대학 도서
관 소장.

02 1908년 마다가스카르의 한 초
등학교 모습. 프랑스의 통치 정책
중에는 프랑스어 교육을 통한 '문
명화'의 뜻이 내포되어 있었다. 이
곳에서도 마찬가지였다. 프랑스 국
립도서관 소장.

03 1912년 프랑스 식민지 니제르
에서 프랑스 군인이 현지인에게 프
랑스어를 가르치는 모습. 뉴욕 시
립도서관 소장.

01

제국주의자들은 침략을 통해 획득한 새로운 영토에 자신들의 언어를 전파하기 위해 노력했다. 이는 단순히 통치의 편리함민을 위한 정책이 아니었다. 영국은 친영파를 만들기 위해 언어를 도구화했고, 프랑스는 자신들의 문화적 우월성을 식민지에 전파한다는 태도를 취함으로써 언어의 전파를 통한 자국과의 동화를 강조하는 정책을 펼쳤다. 의도야 어찌 되었든 제국주의자들의 언어를 배워야 하는 입장에서는 여러 모로 불평등한 관계일 수밖에 없었다.

02

03

UNE ÉCOLE DE VILLAGE SOUS LA DIRECTION D'UN SOUS-OFFICIER FRANÇAIS (HAUT-SÉNÉGAL-NIGER). — CLICHÉ FORTIER.

SCH

UNCLE SAM *(to his new class in Civilization).*—

But just take a look at the class ahead of you, and remem

04 <개강>. 1899년 잡지 『퍽』(Puck)에 실린, 미국의 해외 식민지 정책을 비판하는 정치 풍자 만화. 미국인이 점령지에서 영어를 가르치는 장면을 희화화했다. 미국 국회도서관 소장.

언어를 사용하고 있다는 특징이 있는데, 독립 이후 자국민들끼리의 원활한 소통을 위한 공용어 중 하나로 프랑스어를 채택한 것이다. 때문에 이들 나라의 언론, 출판, 행정, 교육 분야 공용어는 오늘날까지도 과거 지배국의 언어인 프랑스어다.

똑같이 프랑스의 지배를 받았던 베트남은 달랐다. 1945년부터 치러진 프랑스와의 전쟁이 1954년 제네바 협정에 의해 끝났지만 베트남은 얼마 후 남북으로 분단되어 1975년까지 기나긴 전쟁을 치러야 했다. 하지만 분단된 남과 북 모두 공용어는 베트남어였고, 프랑스어는 빠른 속도로 퇴출되었다. 독립 당시 대부분의 베트남인들은 여전히 베트남어를 사용하고 있었고, 그로 인해 모어가 유지되고 있었기 때문이다.

─── 동북아시아에까지 이어진
유럽 제국주의의 행보

상대적으로 거리가 먼 까닭에 시기적으로 늦긴 했으나 영국과 프랑스의 제국주의 행보는 동북아시아에까지 이어졌다. 이미 대항해시대 중국과 일본으로 선교사가 파견되긴 했으나 청나라에서는 서양 종교의 포교를 엄격하게 제한함으로써 선교 활동이 위축되었고, 일본에서는 1633년부터 1639년에 걸쳐 점차 도입한 쇄국정책으로 인해 유럽과의 교류가 매우 적었다.

반면에 한국과 중국 그리고 일본 등을 중심으로 하는 동북아시아 국가들 사이에는 전통적 외교 질서가 그대로 작동하고 있었다. 한·중·일 3국은 물론 베트남까지도 한문이라는 공통 문어를 함께 사용함으로써 이들은 비교적 원활한 소통이 가능했다. 지적 교류가 꾸준히 이어져 왔고, 한문을 통해

서양에 대한 지식과 정보 역시 공유하고 있었다.

서양 역시 본격적으로 동북아시아에 진입하기 이전 서양에 소개된 문헌을 통해 이미 이 지역에 대한 이해가 꽤 깊었다. 네덜란드인 아이작 티칭 Isaac Titsingh, 1745~1812은 당시 동북아시아에 대한 지식을 서양에 건네준 인물 중 하나다. 동아시아에서 의사·학자·상인 그리고 외교관으로 활동한 바 있는 그는 네덜란드어는 물론 라틴어·영어·독일어·포르투갈어를 구사할 수 있었고, 여기에 일본어와 중국어까지도 유창했다. 그는 아시아 지역에서 활동하면서 많은 책과 수집품을 모았는데, 그 중 한 권이 바로 일본 유학자인 하야시 시헤이林子平, 1738~1793가 편찬한 『삼국통람도설』이다. 1785년에 나온 이 책은 조선, 오늘날의 오키나와 지역인 류큐국과 홋카이도 그리고 오가사와라小笠原 제도의 지리와 문화를 다룬 것인데, 티칭이 1795년 유럽에 돌아와 프랑스어로 번역, 소개했다. 이 책에는 조선에 대한 자세한 한글 설명이 들어 있기도 하다. 하지만 이 책이 유럽에 출간된 건 이로부터 한참 뒤의 일이다. 어떤 연유인지 모르지만 티칭은 이 책의 출간 전에 세상을 떠났고, 그뒤 콜레주 드 프랑스의 중국학 연구자가 번역 원고를 샀지만 그 역시 출간하지 않고 사망했다. 책이 출간된 건 1832년의 일로 율리우스 하인리히 클라프로트Julius Heinrich Klaproth, 1783~1835라는 프로이센 언어학자가 티칭의 번역을 보완해 출간했다. 이 책을 통해 유럽에 처음으로 한글이 소개되었다.

─── 중국의 문이 열리고,
일본의 항구가 열리다

서구 제국주의의 행보로부터 비교적 거리가 있던 동아시아의 굳게

닫힌 문은 그러나 19세기 중반 중국에서 일어난 제1차 아편전쟁1839~1842으로 열릴 수밖에 없었다. 이 전쟁으로 인해 중국은 홍콩을 영국에 넘기고, 5개 항구를 개항해야 했다. 그 이후 산업혁명 덕분에 발달한 기술로 만들어진 유럽과 미국의 선박이 동아시아에 수시로 드나들었다. 미국은 19세기 초에 이미 대서양에서 태평양까지 영토를 확장하고 서해안에서 아시아를 바라봤고, 1852년에는 일본의 항구 개방을 압박하기 위해 페리Matthew C. Perry, 1794~1858 제독을 보냈다. 1853년에 도쿄만에 들어선 '흑선'黑船을 본 일본은 큰 충격을 받았고, 이후 1854년 급기야 항구의 문을 열어야 했다.

페리 제독의 방문 이전에도 일본은 서양 문화에 대한 지식이 없지는 않았다. 17세기 중반 나가사키 만에 설립된 네덜란드 무역 사무소는 서양 문화와 접할 수 있는 창구였다. 당시만 해도 서양 도서의 유입을 엄격하게 금지했지만, 1720년 무렵 모미지야마문고의 확장에 공을 들였던 도쿠가와 요시무네 쇼군이 서양의 책들이 들어오는 것을 점차 허용하면서 민간에서는 서양의 문헌을 조금씩 볼 수 있게 되었다. 이런 분위기를 틈타 다양한 분야의 책들이 활발하게 번역되기 시작했다. 당시 일본인들에게 가장 익숙한 외국어는 다름 아닌 네덜란드어였고, 그 때문에 네덜란드어로 된 책들이 일본어로 번역되는 경우가 많았다. 이런 책들을 통해 일본은 어느 정도 서양의 현황과 기술에 대해 이해하고 있었고, 아울러 당시 일본의 지식인들은 대부분 중국어를 읽거나 쓸 수 있었기 때문에 중국에 소개된 서양에 관한 정보 역시 일정 정도 습득하고 있었다.

때문에 일본은 언제까지 서양 제국주의의 개항 요구를 거부할 수 없음을 알고 있었다. 이미 1808년 영국 선박이 몰래 나가사키 만에 진입한 일로 충격을 받은 막부는 더 굳게 문을 닫아 걸었으나, 제1차 아편전쟁 소식에 동요하기 시작했다. 하지만 1846년 도쿄만에 미국 선박이 진입할 때까지만 해도 일본은 개항을 거부했다. 대신 러시아 선박이 홋카이도 주변을 찾기 시작하자 그 지역의 개척에 관심을 갖기 시작했고 그러면서 자연스럽게 영어와 러시아어와의 접촉이 늘어났다. 이로 인해 막부 내에서 영어와 러시아어 통역관 교육이 시작되었고 1814년에는 최초로 '영-일'사전이 편찬되었다.

한편 제2차 아편전쟁1856-1860 이후 중국은 아편의 합법화, 영국과의 무역을 위한 중국 전역의 개방 등 매우 불리한 조건으로 영국과 조약을 맺어야 했다. 영국은 중국과 조약서를 작성하면서 영어로 된 문서를 기준으로 삼음으로써 언어 제국주의의 포문을 열었다. 프랑스와 러시아 그리고 미국 등은 추후 중국과의 무역을 통한 자국의 이익을 확보하기 위해 영국 편에 서서 중국을 압박했다. 이런 상황에 처한 중국은 아시아의 맹주로서의 자존심에 큰 상처를 입었고 이를 만회하기 위해 국력을 강화하기 위한 양무운동1861~1895을 시작했다. 이 운동은 사회적인 개혁보다 서양 제국주의 국가의 침략을 막는 것에 초점을 두었다. 하지만 1880년대로 접어들면서 청나라 말기의 독재 권력자 서태후1835~1908가 대표하는 보수파의 판단 착오로 개혁에 대한 열의가 후퇴했고, 결국 청일전쟁1894~1895에서 일본에게까지 무릎을 꿇고 말았다.

그보다 앞서 제2차 아편전쟁에서 중국이 영국에 패배했다는 소식을 들은 일본은 큰 충격을 받았고, 자신들 역시 중국처럼 될 수 있다는 불안에 휩싸였다. 일본 내에서는 스스로를 개혁하고 서양의 기술을 받아들여야 한다는 주장에 힘이 실렸고, 이들과 에도 막부와의 갈등은 최고조로 전개되었다. 그런 와중에 1854년 미국에 시모다下田와 하코다테 항구를 열어주기로 하면서

프랑스, 독일, 영국, 러시아, 일본 등 제국주의 국가들의 중국 침략을 풍자한 만화. 1896년 1월 프랑스 잡지 『Le Petit Journal』에 실렸다.

맺은 조약의 내용이 일본에 불리하다는 게 알려졌고, 불안과 불만이 고조되면서 이는 곧 도쿠기의 막부 타도 운동으로 확산되었다. 이후 이러한 분위기는 급물살을 타기 시작, 1868년 메이지 유신이 단행되면서 새로운 정부를 출범시켰고 이후 일본은 빠른 속도로 서양의 기술과 제도를 받아들였다.

───── **같은 듯 달랐던**
중국과 일본의 외국어 정책

이렇듯 서양 제국주의의 노골적인 개항 요구에 대한 중국과 일본의 반응은 매우 달랐고, 그 결과 역시 크게 달랐다. 하지만 이 두 나라의 외국어 정책에서는 공통점이 많이 발견된다. 청나라는 1862년 관료를 위한 외국어 교육 기관인 동문관同文館을 양무운동의 일환으로 베이징에 설립했다. 이는 1708년 만주인을 위해 세운 작은 러시아어 학교와 흡사했다. 이미 중국에는 명나라 시기에 통역관을 양성하는 학교도 있었다.

동문관에서는 영어, 프랑스어, 독일어, 러시아, 그리고 일본어를 가르쳤고 외국어 이외에도 법학, 수학, 의학, 과학 등을 가르쳤다. 1864년 고용된 미국인 선교사 윌리엄 마틴William A. P. Martin, 1827~1916이 법학을 가르쳤는데, 그는 1869년 교장이 된 뒤 교육 과정을 전면적으로 개편했다. 개편된 교육 과정의 주요 방향은 전체 교육 기간 8년 중 처음 3년은 외국어를 배우고 그 다음에 전공 과목을 배우는 것이었다. 이 학교에서는 번역과 출판이 활발하게 이루어졌고, 1902년에는 베이징 대학의 일부가 되었다.

일본에서는 페리의 충격 직후인 1857년 외국어 문서를 번역하기 위한 번서조소蕃書調所를 설립했다. 처음 문을 열었을 때는 네덜란드어를 가르쳤지만, 이후에는 영어·프랑스어·독일어까지로 그 대상 과목을 늘렸다. 1868년 일시 휴교 후 1869년 개성학교開成学校라는 새 명칭으로 다시 문을 열었을 때부터는 네덜란드어 과목은 폐지하고 대신 다른 외국어를 가르칠 원어민 교사를 고용했다. 1873년부터는 외국어 이외 법학·과학·공학·광산학 그리고 예술 과목이 추가되었는데 모든 교사가 외국인이었기 때문에 이러한 주요 과목의 수업은 원어로 이루어졌고, 성적이 우수한 학생은 유학을 보냈다. 같은 해 외국어와 전공 과목으로 학교를 분리하면서 외국어 쪽으로 중국어와 러시아어를 추가했고, 1880년에는 한국어를 추가했다. 외국어 학교는 오늘날 도쿄외국어대학교의 전신이 되었고, 전공 과목 학교는 오늘날 도쿄 대학의 전신이 되었다.

이처럼 중국과 일본 모두 서양의 제국주의에 대항할 수 있는 인재를 양성하기 위해 외국어 교육의 필요성을 인지했고, 이렇게 설립한 외국어 인재 양성 기관은 이후 각 나라에서 최고 대학으로 발전해 나갔다.

─── **메이지 유신 이후**
일본의 외국어 교육 방식

메이지 유신 이후 이루어진 일본의 외국어 교육 방식을 살펴보면 동서양의 언어 교육에 차이가 있었음을 알 수 있다. 제1장에서 언급했듯이 1727년부터 쓰시마에는 한국어를 가르치는 통사양성소가 있었다. 부산 초량의 왜관倭館과도 교류가 활발했던 통사양성소 설립의 주역은 아메노모리 호슈雨森芳洲, 1668~1755였다. 나가사키에서 한문과 중국어를 공부했던 유학자이며 한국어에도 능통했던 그는 일본 최초의 한국어 교과서인 『교린수지』交隣須知를 집필하기도 했다. 조선에 대해 친밀감을 가졌던 그는 일본인들에게 조선의 사회와 문

1887년 도쿄에서 출간한 영어 학습지 『유행 영어 모임』의 일부다. 그림을 통해 새로운 단어를 설명하는 방법이 코메니우스의 『가감계도 표시』와 유사하다. 메이지 시대는 이처럼 대중을 상대로 하는 매체에 다양한 그림을 많이 사용했다. 미국 국회도서관 소장.

화를 이해시키기 위해 통사양성소의 교육 과정에 한문으로 된 유학 책과 함께『숙향전』같은 조선의 고전소설을 넣기도 했다.

메이지 유신의 단행 이후 통사양성소를 운영하던 쓰시마 번주가 사라지면서 양성소는 문을 닫았다. 하지만 한국어를 할 줄 아는 인력이 여전히 필요했던 메이지 정부는 1871년 통사양성소를 부활시켰고, 1872년에는 부산 초량으로 이전, 현지에서 일본인을 위한 한국어 교육을 실시했다. 이후 1880년 도쿄외국어학교1873년 설립와 통합을 시키면서 문을 다시 닫을 때까지 약 7~8년여 동안 일본 관료들은 부산에 와서 한국어 교육을 받았다. 1880년 이후로도 조선에 일본인을 보내 한국어를 배우게 한 것은 계속되었는데, 이 무렵부터는 부산 대신 서울로 보냈다. 1880년대부터 일본인들이 배우는 한국어는 부산 말이 아닌 서울말이 된 셈이다. 이로써 그 이전까지만 해도 '쓰시마-부산'으로 연계되던 일본인의 한국어 교육은 '도쿄-서울'로 그 패러다임이 변화했다. 일본이 한국어를 배우려는 일본인들을 조선으로 직접 보낸 것은 20세기까지의 외국어 전파의 역사를 볼 때 매우 드문 사례라 할 수 있다. 이를 20세기 후반에 접어들면서 일본에서 일반화되었던 한국어 어학연수의 초기 버전으로 보아도 무방하겠다.

도쿄에서 한국어를 가르친 조선인도 있었다. 신약 성경의 한글 번역으로 유명한 이수정李樹廷, 1842~1886은 1882년부터 약 2년 동안 도쿄에서 일본인들에게 한국어를 가르쳤다. 이는 당시 외국어를 배우려는 일본인들의 원어민 선호 현상을 반영한 것이기도 하다. 그는 또한 1885년 도쿄에서 조선으로 떠날 준비를 하고 있던 선교사 언더우드1859~1916와 아펜젤러1858~1902에게 한국어를 가르치기도 했다. 외국인을 위한 한국어 교육의 선두주자였던 셈이다.

서양 제국주의자들에게 직접 문을 열어준 중국과 일본, 일본에 의해 문을 열어야 했던 조선

동북아시아의 3국 중 중국과 일본은 서양 제국주의의 직접적인 요구에 의해 개항을 했고, 특히 일본은 개항과 함께 스스로 자국 내의 혁명을 단행했다. 조선의 경우는 달랐다. 두 나라가 서양의 직접적인 요구에 의해 항구를 열었다면 조선은 이웃나라 일본에 의해 나라의 문을 열어야 했다. 메이지 유신 단행 이후 약 7년 뒤인 1875년 일본은 운요호 사건을 통해 조선의 개항을 압박, 1876년 강화도 조약을 맺기에 이른다. 조선뿐만 아니라 중국까지 일본의 요구에 따라 개항을 하게 된 매우 불평등한 조약이었다. 강화도 조약으로 부산과 인천 그리고 원산항을 개항한 이래 조선은 비슷한 조건으로 서양 제국주의 국가와도 조약을 맺게 된다.

그렇다면 그때까지 조선은 서양은 물론 동북아시아의 변화에 관해 몰랐을까? 그렇지 않았다. 조선은 오래전부터 중국을 통해서 서양의 소식을 들어왔고 일본의 현황도 잘 알고 있었다. 중국을 오가는 사절단을 통해 베이징에서 새로운 정보를 얻어오기도 했다. 예를 들면 이수광은 마테오 리치를 만나 서양에 대한 정보를 전해 들었고, 그것을 1614년 간행한 한국 최초의 백과사전인 『지봉유설』에 담았다. 이수광과 리치는 서로 한문으로 소통을 했다. 일본과의 독자적인 외교 관계를 유지하기 위해서 열일곱 번이나 보낸 조선통신사를 통해 일본의 변화를 가늠하고 있었고 쓰시마 번주의 초량 왜관을 통해서도 일본의 소식을 전해 듣고 있었다.

물론 조선의 학자들은 이런 정보를 듣는 데서 그치지 않았다. 개혁을 통해 인도적인 정치를 구현하는 데 초점을 둔 실학파의 대표적 학자 정약용

1762~1836은 실제로 1796년 완공된 수원 화성의 설계에 중국을 통해 전해 들은 서양 기술을 응용했다. 정약용의 형인 정약종1760~1801은 은밀히 들어온 천주교의 신자가 되었다가, 1801년 신유박해 당시 순교했다.

당시 서양에 관한 다양한 정보와 지식은 대부분 중국을 통해 들어온, 한문으로 된 문헌에서 얻었다. 때문에 이미 조선은 영국이 무력으로 청나라를 개항시킨 것을 알고 있었고 1866년 제너럴 셔먼호 사건과 병인양요 그리고 1871년 신미양요를 겪으며 서양 제국주의 국가의 위협을 느끼고 있었다. 이러한 위협에 맞서 당시의 권력자인 흥선대원군의 선택은 강력한 쇄국정책의 고수였다.

─── **조선,**
본격적인 외국어 교육을 시작하다

조선에서의 본격적인 외국어 교육은 1883년 통역관을 양성하기 위한 동문학同文學이라는 기관에서 출발했으나 제대로 된 운영이 뒷받침되지 못해 얼마 지나지 않아 폐교되었다. 이후 외국어 인재 양성을 위한 교육은 1886년 설립된 관립 영어학교 육영공원育英公院에서 이루어졌다. 세 명의 영어 원어민 교사를 중심으로 서울의 상류층 학생들에게 영어와 세계사 지식을 주로 가르쳤는데, 교사 중 한 명이 바로 미국의 언론인이자 훗날 조선의 독립을 위해 노력한 헐버트Homer Bezaleel Hulbert, 1863~1949였다. 하지만 학교 운영은 여러모로 어려움을 겪어야 했고, 1894년 새롭게 도입된 외국어 학교 제도에 따라 육영공원은 폐교되고, 관립 한성영어학교가 새롭게 설립되었다. 한성영어학교의 설립 배경에는 고종의 뜻이 담겨 있었다. 1882년 조미수호통상조약을 체결한 뒤

고종은 중국을 통해 서양 국가와 접촉하지 않고 자신이 직접 서양과 교류하고 싶다는 뜻을 품었고 이런 고종의 의도를 담아 설립된 것이 바로 한성영어학교였다. 이외에도 조선에서는 1880년대 영어권 선교사들이 설립한 배재학당과 이화학당 등에서 영어 교육이 이루어졌고 이들 선교사들은 학생들에게 영어 공부의 중요성을 누차 강조했다. 한편으로 선교사들은 조선의 대중들에게 기독교를 널리 보급하기 위해서 한국어를 배워야 했는데 이들은 어려운 한자 대신 배우기 쉬운 한글을 선호했다. 이로 인해 한글은 기독교와 함께 빠른 속도로 보급이 되었다. 조선 말기 한글 보급에 선교사들이 기여를 한 셈이다.

조선에서의 외국어 교육은 점차 확대되었다. 1895년부터 1898년에 걸쳐 중국어·일본어·프랑스어·독일어·러시아어 등 영어 이외에 다른 외국어 학교가 설립되었고 인천에도 일본어 학교가 설립되었다. 각각의 외국어를 가르치는 원어민 교사가 배치되었고, 교육은 주로 원어로 이루어졌다. 오늘날의 몰입교육에 가까운 환경이었다. 다만 서양 사회에 관한 배경 지식은 한문을 통해 습득하는 것이 일반적이어서 말은 한국어, 독해는 한문을 통해 서양의 언어를 배우기도 했다. 언어권별로 졸업생 숫자를 보면 일본어 277명, 영어 79명, 중국어 56명 순으로 이 수치는 당시의 정치 상황을 반영한 것이기도 하다. 오늘날 한국의 제1외국어는 영어가 된 지 오래지만, 지난 100여 년 동안의 외국어 교육이 거의 세 나라의 언어로 압축된 것은 매우 흥미롭다.

19세기 말 제국주의 국가들의 노골적 위협 앞에 놓인 상황에서 조선이 자주적인 외교와 국제 교류를 위해 외국어 교육에 힘쓴 것은 결과적으로 외국어 능력과 사회 개혁에 대한 논의의 틀을 마련한 셈이 되었다. 그러나 외국어 학교들의 운명은 그리 오래 가지 않았다. 1905년 을사조약 이후 1906년

The Gospel " Light " shining into the " Hermit Kingdom "—the American Mission, Seol, Korea.   Copyright 1904 by Underwood & Underwood.

1904년경 미국 선교사와 한국인 신자들이 전도단 본부 앞에 모여 서울 인왕산을 배경으로 함께 찍은 사진이다. 사진 하단에 "복음의 빛이 은자의 왕국을 밝힌다"는 글귀가 눈에 띈다. 한동안 서방 세계에서는 조선을 은자의 왕국(Hermit Kingdom)이라고 지칭했다. 미국 국회도서관 소장.

20세기 초 한국의 수업 장면. 한글과 한자를 함께 가르치고 있는데, 이 당시 학교 교육을 받았던 이들은 한글과 한자는 물론 일본어, 영어 그리고 경우에 따라 또다른 외국어까지 구사할 수 있었다. 즉 한국 역사상 최초의 다언어 세대였다고 할 수 있다. 또한 여학생들이 남학생들과 함께 수업을 듣고 있고, 교사도 여성이다. 서양의 영향으로 여성들에게도 교육의 기회가 주어졌던 당시 분위기를 엿볼 수 있다. 서던 캘리포니아 대학교 도서관 코윈&넬리 테일러 컬렉션 소장.

서울의 여러 외국어 학교는 한성외국어학교로 통합이 되었고, 일본어 교육이 중심이 되었다. 일본은 한국병합 이후 약 1년여 만인 1911년에 이 학교를 결국 폐교시켰다.

────── 외국어 교육,
특정계층에서 일반 대중으로

19세기 산업혁명으로 인해 지구는 갑자기 좁아졌다. 도시화는 급격하게 진행되었고 산업혁명으로 인해 발전하기 시작한 자본주의는 국경을 넘나드는 활발한 무역 활동으로 그 세를 넓혀갔다. 이들은 산업에 필요한 자원과 새로운 시장을 확보하기 위해 이른바 제국을 건설해 나갔으며 이로써 제국주의는 전 세계로 확산되었다. 이로 인해 노예가 급증하고 학살은 빈번해졌으며 한편에서는 자본주의가 갈수록 체계화되었고 교육과 과학이 세계 곳곳에 보급되었다. 지구상에 변화를 겪지 않은 곳이 거의 없었다. 19세기가 저물어가면서 오늘날 우리에게 익숙한 현대 사회의 구조가 서서히 형성되었다.

이렇듯 격변이라 할 수 있는 지구 곳곳의 변화상을 놓고 볼 때 외국어 전파 과정의 변화는 미미하다고도 할 수 있겠다. 과학의 발전 속도에 걸맞는 외국어 교수법의 변화는 아직 드러나지 않았고 여전히 고전어의 존재감은 무시할 수 없었다. 제국주의와 민족주의의 영향으로 국어의 지정과 그 보급을 위한 각국의 노력 정도가 이 시기에 주목할 만한 특징이라면 특징이었다.

하지만 눈에 보이는 것이 다가 아니다. 다른 시각에서 놓고 보면 19세기 전반은 외국어 전파사에 있어 일종의 전환기였다. 외국어를 배운다는 것이 곧 소수의 특정 계층이 고전어를 학습하는 것을 의미했던 시대에서 계층과 상관없이 많은 이가 동시 다발적으로 현대어를 학습하는 것으로 변화했나.
즉 19세기 초반만 해도 고전어 교육이 주류를 이루었으나 후반에 접어들면서
현대어를 배우는 것이 점차 고전어 교육을 압도하기 시작했다.

제국주의 국가들이 새롭게 확장된 영토를 효율적으로 지배하기 위해
외국어 교육은 필수였다. 아프리카에서 끌려간 노예들은 아메리카 대륙에서
강제로 새로운 언어를 배웠고 미국의 선주민들도 강제로 학교에서 영어를 학
습했다. 영국과 프랑스의 제국주의가 확산되면서 현지인들을 대상으로 한 영
어와 프랑스어 교육이 집중적으로 이루어졌다.

동북아시아 역시 변화에서 예외가 아니었다. 서양의 함선이 중국과
일본, 그리고 한국의 항구를 거의 강제하다시피 열어젖힌 뒤 이들에게 가장
먼저 필요한 것이 무엇이었을까. 바로 언어의 소통이었다. 동북아시아에 침투
한 서양 제국주의로 인해서 이 지역에서도 전통적 한문 중심인 언어 교육이
약화하고 새로운 서양어 교육이 시작되었다. 일본은 서양 제국주의의 행태를
그대로 모방하여 1876년에 조선을 강제로 개항시켰다. 그러자 근대 이전 조선
에서는 거의 무시되었던 일본어 학습이 필요해졌다. 한국에서 영어, 프랑스어,
독일어를 배우기 시작한 것도 이 무렵부터다. 해방 이후 한국의 넘버원 필수
외국어는 영어였고, 1980년대까지 제2외국어라고 하면 프랑스어와 독일어가
가장 먼저 떠올랐던 것도 그 연원이 꽤 오래된 셈이다.

19세기 제국주의 시대는 머나먼 옛 역사가 아니다. 제국주의는 여전
히 존재하고 있으니 지금까지도 살아 있는 역사다. 어디에서 알 수 있는가? 전
세계적으로 많은 나라 사람이 공통으로 가장 많이 배우는 외국어가 무엇인지
는 답이 금방 나온다. 생각할 것도 없이 영어다. 전 세계적으로 가장 큰 영향

력을 행사하고 있는 미국의 패권 때문이다. 그것의 시작이 바로 19세기 커다란 제국을 구축했던 이때부터다. 그 이후 영어는 전 세계적인 만국공통어 행세를 시작했다. 누구로부터인지는 몰라도 마치 그래도 되는 것 같은 힘을 부여 받은 모양새였다.

──── 격변하는 세계 정세,
민족어에 대한 관심과 언어를 통한 이상주의가 함께 싹을 틔우다

이러한 과정에서 불평등과 갈등은 필연적이었다. 자신들의 언어를 전파하려는 국가와 민족이 절대강자였고 원하든 원치 않든 새로운 언어를 익혀야 하는 이들은 약자일 수밖에 없었다. 산업혁명으로 인한 도시화와 노동 계층의 형성 그리고 갈수록 심화되는 자본주의의 모순이 이 시대의 불평등을 악화하고 새로운 갈등의 씨앗을 뿌렸다. 1848년에 프랑스 2월 혁명에 이어 영국과 독일 그리고 이탈리아를 비롯한 유럽 전역에 확산했던 혁명이나 자본주의의 모순을 고발한 공산주의처럼 이러한 갈등의 일부가 19세기에 폭발하기도 했지만 대부분은 제국주의의 강제적 통치 아래 숨을 죽여야만 했다. 물론 이러한 갈등은 이후 이어질 20세기에 들어와 수많은 혁명과 전쟁으로 폭발할 것이었다.

19세기 말 전 세계적으로 갈등이 고조되어가던 이때 곳곳에서 새로운 경향이 그 싹을 틔우고 있었다. 한편에서는 국가의 기틀과 민족의 정체성을 확고히 하기 위한 수단으로 '언어 회복 운동'이라는 명분 아래 민족어에 관한 관심이 고조되었고 또 한편에서는 국가와 민족을 초월하는 화합과 협력을 바라는 이상주의가 등장을 준비하고 있었다. 인공 언어 에스페란토가 새로운 실험을 가동할 채비를 갖추는 한편으로 확산되어가는 현대어 교육을 위한 제 계획화된 새로운 교수법이 마련되었다. 조만간 다가올 시대는 이렇듯 외국어 전파 양상에 수많은 변화가 예비되어 있었다.

20세기를 전후해서 유럽은 독일과 이탈리아 등 새롭게 등장한 국가들이 강대국으로서 면모를 과시하기 시작했고 동유럽에서는 오스만제국의 쇠퇴로 인한 권력의 균형이 변화하면서 유럽 전역에는 민족주의가 더욱 강고해졌다. 이러한 변화는 국어와 민족어에 관한 각 국의 관심을 통해 드러나기 시작했다. 민족어에 대한 각국의 관심은 언어 회복 운동으로 구현되었다. 사라져가는 민족어를 교육을 통해 자연스럽게 보급하려는 움직임이었다. 다분히 정치적인 목표를 위한 것이었다. 그러나 이미 거의 사라진 민족어를 새롭게 교육한다는 것은 낯선 외국어를 가르치는 것과 크게 다르지 않았다. 예를 들면 미국에서 태어나 자란 한국인 교포 3세가 어느 날 한국어를 배우기 시작한다면 어떨까. 그에게 한국어는 민족어인 동시에 외국어이다. 조부모와 부모를 통해 단편적인 표현과 단어 등을 습득해서 어느 정도 익숙할지라도 어릴 때부터 자연스럽게 익히지 않았다면 그들에게 한국어는 문장의 구조, 발음, 단어, 화법 등을 처음부터 배워야 하는 외국어와 다를 바 없다. 20세기 초에 시작한 언어 회복 운동을 통해 민족어를 새로 배워야 하는 이들도 마찬가지 입장이었다.

─────── **유대인들의 히브리어 부활,**
역사상 가장 성공한 언어 회복 운동

유대인들 역시 언어 회복 운동의 당사자였다. 이들에게 강제 추방의 역사는 거슬러 올라가 고대 이집트 시기부터 그 연원이 시작되었을 만큼 아주 오래된 것이다. 억압을 받고 강제 추방을 당할 때마다 새로운 땅을 찾아 이동할 수밖에 없었고 이런 과정을 통해 유대인의 디아스포라가 형성되었다. 이들은 이동할 때마다 새로운 언어와 문화를 수용하며 현지화에 힘쓰면서도 종교를 통해 유대인의 정체성을 지켜왔다. 19세기 초 불기 시작한 민족주의 열풍은 19세기 후반 유대인들에게도 영향을 미쳤고 억압과 유랑의 삶 대신 자신들의 국가를 건설하기로 한 유대인들은 유럽 전역에서 하나둘 이스라엘로 이주를 시작했다. 이들을 하나로 묶은 것이 바로 시온주의였다. 시온주의에 언어 회복은 필수적인 과정이었다. 이들이 자신들의 잃어버린 언어에 관심을 갖기 시작한 것은 자연스러운 현상이라 할 수 있다. 민족과 국가, 민족과 언어, 국가와 언어에 대한 의식이 높아진 당시 시대적 분위기 역시 일조했다.

당시 유대인들은 오랫동안 떠돌며 흩어져 살아왔던 역사적 상황으로 인해 같은 유대인일지언정 서로 다른 언어를 사용하고 있었다. 그 가운데 대다수 유대인들이 이디시Yiddish어를 모어처럼 사용하고 있었다. 게르만 어족에 속하는 이디시어는 이미 중세부터 유대인 사이에 공통어처럼 사용되고 있었다. 그러나 유대인들은 이디시어를 공용어로 사용하지 않았다. 이스라엘로 이주해온 유대인 가운데 이디시어를 사용하는 이들이 많긴 했지만 그렇지 않은 이들 역시 많았다. 그런 이들에게 이디시어를 공용어로 받아들이도록 하는 것은 어려운 일이다. 하지만 그것보다도 유대인들에게 이디시어가 디아스포라의 상징으로 여겨진 것 역시 이디시어를 공용어로 채택하지 않은 중요한 이유였다. 시온주의자들은 이디시어를 공용어로 받아들이는 대신 유대인의 종교 언어이자 고유어인 히브리어를 이스라엘의 공용어, 즉 국어로 지정해야 한다

1911년 오스만제국에서 제작한 다중언어 달력. 오스만제국의 공용어인 오스만 터키어와 아랍어, 불가리아어, 그리스어, 프랑스어, 아르메니아어, 히브리어가 표시되어 있다. 여러 언어를 함께 사용했던 오스만제국의 다중언어 상황을 드러내준다. 소장처 미상.

오스만 터키어
아랍어

그리스어

아르메니아어

불가리아어

프랑스어

히브리어

고 주장했다.

히브리어는 그렇게 부활했다. 러시아계 유대인 엘리제르 벤 예후다 Eliezer Ben Yehuda, 1857~1922는 히브리어 부활의 아버지로 불린다. 벤 예후다는 가정에서는 이디시어를 사용했고 사회에서는 러시아어를 익혔다. 유대인 학교를 다니며 히브리어와 아람어를 배웠고 파리에서 프랑스어를 배웠다. 이 외에도 영어와 독일어 그리고 아랍어에 해박했다. 그가 남긴 가장 중요한 업적은 역사상 첫 번째로 현대 히브리어 사전을 편찬한 것이다. 히브리어는 유대인들의 종교 언어였으므로 문법은 어느 정도 정리되어 있었지만 현대인의 삶에 맞는 단어는 존재하지 않았다. 단어가 없는 언어란 일상생활에서 무척 불편했고 그 사용이 매우 어려웠다. 이 점을 눈 여겨 본 벤 예후다는 주로 히브리어와 같은 어족인 아랍어에서 새로운 단어를 만들어냈다. 이로써 히브리어는 유대인들의 공용어로 자리를 잡았고 히브리어의 부활은 역사상 가장 성공한 언어 회복 운동으로 평가 받기에 이른다.

히브리어 외에도 언어를 부활시키려는 시도는 많았다. 벤 예후다처럼 노력했던 이들도 없지 않았다. 그러나 히브리어와 같은 성공 사례는 많지 않았다. 그만큼 그 필요가 절실하지 않았기 때문인지도 모른다. 이스라엘에 모여 살기 시작한 유대인들은 서로 다른 언어를 사용했기 때문에 공용어가 반드시 필요했다. 그들에게 히브리어는 종교의 언어이자 고유어였기 때문에 그 수용의 과정도 자연스러웠다.

한 가지 더 살펴보고 싶은 사례는 뉴질랜드 선주민 언어인 마오리Te reo Māori어다. 주로 뉴질랜드 북섬에 살고 있는 마오리족은 뉴질랜드 전체 인구의 약 16.5퍼센트를 차지한다. 20세기 중반까지만 해도 이들은 거의 다 마

תַּבְשִׁילִים וּכְלֵי בִּשׁוּל

רְשִׁימָה א.

Latin/German/French	Yiddish (Hebrew script)	Hebrew
Mohntaschen,	המן־טאשען	אָזְנֵי הָמָן "
Nudeln, *vermicelles*	לאקשען	אִטְרִיּוֹת *
Beefsteaks,	ביפשטק	אֻמְצָה *
weiches Ei, *oeuf à la coque*		בֵּיצָה מְגֻלְגֶּלֶת
hartes Ei, *oeuf dur*		בֵּיצָה שְׁלוּקָה
Lebkuchen, *pain d'épice*		דֻּבְשָׁן
marinirte Fische, *poisson marine*		דָּגִים כְּבוּשִׁים
	טײגלאך	דֻּבְשָׁנִיּוֹת
Ingver, *gingenvre*	אינגבער	זַנְגְבִיל
Sahne, *créme*	סמעטענע	זִבְדָּה 0
	מָרָק יָרָק חָמוּץ (בּאָרשט)	חָמִיץ (חֲמִיצָה) 0
Pudding	טײגאכץ	חֲבִיצָה *
Schalet	משאלנט	חַמִּין *
Eierkuchen, *omelette*	פּאַן־קוכען	חֲבִיתָה "
	רָקִיק מְקֻפָּל מָלֵא גְבִינָה, פֵּרוֹת אוֹ מַמְתַּקִּים	כִּיסָן 0
	קנײדלאך (כַּדּוּרֵי בָּצֵק אוֹ בָּשָׂר בְּרָשָׁלִים)	כַּפְתָּה (כַּפְתּוֹת) *
Klöss, *boulette*		
	בײגעל	כַּעַךְ °
	סטרודל	כְּרוּבִית °
Kompott, *compot*		לֶפֶד (לְפָדִים) 0
	צימעס	לִפִיתָה °
	קרעפּלאך	לְבִיבוֹת °
	(תַּבְשִׁיל אוֹ כָּל מַאֲכָל הָעֲשׂוּי לְלַפֵּת בּוֹ אֶת הַפַּת)	לִפְתָּן *
Zukost		
	סאלאט (יְרָקוֹת, קְצוּצִים מְתֻבָּלִים בְּמֶלַח וּבְשֶׁמֶן)	מְלוּחִית 0
	פּראקטעם, האליבצעס (עָלֵי יֶרֶק מְמֻלָּאִים בְּשָׂר,	מְלֵאִים °
	אֹרֶז, וְכַדּוֹמֶה)	
	הַבָּשָׂר אוֹ הָאֹרֶז שֶׁמְּטַלְאִים בָּהֶם הַמְּלֵאִים־	מִלָּא 0
	קאשע, מְקֻפַּת גְּרִיסִין, מְקֻפַּת אֹרֶז וְכַדּוֹמֶה)	מִקְפָּה *

1890년 히브리어 부활의 아버지로 불리는 엘리제르 벤 예후다는 히브리어 어학회를 설립했다. 이 자료는 이 어학회에서 만든 1928년 기록물(the Minutes of the Language Committee)에 실린 히브리어 신조어 목록 중 일부다. 오늘날의 삶에 맞는 표현을 만들기 위한 그의 노력이 히브리어 부활에 크게 기여했다. 히브리어 아카데미 소장.

오리어를 모어로 삼았다. 하지만 영국의 식민지였던 뉴질랜드 정부가 19세기 이후 영어 원어민 백인 인구가 늘어나자 마오리족 역시 영어를 쓰도록 여러 정책을 도입했고, 그 결과 1980년대 현황을 보면 영어 사용자가 급증하면서 마오리어 원어민은 20퍼센트까지 급감했다. 학교에서의 영어 사용, 도시화, 핵가족 증가 역시 주된 원인이었다.

마오리어의 소멸을 막기 위해 마오리족 공동체가 나섰다. 우선 이들은 마오리족의 아이가 태어나면 유치원에 다닐 때까지 마오리어를 쓰는 원어민 할머니, 할아버지와 함께 시간을 보내며 마오리어를 익히게 했다. 이것이 곧 1982년부터 시작한 '언어 둥지'Kōhanga Reo 운동이다. 이후 1987년에는 마오리어가 영어와 나란히 공용어로 채택되어 법적인 보호를 받게 되었고, 1989년에는 마오리어 몰입 초중고등학교Kura Kaupapa Māori가 설립되었다. 또한 마오리어를 관리하는 '마오리어 위원회'도 설립되었고, 1990년대 인터넷 보급과 함께 마오리어 웹사이트는 물론 학습 도구의 개발이 이루어졌다. 그리고 마침내 2004년 뉴질랜드 정부 지원을 받아 마오리어 TV방송국이 처음으로 설립되었으며 2008년에는 두 번째 방송국이 역시 정부의 지원을 받아 설립되었다.

마오리어를 부활시키려는 운동은 여전히 진행 중이지만, 이로 인해 마오리어의 소멸을 일단 막았다는 점, 21세기에 들어서면서 점점 사용자가 늘어나고 있다는 점은 매우 고무적이다. 공동체를 유지하고 소멸을 막고 계승시키기 위한 노력의 결과라는 점에서 히브리어 부활 운동과 유사하다고 할 수 있겠다. 마오리족의 언어 둥지 개념은 선주민 언어 소멸이 심각한 미국과 캐나다 등 다른 나라에서 도입하기도 했다.

하지만 우리는 앞에서 영국이 아일랜드에 영어를 보급하면서 아일랜드어 사용을 금지시킨 뒤 훗날 이를 부활시키기 위해 노력했던 일을 살핀 바 있다. 학교 정규 과정의 필수 과목으로 다시 포함시키는 등 국가가 나섰으나 여의치 않았던 것 또한 알고 있다. 이처럼 이미 소멸이 진행된 언어의 부활은 결코 쉬운 일이 아니다. 이런 예는 한국어의 경우에서도 찾아볼 수 있다. 제2차 세계대전이 끝난 후 일본에 사는 한국인들은 조국으로의 귀국을 준비하기 위해 임시 학교를 열어 한국어를 모르는 일본 체류 한국인들에게 한글을 가르쳤다. 이들은 대부분 1년 안에 한국으로 돌아갔지만 일본에 남은 이들도 있었다. 일본에 남은 한국인들은 한국어보다 일본어를 더 많이 사용했고 그들의 후손들은 대개 일본어를 모어로 삼게 되었다. 이들의 '일본어화'를 막기 위한 노력이 없었던 것은 아니다. 특히 조총련이 설립한 학교에서는 엄격하게 한국어 전용을 실시했지만 하교 후 이들이 속한 세계는 일본어 생활권이었고 이 학생들에게 한국어는 학교에서만 사용하는 인공적인 언어가 되고 말았다. 일상생활 속에서 대상 언어를 사용하는 공동체 없이 열정과 명분만으로 언어의 소멸을 막거나 사라져가는 언어를 회복하는 것이 결코 쉬운 일이 아님을 보여주는 사례이기도 하다.

이렇듯 언어 회복의 성공 사례보다 실패 사례가 많은 가운데, 히브리어의 부활과 마오리어의 변화는 소멸된 언어 회복의 중요한 사례이자, 이미 사라진 언어를 다시 복원할 수 있다는 희망의 근거가 되어주기도 한다.

하나의 국어를 강요하지 않은 소비에트 연방의 언어 정책, 하나의 국어를 강요한 스탈린의 언어 정책

국가의 전략적 언어 정책은 다른 식으로 펼쳐지기도 했다. 1917년 러시아에서는 왕정을 몰아내는 혁명을 통해 역사상 최초의 공산주의 국가가 등장했고 1922년에는 러시아와 주변 국가를 통합한 소비에트 연방, 즉 소련이 탄생했다. 레닌1870~1924의 지도하에 새롭게 건설된 소련은 공산주의 이념을 실현하기 위해 고군분투했다. 여러 민족이 함께 국가를 형성했으나 이들에게는 특정 민족에 속하는 대신 혁명 이념에 충실한 '새로운 소련인'을 만드는 것이 무엇보다 중요했다. 교육은 최우선의 당면 과제였다. 당시 소련은 19세기에 형성된 빈부 격차와 20세기 초에 치러야 했던 전쟁으로 대다수 국민들이 문맹이었다. 새로운 소련인을 양성하고 혁명에 참여시키기 위해서는 문맹 퇴치가 급선무였다. 최소한 글을 읽을 줄 알아야 새로운 혁명 이념을 전파하는 것이 가능하기 때문이었다.

그러나 이들은 통일된 하나의 언어를 소련 전체에 배포하는 방법을 선택하지 않았다. 공산주의는 이념상 제국주의를 반대했기 때문에 하나의 국어를 연방의 국가들에게 강요하지 않았다. 대신 각 지역에서 사용하는 민족어를 먼저 가르치는 데 주력했다. 소련의 건국 이념을 사회에서 실천하기 위한 언어 정책을 펼친 것이 매우 흥미롭다. 1924년 정권을 장악한 스탈린1879~1953은 혁명 준비 단계부터 소수민족의 언어에 대한 관심이 있었다. 본인 역시 조지아 출신으로서 조지아어와 러시아어가 모어였다. 그는 일찍이 1913년에 『마르크스주의와 민족 문제』Marxism and the National Question라는 책자에서 다음과 같이 썼다.

"한 민족의 불만은 국가가 통합되지 않은 것이 아니라, 모어를 사용할 수 있는 권리가 없다는 데 있다. 모어의 사용을 허용하면 그들은 만족할 것이다."

그러나 스탈린은 1930년대 후반에 접어들면서 자신의 독재 체제를 구축해 나갔고 이런 기조에 맞춰 1937년부터는 전 소련 지역에 러시아어 교육을 강화하기 시작했다. 특히 제2차 세계대전과 그 직후에 러시아어 교육은 더욱 강조되었다.

그렇다면 이들이 초기에 다민족의 언어 사용을 허용한 것은 무엇 때문이었을까. 아마도 혁명 초기에 혁명에 반대하는 소수민족의 반발을 잠재우기 위한 제스처로 여겨진다. 그러다 1930년대 무렵 권력을 강화하고 집중시키기 위한 일환으로 소수민족을 감시하기 시작하면서 러시아어 보급을 강조하고 나선 셈이다. 소수민족 감시의 첫 사례는 고려인의 강제 이주였다. 고려인은 공산주의 혁명을 지지했으나 스탈린 정권은 고려인을 향한 의심을 거두지 않았다. 이들이 일본에 협조할지도 모른다는 이유 때문이었다. 일본이 만주와 중국을 침략한 이후 이런 의심은 한층 노골적으로 드러났다. 이 때문에 스탈린 정권은 극동 지방에서 중앙아시아로 고려인을 강제 이주시켰다. 처음에는 소규모로 진행되던 강제 이주는 1937년 대규모로 진행되어 약 18만 명의 고려인들이 강제로 이주를 당해야 했다. 이들 중 수만 명이 중앙아시아의 기후에 적응하지 못해 세상을 떠났다.

연방국으로서 존재하되 각 민족의 고유어를 존중한다는 소련의 이상주의적 언어 정책은 오래 지속되지 않았다. 하지만 비록 짧은 기간이긴 하나 제국주의 국가들의 국어 보급 방식 대신 지역어와 민족어를 인정하고 적극적으로 지원한 최초의 사례라는 점에서 소련의 초기 언어 정책은 주목할 만하다.

외국어 전파의 역사는
곧 학습 방법의 변천사

어른도 노력하면 외국어를 잘할 수 있을까? 이 질문은 약 100여 년 전부터 나왔다. 산업혁명과 제국주의로 인해 다른 언어권과의 접촉이 잦아졌다. 강대국의 언어는 신분 상승의 도구로 여겨졌다. 글만이 아닌 말을 배울 필요가 대두되었고, 새로운 학습 방법이 등장하고 사라지고 다시 등장했다. 언어에 부여된 권위는 곧 국가의 힘이었다.

새로운 언어의 발견,
언어학 발전의 원동력이 되다

유럽과 미국의 제국주의로 인해 이루어진 새로운 언어의 '발견'은 결과적으로 언어학 발전의 원동력이 되었다. 동시에 산업혁명으로 인한 과학 기술의 발전 속도가 빨라짐으로써 언어 역시 새로운 관점과 도구로 분석할 수 있게 되었다. 여기에 18세기에 등장한 여러 언어에 관한 문헌을 활용해서 비교하는 연구가 계속되면서 언어의 소리에 대한 관심이 생겼다. 특히 19세기 전반 무렵부터 새로운 커뮤니케이션 도구의 발명에 대한 관심이 커졌는데 1840년에는 전보 기술이, 1870년대에는 전화 기술이 보급되었고, 비슷한 시기에 축음기 개발이 이루어졌다. 이러한 도구들의 등장으로 과거 몇천 년 동안 사용해오던 종이 매체의 시간적 한계를 극복하기 위한 시도들이 이어지면서 말과 소리에 대한 호기심은 더욱 더 증폭되었다. 글자에서 소리로 관심이 이동하면서 그 이전까지만 해도 곧 문헌학을 뜻했던 언어학의 연구 대상 역시 서서히 문헌에서 소리로 이전하기 시작했다.

19세기 초 언어학은 학문 분야로서 계속 발전했다. 18세기 영국인 윌리엄 존스가 영국의 식민지 국가 언어를 접함으로써 평생 새로운 언어 연구에 매진할 수 있었듯 19세기 초 나폴레옹의 이집트 시리아 원정1798~1801 역시 많은 언어학자에게 학문적 동기를 제공했고 이로 인해 언어학 연구는 매우 활발하게 진행이 되었다.

1799년에 프랑스군은 기원전 196년에 제작된 비석으로 알려진 로제타석을 발견했다. 이집트의 상형문자와 민중문자, 고대 그리스어가 기록된 이 비석의 발견 이후 고대 문자에 대한 관심이 확산되었고 문자의 체계는 언어학의 중요 연구 대상이 되었다. 고대 언어 학자들이 이 비석에 매달려 그 내용을 해독하려고 했지만 쉽지 않았다. 1810년 영국인 토머스 영Thomas Young, 1773-1829의 연구에 다소 성과가 있었지만 해독에 성공한 것은 1822년 프랑스인 장 프랑수아 샹폴리옹Jean-François Champollion, 1790~1832에 의해서였다. 최초 발견 후 약 25여 년이나 걸린 셈이었다. 영과 샹폴리옹은 라틴어와 고대 그리스어를 비롯한 다른 고전어는 물론 다양한 외국어까지도 잘 알고 있었다. 언어 전반에 대한 그들의 깊은 조예는 로제타석의 문자를 해독하는 데 큰 도움이 되었다. 19세기의 언어학은 기본적으로 여러 언어의 독해력을 요구했다. 역사적 자료, 문학 작품, 종교 관련 문헌 등을 읽으며 새로운 내용을 찾아내야 했기 때문에 해당 문헌에 대한 고도의 독해력이 필요했다.

　　25년여에 걸쳐 로제타석 연구에 집중적으로 매달린 샹폴리옹은 그 해독의 결과를 1824년 『이집트 상형문자 체계 요약』Précis du système hiéroglyphique des anciens Égyptiens에 담아 출간했다. 샹폴리옹의 이 책은 현대 이집트학의 출발점이 되었을 뿐만 아니라 외국어 전파사의 중요한 업적 중 하나로 꼽힌다. 이를 기점으로 고대 문자 연구는 오늘날까지도 활발하게 이어져 오고 있다.

　　하지만 20세기 후반부터 언어학은 샹폴리옹의 시대와 달리 이론적 연구가 주류를 차지했다. 여러 언어의 독해력은 19세기에 비해 중요시되지 않았다. 연구자들에게 다양한 외국어 실력을 요구하는 풍토도 거의 사라졌다. 그렇다면 언어학에서 필요로 했던 주요 연구 언어는 무엇일까? 다름아닌 영어다. 영어의 패권이 강해지면서 일어난 현상으로 비단 언어학에만 국한된 일은 아니다. 따져 보자면 대부분 학문 연구의 현실이기도 하다.

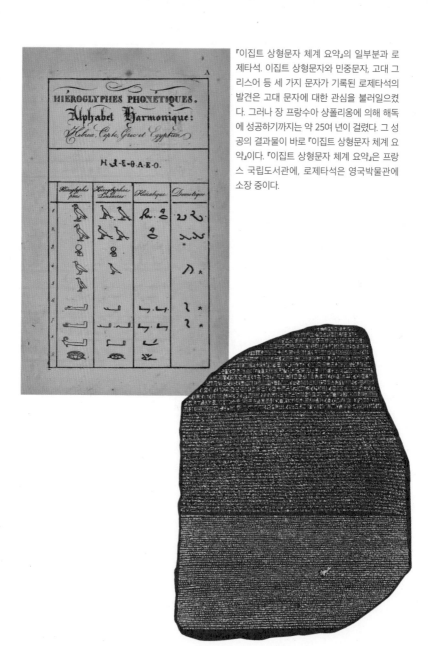

『이집트 상형문자 체계 요약』의 일부분과 로제타석. 이집트 상형문자와 민중문자, 고대 그리스어 등 세 가지 문자가 기록된 로제타석의 발견은 고대 문자에 대한 관심을 불러일으켰다. 그러나 장 프랑수아 샹폴리옹에 의해 해독에 성공하기까지는 약 25여 년이 걸렸다. 그 성공의 결과물이 바로 『이집트 상형문자 체계 요약』이다. 『이집트 상형문자 체계 요약』은 프랑스 국립도서관에, 로제타석은 영국박물관에 소장 중이다.

───── **문자에서 소리로,**

언어를 배우려는 이들의 관심 대상의 변화

19세기 말 언어학의 관심 대상은 근본적으로 변화했다. 말과 소리에 대한 호기심은 더욱 더 증폭되었다. 글자에서 소리로 관심이 이동하면서 언어학의 연구 대상 역시 서서히 문헌에서 소리로 이전하기 시작했다. 그 이전까지만 해도 언어학은 곧 문헌학을 뜻했으나 언젠가부터 자연스럽게 음성학으로 대체되었다. 언어와 언어 사이에 서로 소리가 다르다는 것에 대한 호기심, 실제의 소리와 그것을 표기하는 문자 사이의 불일치에 대한 관심은 이전에도 있었으나 과학적으로 소리를 분석하고 이를 두고 학자들끼리 연구 내용을 바탕으로 교류가 이루어진 것은 19세기 후반부터였다.

언어의 소리 연구를 대표하는 학문 분야는 각 언어의 음성체계를 연구하는 음성학이다. 음성학의 관심은 언어와 언어 사이는 물론 하나의 언어를 이루고 있는 다양한 소리를 파악하고 분류하는 데 있다. 따라서 음성학의 연구는 문헌을 통해 소리를 파악하는 것이 아니라 직접 사람을 만나서 채집하는 방식을 사용한다. 채집 매체는 종이에서 아날로그식 녹음기로 그리고 20세기 말부터 등장한 여러 디지털 매체를 활용하는 방식으로 계속 변했지만 이런 매체들의 공통점은 그 언어의 원어민을 직접 만나 소리를 채집한다는 것이다.

한국에서 출간된 거의 모든 외국어 사전은 단어마다의 발음을 국제음성학회International Phonetic Association가 규정하는 국제음성기호IPA로 표기하고 있다. 음성학이 발달하면서 학자 사이에 표준 표기 방식이 필요하다는 공감대가 형성되었고 여러 회의를 통해서 그 표준 표기 방식이 1888년에 발표되

04

외국어 전파의 역사는 곧 학습 방법의 변천사

있다. 그것을 토대로 이후 새로운 소리가 발견될 때마다 수정을 거듭해왔는데 이 표기 방식을 관리하는 기구가 바로 국제음성학회이다.

국제음성기호는 프랑스 언어학자인 폴 파시Paul Édouard Passy, 1859~1940 의 지도하에 2년 간 연구가 이루어졌는데 그 이전에 덴마크의 유명한 영어 문법학자인 오토 에스페르센Jens Harry Otto Jespersen, 1860~1943의 역할도 큰 기여를 했다. 기호 자체는 영국의 유명한 음성학자인 헨리 스위트Henry Sweet, 1845~1912 가 영어 발음을 정확히 표기하기 위해 개발한 '로마자식 알파벳'Romic Alphabet 을 빌린 것인데 이는 영어의 수많은 표기 개혁안 중 하나로 그 이전까지는 전혀 활용되지 않았다. 국제음성기호는 발표 이후 학문의 발전에 따라 몇 차례 수정을 거듭해 오늘날의 국제적 표준이 만들어졌다. 언어학 연구 이외에도 외국어 사전에 활용되는 등 외국어 학습에 중요한 역할을 하고 있다.

소리에 대한 음성학 연구 성과 중 흥미로운 것 하나를 꼽자면 청각 장애인 교육을 위한 '보이는 음성'visible speech이라는 문자를 들 수 있다. 전화를 발명한 그레이엄 벨1847~1922의 아버지인 멜빌 벨1819~1905은 1867년에 목과 혀 그리고 입술의 위치와 동작을 보여주는 '보이는 음성' 문자를 발표했다.

이 문자는 발표 당시 호평을 받아 청각 장애인 교육에 보급은 되었지만 배우기가 어려워 1880년대부터 점차 쇠퇴하다가 오늘날에는 거의 사용하지 않게 된 것으로 알려져 있다. 하지만 쇠퇴의 실상은 배우기 어려워서가 아니었다. 19세기 초부터 보급된 수화의 효율성을 주장하는 학자와 단체들이 청각 장애인에게 말하기를 교육하면 그들에게 정신적 피해를 끼칠 수 있다며 '보이는 음성' 문자를 활용한 교육에 반대한 것이 쇠퇴의 가장 큰 원인이었다.

'보이는 음성' 문자가 흥미롭다고 한 것은 이것이 한글처럼 개별 문자

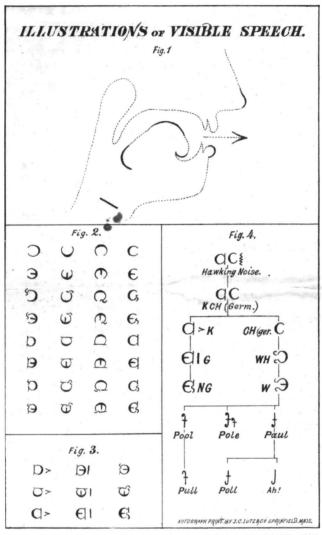

1867년 멜빌 벨이 발표한 '보이는 음성'은 문자 모양에 입과 혀의 위치를 반영하는, 청각 장애인을 위한 문자다.

에 음성학 정보를 담은 창작 문자라는 점 때문이다. 알려져 있듯 한글에는 음성학 정보가 포함이 되어 있고 바로 이런 특징 때문에 세계 여러 문자 중 가장 과학적인 문자로 인정받고 있다. 한글이 '보이는 음성' 문자보다 약 400여 년이나 일찍 창제된 것 역시 그 과학성과 우수함을 입증한다.

——— 언어학자들,
사라져가는 언어에 관심을 갖다

언어학이 발전하면서 학계에서는 북미 지역 선주민의 언어에 대한 관심이 높아졌다. 하지만 19세기 말 미국 제국주의가 선주민들에게 강제로 영어 교육을 시키면서 그들의 모어는 거의 사라진 것이 현실이었다. 1820년경 파생된 체로키Cherokee족의 언어를 로마자로 작성한 것을 제외하고는 거의 대부분 선주민들의 언어는 소멸되었고 문자가 없던 까닭에 그 소멸 속도는 더욱 빨라졌다. 이런 상황에서 언어학자들은 쇠퇴해가는 언어를 조금이라도 기록으로 남기기 위해 선주민들을 찾아다니며 그들의 말을 채집하고, 데이터를 분석했다.

선주민 언어의 기록으로 가장 유명한 사람은 인류학자인 프란츠 보아스Franz Boas, 1858~1942다. 독일 출신인 보아스는 독일 킬 대학교에서 박사 학위를 받은 뒤 1887년 미국으로 이민, 1899년 컬럼비아 대학교의 교수가 되었다. 그는 인류학을 연구하면서 수많은 선주민 언어를 채집했고 학생들에게는 현장 연구의 중요성을 가르침으로써 미국 인류학의 연구 틀을 만들었다. 그러나 그의 가장 중요한 업적은 '문화 상대주의' 이론을 정립한 것이다. 그의 이론에 따르면 모든 문화는 평등한 관계에 있다고 할 수 있는데 이는 모든 언어가 평등한 관계에 있다는 '언어 상대주의' 이론에 영향을 미쳐 현대 언어학 이론의

LI

AME

chiefly within the pr

From Annua

북미 선주민의 언어 분포를 그린 지도다. 1890년 '미국민족학국'(Bureau of American Ethnology)의 여러 언어 조사 결과를 토대로 제작한 것이다.

미국민족학국은 선주민의 언어, 풍습, 일상 등을 인류학적 관점에서 기록하기 위해 1879년 설립한 미국 정부 기관이다. 이곳에서는 직접 고용한 인류학자를 통해 조사를 진행하는 한편 프란츠 보아스 같은 외부 학자에게도 조사 사업을 의뢰했다.

지도에서 각 언어권은 색에 따라 크게 구분이 되는데, 자세히 보면 크게 보이는 색 외에도 여러 언어권이 여럿 분포되어 있음을 알 수 있다. 선주민들의 언어가 얼마나 다양했는지를 알 수 있는 자료다. 오늘날에도 약 260여 개의 선주민 언어가 남아 있다고 하지만 이미 그 언어를 사용하는 원어민들의 대부분은 고령화가 되어 소멸 위기에 빠진 언어들이 매우 많은 것이 현실이다. 미국 국회도서관 소장.

SMITHSONIAN INSTITUTION
BUREAU OF AMERICAN ETHNOLOGY
BULLETIN 40

HANDBOOK OF
AMERICAN INDIAN LANGUAGES

BY

FRANZ BOAS

PART 2

WITH ILLUSTRATIVE SKETCHES

By EDWARD SAPIR, LEO J. FRACHTENBERG,
AND WALDEMAR BOGORAS

WASHINGTON
GOVERNMENT PRINTING OFFICE
1922

CONTENTS 5

		Page
§§ 25–115. Morphology—Continued.		
§§ 33–83. I. The verb—Continued.		
§§ 73–83. 6. Nominal and adjectival derivatives—Continued.		
§§ 79–82. Nouns of agency—Continued.		
§ 81. Nouns of agency in -wū́, -wū́⁰		209
§ 82. Nouns of agency in -xi		210
§ 83. Forms in -t´gu		210
§§ 84–102. II. The noun		210
§ 84. Introductory		210
§§ 85, 86. 1. Nominal stems		214
§ 85. General remarks		214
§ 86. Types of stem formation		215
§§ 87, 88. 2. Noun derivation		221
§ 87. Derivative suffixes		221
§ 88. Compounds		225
§ 89. 3. Noun-characteristics and pre-pronominal -x-		227
§§ 90–93. 4. Possessive suffixes		231
§ 90. General remarks		231
§ 91. Terms of relationship		232
§ 92. Schemes II and III		235
§ 93. Possessives with pre-positives		237
§§ 94–96. 5. Local phrases		241
§ 94. General remarks		241
§ 95. Pre-positives		242
§ 96. Postpositions		243
§§ 97–102. 6. Post-nominal elements		246
§ 97. General remarks		246
§ 98. Exclusive -t´a		246
§ 99. Plural -t´an (-kan, -k´an)		247
§ 100. Dual -dil		249
§ 101. -wī´⁰ every		249
§ 102. Deictic -ta´		250
§§ 103–105. III. The pronoun		251
§ 103. Independent personal pronouns		251
§ 104. Demonstrative pronouns and adverbs		252
§ 105. Interrogative and indefinite pronouns		254
§§ 106–109. IV. The adjective		255
§ 106. General remarks		255
§ 107. Adjectival prefixes		256
§ 108. Adjectival derivative suffixes		258
§ 109. Plural formations		262
§§ 110, 111. V. Numerals		264
§ 110. Cardinals		264
§ 111. Numeral adverbs		266
§§ 112–114. VI. Adverbs and particles		267
§ 112. Adverbial suffixes		267
§ 113. Simple adverbs		270
§ 114. Particles		272
§ 115. VII. Interjections		278
§ 116. Conclusion		281
Appendix A: 1. Comparative table of pronominal forms		284
2. Scheme of seven voices in six tense-modes		285
3. Forms of na(g)- "say, do"		286
Appendix B: Specimen texts with analysis		291

e of HE corresponding in pitch to the unaccented *e-* vowels of the Takelma, the *i* of DID resembling in its rise above the normal pitch the *a'*, and the *o* of GO sinking like the *i* of the interrogative particle.[1] If the normal level of speech be set at A, the two forms just considered may be musically, naturally with very greatly exaggerated tonal effect, represented as follows:

The "rising" pitch (≈) is found only on long vowels and short or long diphthongs. The rising pitch is for a long vowel or diphthong what the raised pitch is for a short vowel or shortened diphthong; the essential difference between the two being that in the latter case the accented vowel is sung on a single tone reached without an intermediate slur from the lower level, whereas in the case of the rising pitch the affected vowel or diphthong changes in pitch in the course of pronunciation; the first part of the long vowel and the first vowel of the diphthong are sung on a tone intermediate between the normal level and the raised pitch, while the parasitic element of the long vowel and the second vowel (*i* or *u*) of the diphthong are hit by the raised tone itself. It is easy to understand that in rapid pronunciation the intermediate tone of the first part of the long vowel or diphthong would be hurried over and sometimes dropped altogether; this means that a long vowel or diphthong with rising pitch (*ā*, *aī*) becomes a short vowel or shortened diphthong with raised pitch (*a'*, *a'ī*).[2] Diphthongs consisting of a short vowel +*l*, *m*, or *n*, and provided with a rising pitch, ought, in strict analogy, to appear as *añ*, *al*, *añ*; and so on for the other vowels. This is doubtless the correct representation, and such forms as:

nañk' he will say, do
gwalt' wind
dasmayañ he smiled
wulx enemy, Shasta

were actually heard, the liquid or nasal being distinctly higher in pitch than the preceding vowel. In the majority of cases, however,

<hr>

[1] It is curious that the effect to our ears of the Takelma declarative *heíeĕ'ě* of an interrogative DID YOU SING? while conveying the effect of an interrogative *heíeĕ'ě*di is that of a declarative YOU DID SING. This is entirely accidental in so far as a rise in pitch has nothing to do in Takelma with an interrogation.

[2] A vowel marked with the accent ˈ is necessarily long, so that the mark of length and the parasitic vowel can be conveniently omitted.

the liquid, nasals, semivowels, and *h* never appear, or with very few exceptions, as the first members of initial combinations, it was not considered necessary to provide for them in the horizontal row. Similarly the tenues and fortes never occur as second members of initial combinations. A dash denotes non-occurrence.

	t'	*t'*	*k'*	*s*	*x*
h	t'bagā-hū	—	—	*sbin* beaver	?
d	—	—	—	*x'dā'x'a dapaw-* put on style	*xdēlt'* finite
g	t'gēib-roll	—	—	*sgi'si* coyote	
gw	t'gwa' thunder	—	—	*sgwīsi* raccoon	
s	—	—	—		
x	—	—	—		
l	—	—	—		*xīlā'* war feathers
m	t'mīlā'pā smooth	—	—	*smalm-* smile	?
n	—	—	—	*s'nā* minnow!	*xn'ī'* scorn much
y	—	—	—		
w	t'wap/ut'wap'-blink	[k'̉ʷ a-s g w- awaken]	—	*swat'g-* pursue	?

It will be noticed that only *t'* (*p'* and *k'* were given mainly for contrast) and the two voiceless spirants *s* and *x* combine with following consonants (*k'ʷ w-* is not to be analyzed into *k' +w*, but is to be regarded as a single consonant, as also *gw-* and *k'w-*, both of which frequently occur as initials); furthermore that *s*, *x*, and *y* never combine with preceding consonants. The general law of initial combination is thus found to be: tenuis (*t'*) or voiceless spirant (*s*, *x*) + media (*b*, *d*, *g*) or voiced continuant (*l*, *m*, *n*, *w*).[1] Of the combinations above tabulated, only *t'b-* *t'g-*, *sb-*, *sg-*, and perhaps *sgw-* and *sw-*, can be considered as at all common, *t'm-*, *t'w-*, *sd-*, *sn-*, *xd-*, *xl-*, and *xn-* being very rare. *sl-*, *sb-*, *xm-*, and *xw-* have not been found, but the analogy of *xl-* for the first, and of *sb-*, *sm-*, and *sw-* for the others, make it barely possible that they exist, though rarely; there may, however, be a distinct feeling against the combination *x* + labial (*b*, *m*, *w*).

Only two cases have been found of fortis or media + consonant:

t!wep!e't!wapx they fly about without lighting; future *dwep'-dwa'pxda*

[1] This may possibly serve to explain why the affricative *ts* (to correspond to *tc*!) is not found in Takelma.

선주민 언어의 기록으로 가장 유명한 인류학자이자, 미국 인류학의 아버지로 불리는 프란츠 보아스가 1911년 출간한 『미국 선주민 언어 안내서』의 일부분이다. 소개한 부분은 왼쪽부터 속표지, 차례, 오리건주 선주민 언어 타켈마(Takelma)어 발음과 억양 설명, 자음 설명 등이다. 캘리포니아 대학교 로스앤젤레스 도서관 소장.

근본이 되었다.

───── 언어의 표준 발음은
누가 어떻게 정하는 걸까?

이 당시의 언어학자들은 외국어나 소멸 위기에 처한 소수민족의 언어 뿐만 아니라 모어의 소리에 대해서도 관심을 가졌다. 지배계층에 속한 학자들은 각 지역의 방언을 표준화할 필요가 있다고 여겼는데 이들의 이런 생각은 17세기 사전의 편찬과 문법 참고서 출간을 중심으로 삼았던 모어의 표준화 정책으로부터 이어져 내려온 것이다. 이들은 표준 발음을 보급시키기 위해 현장에 나가서 여러 방언의 현황을 연구했다. 예를 들면 19세기 말에 독일 언어학자인 게오르크 벤커Georg Wenker, 1852~1911는 독일 전 지역의 발음 조사를 통해 약 10년간 4만 5,000장의 설문지를 모았다. 그 결과는 벤커의 사망 후인 1926년 출간되었고 1956년까지 꾸준히 활용되었다. 또한 독일어를 연구한 영국 언어학자인 조지프 라이트Joseph Wright, 1855~1930는 옥스퍼드 대학에서 비교언어학 교수로 있으면서 영어의 방언을 자세히 기록하고 1898년부터 1905년에 걸쳐 『영국 방언사전』The English Dialect Dictionary을 총 여섯 편으로 출간했다.

언어의 표준 발음을 정하는 것은 문법을 정리하는 것보다 어렵다. 언어의 표준 발음을 정할 때 지배계층의 꼭대기에 있는 귀족과 왕실의 발음을 기준으로 삼는 것이 일반적이긴 했지만 그들의 발음은 대중들과는 엄연히 달랐다. 때문에 귀족과 왕실의 발음을 표준으로 삼는 것이 그들에게는 자연스러울 수 있으나 대중들에게는 낯설거나 어색할 수 있다. 그럼에도 불구하고 대부분 한 나라의 표준 발음, 즉 표준어는 초기에는 소수의 귀족과 상류층이 사용하는 것이었고 차츰 변화하여 런던·파리·도쿄 등 각국 수도에 거주하는 중산층의 발음이 그 나라의 표준 발음이 되었다. 이는 일제강점기에 정한 한국 표준어의 정의에도 그대로 적용되었다. 한국 표준어의 정의는 초기에는 "현재 중류 사회에서 쓰는 서울말"이었다가 오늘날에는 "교양 있는 사람들이 두루 쓰는 현대 서울말"로 바뀌기는 했으나 그 의미는 대동소이하다. 물론 대학 교육이 일반화된 오늘날 "교양 있는 사람"이 반드시 중산층을 지칭하는 것은 아니지만 일제강점기에 "중류 사회"란 곧 중산층을 의미했고, 이는 곧 표준어에 내포된 엘리트주의 발상을 반영하고 있다고 할 수 있다.

이렇게 정해진 모어의 표준 발음은 외국어 교육에까지 영향을 미쳤다. 문화적 다원성이 강해진 21세기에 접어들면서부터 외국어의 표준 발음에 대한 관심은 줄어들고 있지만 19세기 말부터 20세기 내내 '런던의 영어'나 '파리의 프랑스어' 또는 '도쿄의 일본어'가 뚜렷한 표준이었다. 즉 한국에서 학생들을 가르치는 원어민 영어 교사가 런던이 아닌 영국의 지역 출신이라면, 그의 발음과 억양에 지역색이 강하다면 한국인들은 그에게 영어를 배우고 싶어 할까? 소위 표준어가 아닌 방언 사용자라면 따라서 표준 발음과 다르다면 그는 어느 나라에서나 교단에 설 수 있는 가능성이 매우 희박하다.

20세기 중반부터 범람하듯 쏟아져 나온 학습용 카세트 테이프와 비디오 테이프 등을 비롯한 온갖 멀티미디어 학습 교재는 지극히 당연하게 표준 발음을 기준으로 제작, 배포되었다. 공신력을 갖추기 위해 반드시 필요한 조치였다. 이 때문에 웃지 못할 해프닝도 일어났다. 미국은 표준 발음을 별도로 지정하고 있지 않다. 다만 언어학에서는 미국의 중북부에서 서부까지 걸쳐 있는 넓은 지역의 방언을 '일반 미국 영어'General American English라고 지정하고 있을 뿐이다. 그런데 미국 방송에서 가장 많이 사용하는 중북부 방언으로 제작된 『미시간 액션 잉글리쉬』*Michigan Action English*라는 영어 교재를 두고 '미시간주 발음이야말로 미국의 표준 발음이며, 이 교재가 그것에 기초해 만들어졌다'고 알려지면서 1980년대 한국에서 널리 판매된 것이다.

─── 외국어 교육,
글이 아닌 말을 중심으로!

19세기 말부터 부쩍 높아진 발음에 대한 관심은 말의 중요성을 발견했기 때문에 일어난 현상이다. 이로 인해 글 중심이 아닌 말 중심의 언어학이 발전하기 시작했고 전혀 다른 관점에서의 외국어 교육에 대한 관심이 커졌다. 때맞춰 앞에서 다룬 산업혁명으로 철도와 배를 중심으로 하는 교통 수단이 단기간에 획기적으로 개발, 발전되었다. 이러한 인프라의 발달로 국가 간 교류는 훨씬 편리해지고 빈번해졌으며 산업혁명의 또다른 영향으로 국가마다 새로운 부를 창출하는 부르주아지들이 대거 등장했다. 이들의 소비 능력은 이전 시대와는 비교할 수 없을 만큼 향상되었다.

이때까지만 해도 대부분의 부르주아지들이 학교에서 외국어를 배우는 것은 보편화되지 않았다. 배운다고 해봐야 여전히 19세기 초에 형성한 문법 중심의, 문장을 번역하는 방식의 교수법이 대세였다. 때문에 외국어를 배웠다고 해도 정작 해당 외국인과 자유자재로 대화를 할 수 있는 이들은 극히 일부분에 그쳤다.

하지만 더 이상 이렇게 글로만 교류할 수는 없었다. 필요는 수요를 창출한다. 산업혁명으로 국가 간 교류가 늘어나고 대거 등장한 부르주아지들이 외국인들과 직접 소통해야 하는 필요는 갈수록 늘어났다. 이렇게 대두된 말의 중요성은 외국어 교육산업의 발전을 크게 촉진시켰다. 물론 제1장에서 다룬 홀리밴드의 사례처럼 이미 16세기에 학원을 통해 외국어 교육이 이루어진 적도 있고 개인 교습을 통해 활발한 학습이 이루어지기도 했으나 이것은 어디까지나 일부분에 한정한 것이다. 널리 확산되지 않았고 나아가 대중화되지도 못했다.

19세기 말은 달랐다. 말을 중심으로 하는 외국어 교육을 소비할 수 있는 인구가 급속도로 늘어났고 이로 인해 외국어 교육을 위한 시장이 본격적으로 형성되기 시작했다. 이때부터 오늘날의 학원과 같은 사설 외국어 학교도 등장했고 자연스럽게 학습 교재와 사전 등의 출판이 활발해졌다. 정규 교육 과정인 학교에서 배운 글 중심의 외국어가 실제 외국인들과의 의사소통에 큰 도움이 되지 않자 글 중심이 아닌 말 중심의 외국어를 배우려는 이들이 갈수록 늘어났고 이들의 수요를 충족시키기 위한 시장이 갈수록 확대된 것이다.

외국어 교육이 산업, 즉 시장의 영역으로 들어오면서 외국어 학습의 내용은 본격적으로 분리되었다. 하나는 읽거나 쓰기를 중심으로 하는 것이고 다른 하나는 말하고 듣기를 중심으로 하는 것이었다. 그 이전까지만 해도 외국어 학습은 곧 읽고 쓰는 것이었는데 말하고 듣는 외국어 학습으로 그 영역이 확장되면서 뜻밖의 상황이 펼쳐졌다. 외국어를 배우는 데 마치 두 갈래의 영역이 따로 존재한다고 여기게 된 것이다. 이 두 갈래는 외국어를 가르치고 배우는 현장에서 새로운 갈등을 드러냈다. 외국어를 배우겠다는 이들에게는 '외국어를 왜 배우는가? 학문을 위한 도구인가? 실용적인 필요인가?'라는 질문이 따라 붙었다.

이런 질문은 전 세계적으로 유사한 현상을 야기했다. 특히 대학의 외국어 교육 현장에서 나타났는데 이는 뜻밖에도 일종의 위계를 형성했다. 외국어가 말과 글로 구분되면서 외국어에 대한 교수들의 일반적인 인식이 드러났다. 그들은 대부분 외국어를 텍스트를 읽기 위한 장치로, '학문'을 위한 도구로 생각해왔다. 따라서 '문학은 학문이지만 어학은 학문이 아니라'고 여겨왔다. 외국어 교육 현장에서 이것은 아주 오래전부터 드러난 문제다. 단순히 학문과 비학문, 어학과 문학이라는 이분법으로 설명할 수 없다. 학문적 가치와 실용성에 대한 인식의 차이가 엄연히 존재하고 있고 이러한 정체성의 갈등으로 인해 많은 논쟁이 오늘날까지도 이어지고 있다.

이러한 논쟁은 필연적으로 갈등을 불러왔고 여전히 속시원한 해결책은 보이지 않는다. 학생들이 현장에서 직접 사용할 수 있는 '말'을 배우고 싶다는 요구를 적극적으로 드러낼지언정 학제의 변화는 요원하다. 또한 이런 견고한 인식은 앞서 말한 위계로 드러난다. 학생들의 요구를 수렴하여 대부분의 학교가 내놓은 개선책은 주로 원어민 강사의 확보였다. 원어민 강사의 채용을 늘리는 것은 자연스럽게 외국어를 습득할 수 있는 환경을 마련하자는 취지의 일환이다. 하지만 원어민 강사를 통해 이루어지는 외국어 학습은 실용적인 말하기와 듣기에 치우쳐 있고 학교는 이들에게 문학 또는 인문학 중심의 학문 탐구를 기대하거나 요구하지는 않는다. 또한 같은 외국어를 가르치긴 하지만 문학이나 인문학 관련 과목 강의 등 텍스트를 주로 읽는 강의에는 교수급 교원이 배치되고, 말하기 듣기 관련 강의에는 강사급 교원이 배치되는 일이 빈번하게 일어났다. 신분과 대우를 비롯한 모든 면에서 안전한 지위를 보장받는 소수의 몇몇 교수급 교원들이 소위 학문의 영역에 속하는 문학 관련 강의를 전담하고, 어학 관련 강의는 학문 외의 영역에 속하는 것으로 치부되어 강사급 교원을 주로 배치하는 식이다. 고용의 권한을 둘러싼 엄연한 권력 관계 작동의 결과다.

전 세계적으로 영어 교육이 시작된 이후 말을 배우려는 사회적 요구가 대두되기 시작했으나 공교육은 그런 요구에 발 빠르게 대응하지 못했다. 말을 배우고 싶다는 사회적 요구와는 달리 교육 현장에서는 여전히 기존의 문법 중심의 독해 위주 교육을 유지했다. 그러자 사람들은 학교 교육과는 별개로 사설 어학원이나 학원 등을 통해 자신들의 필요를 채워야 했다. 학교 교육과정 이외의 추가 교육을 받아야 했던 것이다.

19세기 말까지만 해도 이런 현상은 큰 문제로 여겨지지 않았다. 그러나 20세기 중후반으로 접어들면서 영어 구사 능력은 많은 나라에서 진학과 취업 등을 위해 반드시 갖춰야 할 조건으로 대두되었다. 이로 인해 영어는 사교육 시장의 주요 과목으로 부각되었고 공교육 바깥에서 별도의 비용을 치르며 영어 교육을 받는 이들이 급증했다. 이는 곧 근본적으로 불평등한 사회 현상을 야기했고 이를 둘러싸고 숱한 논쟁이 벌어졌다.

──── 외국어를 가르친다면
몇 살부터?

외국어 교육을 둘러싼 갑론을박의 대상은 더 있다. 몇 살부터 외국어를 정식 교육 과정에 포함시킬 것이냐를 두고도 논쟁은 일어난다. 1990년 전후 불어닥친 글로벌화의 영향으로 한국에서는 1995년경 초등학생들에게 영어를 가르치기로 했다. 당시 나는 일본에 있었다. 한국에서 초등학생들에게 영어를 가르치기로 결정했다는 사실을 알게 된 일본은 덩달아 뜨거운 논쟁에 휩싸였다. 조기 영어 교육에 관한 찬반 입장이 충돌했다. 찬성하는 쪽에서는 일본 학생들이 국제무대에서 한국 학생들에게 밀리면 안 되니 조기 교육을 서둘러 시작해야 한다고 주장했다. 글로벌화하는 세계 정세에 발맞추기 위해서는 국제 공통어의 역할을 하고 있는 영어 교육이 필수이고 일찍 시작하면 할수록 그 학습효과가 극대화된다는 입장이었다. 반대 쪽 주장도 만만치 않았다. 영어를 가르치기 위해서 다른 과목의 학습 시간을 줄이는 결과를 초래할 수 있다는 것이 가장 설득력 있는 반론이었다. 영어 과목을 추가한다고 해서 전체 학습 시간을 늘릴 수는 없는 일이었다. 따라서 기존 과목의 학습 시간을 쪼개서 영어를 가르쳐야 하는 현실적인 문제에 주목한 반론이었다. 일본어에는 한자가 많아 어린 학생들이 쉽게 습득하기 어려운 만큼 학습 시간을 그에 맞게 충분히 할애를 해야 하는데 이에 대한 대안이 마땅치 않았다. 이런 논쟁을 거쳐 결국 일본에서도 초등학생이 단계적으로 영어를 배우기 시작하긴 했지만 그것은 한참 지난 2000년대 중반 무렵부터였다.

이런 식으로 영어 교육을 둘러싼 갈등은 복합적으로 드러났다. 얼핏 소모적으로 보이는 말과 글의 위계 갈등이 불거졌고, 공교육 바깥에서 영어 교육을 받을 수 있느냐 없느냐를 둘러싼 불평등 문제에다 몇 살부터 가르칠 것이냐로까지 번져나갔다.

───── **문법 중심 외국어 교육을 향한 비판에서 시작한**
외국어 교육 혁신 운동

19세기 말 각 국가마다 외국어 교육을 둘러싼 새로운 시장이 형성되면서 정규 교육 과정의 외국어 교육 방식에 대한 비판이 커졌다. 이 가운데 외국어 교육의 전면적 혁신을 부르짖은 프랑수아 구앵François Gouin, 1831~1896의 호소와 비판은 매우 큰 반향을 불러일으켰다. 프랑스에서 라틴어 강사를 했던 구앵은 독일어를 현지에서 배우고 싶어서 1년 동안 휴직을 하고 함부르크에 가서 독일어를 독학하기 시작했다. 그는 자신이 라틴어를 공부했던 방법 그대로 외국인을 위한 문법책을 중심으로 약 1년여 동안 독일어를 열심히 공부했다. 하지만 문법 공부를 열심히 한 것만으로는 독일인들과 독일어로 대화하는 것이 불가능했다. 프랑스로 돌아간 그는 떠나기 전 두 살이었던 자신의 조카가 지난 1년여 동안 프랑스어에 익숙해진 것을 보며 아이의 언어 습득 능력에 대해 관심을 갖기 시작했고 이후 계속해서 조카의 언어 발달 과정을 지켜보았다.

자신의 독일어 학습 실패의 경험과 조카의 언어 발달 과정의 관찰을 토대로 그는 '시리즈 교수법'을 개발하기에 이르렀고, 이를 바탕으로 『새로운 어학 교수법에 대한 설명 : 언어 교수와 공부법』Expose d'une nouvelle methode linguistique: L'art d'enseigner et d'etudier les langues이라는 책을 집필, 1880년에 출간했다.

그는 이 책을 통해 대상 외국어를 대화 중심으로 배우는 것을 강조했고 문법 설명은 전면 배제했다. 그 구성 역시 당시로서는 매우 독특했다. 일상생활을 약 50개의 상황, 즉 시리즈로 구분한 후 각 상황 안에 50~60개의 테마를 배치했다. 각 테마별로는 약 25여 개의 문장으로 구성된 대화를 만들어 각 시리즈별로 보면 1,250여 개의 문장을 익힐 수 있게 했다. 50개의 시리즈를 모두 합하면 약 6~10만여 개의 문장을 담은 셈이다. 이 교재를 통해 학습할 때는 강사가 먼저 모어로 설명하고 대화를 읽은 다음 학습자가 연습하도록 했는데 이때의 연습은 단순한 암기가 아닌 역할극과 같은 활동을 통해 문장을 자연스럽게 익히는 데 주안점을 두었다. 1892년에 영어 번역판이 출간되기도 한 이 책은 정작 프랑스에서보다는 독일에서 더 큰 관심을 받았다.

독일의 언어학자 빌헬름 비에토르Wilhelm Viëtor, 1850~1918는 언어학 이론을 토대로 독일 학교의 외국어 교육을 비판하는 『외국어 수업은 거꾸로 가야 한다』Der Sprachunterricht muss umkehren!라는 책을 1882년에 출간했는데 워낙 비판의 강도가 센 탓에 본명 대신 '쿠오우스쿠에 탄뎀'Quousque Tandem이라는 라틴어 명언을 필명으로 사용했다. 로마 공화정의 수호자라 할 수 있는 키케로가 정치 신인이었던 시절 정계의 풍운아 카틸리나를 공격하며 사용한 문장으로 한국어로는 '대체 언제까지'쯤으로 해석이 된다. 그의 필명으로 미루어 보아 비에토르가 지루한 문법 중심 외국어 교육에 대해 비판적 태도로 문제를 제기하고 있음을 알 수 있다. 비에토르 역시 구앵과 마찬가지로 외국어 교육은 말하기부터 시작해야 한다고 주장했지만 그가 더 강조한 것은 발음 연습이었다. 이 책은 유럽 전역으로 퍼져 나갔고 이로 인해 바야흐로 외국어 교육 혁신 운동이 시작되었다.

변화는 동시다발적으로 일어났다. 영국에서는 헨리 스위트가 음성학적 입장에서 외국어 교육을 혁신할 것을 호소했고 자신의 주장을 1899년에 출간한 『언어의 실용적 공부』The Practical Study of Languages에 정리했다. 외국어 학습은 발음부터 시작해 문법과 번역을 적절히 활용하면서 말하기 학습으로 확장해야 한다고 주장한 그는 수업 시간에 학습자의 모어를 사용해도 되고 교실 언어보다 확실한 발음 교육을 토대로 한 말하기 교육이 우선이라고 강조했다. 하지만 스위트는 한편으로 "좋은 교수법은 우선 종합적이고 절충적이 되어야 한다"며 교수법 관련해서 현실적 태도를 보이기도 했다. 역시 『언어의 실

DER
SPRACHUNTERRICHT
MUSS UMKEHREN!

EIN BEITRAG
ZUR
ÜBERBÜRDUNGSFRAGE
VON
QUOUSQUE TANDEM
(WILHELM VIËTOR).

DRITTE, DURCH ANMERKUNGEN ERWEITERTE
AUFLAGE.

LEIPZIG.
O. R. REISLAND.
1905.

1882년 독일 어어학자 빌헬릉 비에터가 '쿠오 우스쿠에 탄뎀'이라는 익명으로 쓴 『외국어 수업은 거꾸로 가야 한다』의 속표지. 독일 학교의 외국어 교육을 비판하는 내용으로, 이 책으로 인해 외국어 교육 혁신 운동이 시작되었다. 이 자료는 1905년에 출간한 판본이다. 토론토 대학교 소장.

THE PRACTICAL STUDY
OF
LANGUAGES

A GUIDE FOR TEACHERS AND LEARNERS

BY

HENRY SWEET, M.A., Ph.D., LL.D.

CORRESPONDING MEMBER OF THE MUNICH ACADEMY OF SCIENCES
FORMERLY PRESIDENT OF THE PHILOLOGICAL SOCIETY

With Tables and Illustrative Quotations

NEW YORK
HENRY HOLT AND COMPANY
1900

영국의 헨리 스위트는 1899년 영국에서 출간한 『언어의 실용적 공부』에 음성학적 입장에서 외국어 교육을 혁신하자는 자신의 생각을 담아 발표했다. 이 자료는 1900년 미국에서 출간한 것이다. 캘리포니아 대학 샌디에고 소장.

용적 공부』에서였다.

'외국어 교육은
말하기부터 시작한다!'

구앵과 비에토르 그리고 스위트는 모두 기존의 외국어 교육 방식에 대해 문제를 제기했으나 각자의 주장에는 미묘하게 다른 점이 있었다. 우선 구앵은 현장 교사의 입장에서 외국어 교육의 혁신을 호소하고 실용적인 교수법을 개발했다. 반면에 비에토르와 스위트는 언어학 이론을 중심으로 말하기 교육의 필요성을 강조했고 특히 스위트는 발음 교육의 중요성을 매우 강조했다. 발음 교육을 둘러싼 논란은 오늘날까지도 현재진행형이다. 교수법에 따라 발음을 매우 중요시하는 것에서부터 전혀 관심을 두지 않는 것까지 그 유형이 매우 다양한데 1980년대부터 발음보다는 의사소통을 중심으로 하는 교수법이 주류를 차지했고 이로 인해 발음을 중시하는 교육법은 이 무렵부터 외면을 받았다. 하지만 한국에서만큼은 여전히 발음을 매우 중요하게 여기고 있고 이런 분위기를 반영하여 외국어 교사나 학습자 모두 발음을 가르치고 배우는 데 중점을 두고 있다.

구앵과 비에토르 그리고 스위터의 예에서 보듯 19세기 말에 불기 시작한 외국어 교육 혁신 운동은 현장 교사의 불만에서 비롯되었고 여기에 언어학자의 연구 성과와 주장이 합세함으로써 그 확산 속도가 빨라졌으며 그로 인해 20세기 초에 와서는 '외국어 교육은 말하기부터 시작한다'는 이론이 주류가 되기에 이르렀다.

요약하자면 19세기 전반까지 외국어 교육을 지배해온 문법과 번역

중심의 교수법과 말본 중심으로 하는 교수법의 갈등이 교육 현장에서 심심치 않게 드러났다. 그러나 교단을 벗어나 일상에서는 이미 변화가 진행 중이었다. 언어학의 발전과 산업혁명으로 인한 인적 교류로 외국어의 학습 목적은 독해를 통한 교양의 습득이 아닌 말하기를 통한 외국인과의 직접 소통으로 일찍이 변모했다. 이러한 교단 바깥의 변화와 이로 인한 학습자들의 필요는 19세기 말에 일어난 외국어 교육 혁신 운동의 원동력이 되었고 이때야말로 현대 외국어 교육의 원년으로 인식되고 있다.

─────── **직접 교수법의 등장,**
외국어는 외국어 사용자에게 직접 배울 것

이처럼 외국어 교육 혁신 운동이 확산되면서 '직접 교수법'Direct Method이라는 새로운 외국어 교육 이론이 형성되었다. 이 이론의 핵심은 아이가 모어를 배우듯이 외국어 학습자는 대상 외국어를 '직접' 배워야 하며 이를 위해 수업 시간에 모어 사용은 전면 금지하고 대상 외국어만 사용해야 한다는 것이다. 이는 역사상 최초로 외국어 수업 시간에 모어 사용을 금지한 교수법으로서 오늘날까지 진행 중인 '외국어 학습에서의 모어와 대상 외국어 사용'에 대한 논쟁의 출발점이기도 하다.

이러한 논쟁과는 별개로 직접 교수법은 등장 이후 사설 외국어 학원으로부터 즉각적인 인기를 끌었다. 대상 외국어만 사용해야 하기 때문에 수업에서 문법이나 발음에 대한 교사의 설명은 사라지고 대신 그림과 물건을 중심으로 단어 소개와 대화 연습이 중점적으로 이루어졌다. 일상생활에서 일어날 수 있는 다양한 상황을 설정한 뒤 그에 맞는 대화를 연습하고 필요한 단어를 배우는 방식으로서 여전히 문법과 독해 중심이었던 당시 학교 교육을 생각하면 매우 혁명적인 변화가 이루어진 셈이었다.

오늘날 전 세계적으로 유명해진 벌리츠Berlitz 어학원도 일찍이 이러한 직접 교수법을 사용했다. 벌리츠 어학원은 미국으로 이주한 맥시밀리안 벌리츠Maximilian Berlitz, 1852~1921가 처음 설립했다. 그는 1872년경부터 한 전문대학에서 독일어와 프랑스어를 가르쳤는데, 1878년 학교의 주인이 빚을 남긴 채 도망을 가자 그 학교를 인수, 어학원을 세웠다.

벌리츠 교수법의 시작은 다소 독특하다. 벌리츠는 건강이 좋지 않아 자신 대신 수업을 맡아줄 프랑스 원어민 강사를 채용했는데 그 강사는 영어를 할 줄 몰라 수업 시간에 오로지 프랑스어만 사용했다. 이런 사실을 미처 알지 못한 채 건강을 회복한 뒤 교단에 돌아온 벌리츠는 학생들이 이전보다 훨씬 프랑스어를 즐겁게 사용하고 발음도 좋다는 사실을 알게 됐다. 자초지종을 살펴보니 수업 시간에 영어를 일체 사용하지 않고 오로지 프랑스어로만 수업을 진행했기 때문이었다. 대상 외국어로만 수업을 하는 것이 뜻밖에 교육적인 효과가 크다는 것을 알게 된 벌리츠는 이후 모든 수업을 대상 외국어로만 진행하기로 하고 이를 '벌리츠 교수법'이라고 명명했다. 이런 내용은 벌리츠 어학원의 홍보 자료에 게재된 것인데 이는 그가 창안해낸 독창적인 교수법이라기보다 당시 보스턴에서 어학원을 운영했던 독일 이민자 고틀리프 헤네스Gottlieb Heness, 1813~1890와 프랑스 이민자 랑베르 소뵈르Lambert Sauveur, 1826~1907가 개발한 '자연 교수법'의 영향을 받았을 가능성이 높다. 자연 교수법은 외국어 학습법에 관한 관심이 거의 최초로 고조될 무렵 등장했다. 때맞춰 과학의 발전이 눈에 띄게 이루어졌다. 과학은 무엇보다 관찰과 실험을 중요시했다. 다원1809~1882 역시 관찰을 통해 진화론을 제시했는데 19세기 말 외국어 교육 개혁에 참여했던 이들은 이를 참조하여 아이들의 외국어 습득 과정을 관찰하면서 자연 교수법 이론을 주장하고 나섰다. 어린아이들이 모어를 습득할 때 가장 중요한 것이 모어를 사용하는 환경이니 성인들 역시 배우려는 대상 언어를 사용하는 환경에서 그 언어를 학습하면 아이들이 모어를 받아들이는 것처럼 자연스럽게 외국어를 습득할 수 있다고 본 것이다. 한동안 자연 교수법 이론에 의한 외국어 교육이 각광을 받았고 헤네스와 소뵈르가 정리한 자연 교수법에 대한 교재를 통해 그 내용이 널리 알려졌다.

벌리츠는 1880년 보스턴에 새 어학원을 열었고 그 후 뉴욕과 워싱턴 등을 비롯한 미국 주요 도시에 어학원을 계속해서 설립해 나갔다. 미국만이 아니었다. 그는 1888년 베를린을 시작으로 제1차 세계대전이 일어날 때까지 북미와 남미는 물론 유럽 전역에 약 100개 이상의 어학원을 세워 약 3만여 명의 학생들을 양성했다. 강사는 주로 이민자들이나 장기 여행자들이었다. 사업 수완이 좋았던 벌리츠는 수업료 이외에 어학원이 직접 출간한 교재를 수강생들에게 판매함으로써 이익을 극대화했다. 즉 벌리츠 어학원은 세계 최초로 등장한 대규모 외국어 학원 사업체였다.

제1차, 2차 세계대전이 터지자 어학원 역시 그 세 확장이 주춤해질 수밖에 없었다. 한창 전쟁 중인 유럽으로 여행이나 사업을 위해 떠날 미국인의 수가 급감했고 그 반대의 경우도 마찬가지였다. 세계 전역의 어학원이 대부분 문을 닫았고 명맥만 겨우 유지할 정도였다. 그러나 전쟁이 끝나자 벌리츠 어학원은 다시 일어났고 오늘날까지 그 유명세를 유지하고 있다. 외국어 교육에 작동하는 브랜드의 힘을 보여주고 있는 셈이다.

20세기 후반 직접 교수법을 도입한 벌리츠 어학원 제1호. 1878년 보스턴 근처 로드 아일랜드주에 있는 프로비던스에서 문을 열었다.

외국어 전파의 역사는 곧 학습 방법의 변천사

1919년 벌리츠 어학원에서 출간한 외국인을 위한 일본어 교재. 일본어를 가르쳐야 하는 교사들에게 일본어 회화 교수법에 대해 설명하는 책이다. 토론토 대학 도서관 소장.

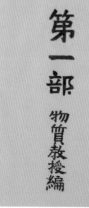

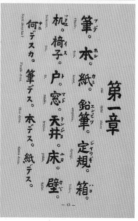

───── **새로운 외국어 학습법들의 공통점,**

어른이 된 후에도 외국어를 잘할 수 있다는 것!

이렇듯 새로운 외국어 학습법으로 각광 받은 시리즈 교수법, 직접 교수법, 자연 교수법, 그리고 벌리츠 교수법 등은 '습득 이론'의 영향을 받았다는 공통점을 가지고 있다. 습득 이론의 핵심은 한 마디로 성인이 된 이후에도 외국어를 모어처럼 습득할 수 있다는 것이다. 즉 어린아이가 가정 안에서 가족들끼리 사용하는 말을 통해 모어를 자연스럽게 습득하는 것처럼 성인 역시 대상 외국어만을 사용하는 식으로 학습이 이루어지면 어린아이처럼 외국어를 모어처럼 습득할 수 있다는 것이다.

외국어 교육 혁신 운동에 나타난, '성인의 외국어 습득이 아이의 모어 습득과 같다'는 주장은 오늘날까지 외국어 교육 현장에 큰 영향을 미치고 있다. 그리고 이 주장은 조기 외국어 교육에 더 큰 영향을 미친다. 즉 아이가 대상 외국어를 더 일찍 더 집중적으로 배우면 더 효과적으로 습득할 수 있을 거라는 기대가 커진 것이다. 1990년대 한국에서 커다란 사회적 이슈로 떠오른 초등학교 영어 교육 도입 명분 역시 여기에 기초한 것이고, 영어 유치원이나 조기 유학 그리고 영어마을 유치 등 한국 사회 곳곳에서 유행처럼 번지던 숱한 영어 교육 풍조 역시 마찬가지였다. 이런 현상은 한국에만 국한된 것이 아니다. 캐나다의 프랑스어 몰입 교육과 최근 미국 초등학교에서 시행 중인 이중언어 교육과 같은 실험적 교육 역시 외국어 교육 혁신 운동의 기조에서 크게 벗어나지 않고 있다. 특히 외국어 습득을 어려워하는 성인들이 이러한 이론에 쉽게 동의하는 것은 매우 자연스러운 현상이기도 하다.

외국어 전파의 역사는 곧 학습 방법의 변천사

정말 어른들도 아이들처럼
외국어를 배울 수 있을까?

그렇다면 정말 성인들은 어린아이처럼 외국어를 모어처럼 배우는 게 가능할까? 문제는 바로 여기에 있다. 그게 가능하지가 않다는 것이다. 외국어 습득 관점에서 볼 때 성인과 어린아이들 사이에는 결코 무시할 수 없는 차이점이 존재한다. 비에토르나 스위트와 같은 외국어 교육 혁신 운동을 주도한 언어학자는 이미 이러한 습득 이론의 한계를 인정하고 외국어 교육 과정에 여러 교수법을 포함시키려고 했다. 그 이전에 인간과 동물은 여러 면에서 차이가 있다. 그 가운데 새삼스럽지만 언어를 빼놓을 수 없다. 촘스키는 1957년에 출간한 『통사 구조』Syntactic Structures와 그 이후에 펴낸 여러 언어학 이론서 등을 통해 인간의 뇌 안에는 언어 습득 기능이 내재되어 있다고 주장해왔다. 그의 주장을 굳이 빌리지 않더라도 인간에게는 언어를 배우고 그것을 통해서 서로 소통하고 사고하며 그 내용을 문자로 남길 수 있는 능력이 있다.

동물은 다르다. 그들에게는 언어가 없다. 물론 동물에게도 소통의 방법은 있으나 우리는 그것을 언어라고 하지 않고 소리라고 지칭한다. 동물의 소통 방식에는 인간의 언어가 갖추고 있는 일종의 체계가 없다고 보기 때문이다. 게다가 동물은 시각·촉각·후각 등의 감각을 통해 훨씬 더 원활하게 소통을 하는 경향이 있다. 고대 그리스 철학자 아리스토텔레스는 자신의 저서 『정치학』에서 논리적 사고를 할 수 있느냐 없느냐로 인간과 동물의 차이를 구분할 수 있다고 주장했는데, 자신의 사고를 특유한 언어 능력을 통해서 표현하는 인간의 특성으로 볼 때 언어가 인간과 동물을 구분하는 기준이라는 말은 설득력이 있다.

───── **인간은**

어떻게 말을 배우기 시작하는 걸까?

그렇다면 인간은 언어를 어떻게 습득하는가? 인간은 저절로 언어를 습득할 수 있는 능력을 가지고 있지 않다. 언어를 습득하는 것은 타고난 능력이 아니다. 일정한 학습을 통해 이루어지는데 대부분의 경우 가족과 사회라는 공동체 안에서 습득 과정이 진행된다. 시간과 공간을 초월해서 거의 모든 인간은 비슷한 과정을 거치는데 생각해보면 매우 흥미로운 지점이 아닐 수 없다.

인간은 어떻게 말을 배우기 시작하는 걸까? 이 책을 읽고 있는 독자들 중 처음으로 말을 배운 순간을 기억하는 사람이 있을까? 성인이 된 뒤 자신의 언어 습득 과정을 기억할 수 있는 사람은 거의 없다. 태어난 직후부터 그 과정이 시작되기 때문이다. 그 과정을 이해하기 위해서는 자신의 경험을 떠올리는 대신 주변의 신생아들을 관찰하는 편이 훨씬 효과적이다. 그들이 말을 배우는 과정을 지켜보면 시공을 초월하여 인간의 보편적 언어 습득 과정을 이해할 수 있다.

보통 생후 7개월이 지날 무렵이면 인간의 아이는 일정한 소리를 반복적으로 내기 시작하고 부모가 자주 사용하는 단어를 이해할 수 있게 된다. 점차적으로 주변에서 자주 사용하는 단어를 직접 말하기 시작하고 말할 수 있는 단어의 수가 갈수록 많아지면서 자연스럽게 간단한 문장을 구사할 수 있게 된다. 시간이 흐르고 언어적 자극이 다양할수록 사용하는 단어의 수는 더 많아지고 말할 수 있는 문장은 더 다양하고 복잡해진다.

말을 할 줄 알게 되면 이제는 글자를 배울 차례다. 말을 배우던 때와 마찬가지로 처음에는 자음과 모음, 또는 알파벳 등 글자의 기본 구성 요소를 배우고 한 글자 한 글자를 걸음마하듯 배운 뒤, 점차 글자에서 단어로 단어에서 문장으로 확대되어간다. 이로써 말하기에 이어 쓰기와 읽기까지 원활하게 할 수 있는 능력을 갖춘다.

언어 습득 과정은 엄밀히 말해 평생 지속된다. 한 번 배운 것으로 끝나는 게 아니기 때문이다. 사회와 문화의 변화에 따라 새롭게 만들어지는 어휘와 표현 방식을 끊임없이 배워나가야만 사회 구성원들과의 원활한 의사소통이 가능하다.

─── 인간의 언어 습득 능력이란 그렇게 완벽하기만 한 걸까?

이런 과정을 통해 언어를 습득하는 인간은 그 과정이 매우 자연스럽게 이루어지기 때문에 자신들이 언어를 습득하는 능력에 한계가 있다거나 불완전하다는 사실을 인식하지 못한다. 단일언어 화자이자 역사적으로 단일민족이라는 정체성을 함께 유지해온 한국인들에게 언어, 곧 한국어의 습득 과정은 매우 자연스럽다. 한국인이라면 한국어를 배우는 건 아무런 문제 없이 이루어지는 일상적이고 완벽한 행위로 여겨진다. 어린 시절 한국어 외에 다른 언어를 배우는 사람은 일부분에 불과하기 때문에 인간의 언어 습득 능력에 대해 의문점을 가질 필요가 굳이 없다. 태어나 자라면서 말을 배우기 시작하고 일정한 나이가 되어 글을 배우기만 하면 누구나 완벽하게 해당 언어로 의사소통을 할 수 있다는 것은 대부분의 한국인에게 지극히 당연한 일로 인식되어 있다.

그런데 인간의 언어 습득 능력이란 그렇게 완벽하기만 한 걸까? 답은

'그렇지 않다'이다. 한국인들처럼 단일언어 화자들에게 인간의 언어 습득 능력이 갖는 한계는 얼핏 이해하기 어려운 문제일 수 있으나 인간이 언어를 습득하는 능력은 생각처럼 그렇게 완벽하지도 않고 그마저도 습득할 수 있는 기간도 매우 제한적이다. 대부분의 인간들에게는 생후 7개월부터 자연스럽게 언어 습득 능력이 가동된다. 따라서 누구나 모어를 익히는 데 큰 어려움을 거의 느끼지 않는다. 그러나 안타깝게도 사춘기 무렵인 12세를 전후해서 그 능력의 작동은 현저히 쇠퇴한다. 태어나자마자 언어를 습득할 때와 열두 살 무렵 이후 새로운 언어 즉 제2언어를 배울 때는 완전히 다른 상황이 펼쳐진다. 자연스럽게 이루어졌던 언어 습득의 과정은 이제 대단한 노력이 전제되어야만 가능해진다. 언어 습득 능력은 모어를 습득하는 데는 유의미한 역할을 하지만 제2언어를 익히는 데는 거의 작동을 하지 않는다. 인간이 가지고 있는 언어 습득 능력의 한계가 바로 여기에서 비롯된다. 12세 이후에 배운 제2언어는 아무리 노력해도 모어처럼 완벽하게 구사할 수 없다. 문법은 물론 발음도 마찬가지다. 때문에 대부분 제2언어를 사용할 때 모어처럼 자신만만하기가 어렵다. 제2언어를 모어와 거의 비슷한 수준으로 구사하기 위해서는 언어적 재능을 타고 나거나 상상 그 이상의 노력을 쏟아부어야 한다. 그만큼 어려운 일이다.

다시 말해 이미 사춘기를 넘어선 성인들은 아무리 노력을 해도 새로 배우기 시작하는 외국어를 모어처럼 습득하는 것은 거의 불가능하다. 심리적 측면에서도 한계는 명확하다. 이미 성장한 성인들은 사고방식도 고정이 되어 있고 외국어 습득에 도움이 되는 융통성 역시 현저히 떨어진다. 성인이어서 도움이 되는 점을 굳이 찾자면 많은 경험과 지식의 습득으로 외국어와 외국의 문화를 어린아이들보다 쉽게 이해할 수 있다는 것 정도이다. 즉 성인과 어린아이는 외국어를 대하는 물리적, 심리적 조건이 매우 다르기 때문에 같은 과정을 통해 외국어를 습득한다는 이론은 오늘날 그 설득력이 매우 약하다.

─── 조기 교육, 조기 유학이
과연 언어 실력을 키워줄 수 있는가

성인과 어린아이가 같은 과정을 통해 외국어를 습득할 수 있다는 논리는 매우 설득력이 약한 것으로 나타났는데 성인들만이 아니라 어린아이들에게도 한계는 존재한다.

예를 들어 한 가족 내에서 두 가지 언어를 자주 사용하는 경우라면 12세 이전의 어린아이는 두 개의 언어를 모두 모어로 익힐 수 있다. 오늘날처럼 국제적인 교류가 활발해지기 훨씬 이전부터 이런 사례는 꽤 많았다. 인도, 아프가니스탄, 인도네시아 등에서는 한 가족 구성원 안에서 두 개의 언어를 습득하기도 했고 가족 공동체 안에서 배우고 사용하는 언어 외에 학교나 사회 공동체에서 또 다른 언어를 익혀야 했다. 12세 이전에 두 개의 언어를 습득한 이들을 '이중언어 화자'bilingual라고 하고 두 개의 언어를 모두 모어 수준으로 완벽하게 구사하는 이들을 '완전 이중언어 화자' fully bilingual라고 부른다. 두 개의 언어 구사 능력은 당연하게도 습득한 조건과 환경에 따라 매우 다르다. 가족끼리 사용하는 언어와 학교나 사회에서 사용하는 언어가 다를 경우 상대적으로 많이 사용하는 쪽 언어를 잘 구사하고 다른 언어는 다소 서툰 경우가 많다. 따라서 이 어린아이에게 모어는 가족 안에서 사용하는 언어만 해당하고 다른 언어는 외국어일 뿐이다. 한국에서 조기 영어 교육의 효과를 믿고 1990년대부터 어린아이들의 영어 교육에 매진했지만 어른들의 기대만큼 성과를 거두지 못한 것도 이 때문이다. 영어를 사용하는 환경이 극히 제한적인 상황에서 유창한 영어 실력을 기대하는 것은 무리가 있다. 하지만 한국의 어른들은 포기하지 않았다. 조기 교육으로 원하는 성과를 얻지 못하자 이번에는 조기 유학이라는 이름으로 어린아이들을 외국으로 보냈고, 기러기 아빠들이 유행처럼 등장하기 시작했다.

─── 원어민에게 직접,
글보다 말을 먼저 배우는 방식들의 한계

앞서 살펴본 외국어 교육 혁신 운동을 전후로 등장한 시리즈 교수법, 직접 교수법, 자연 교수법, 그리고 벌리츠 교수법 등은 한계에 봉착했다. 많은 사람이 글이 아닌 말을 중심으로 사설 교육 기관에서 외국어를 배우긴 했으나 이런 방법으로는 대개 간단한 인사말이나 기초적인 회화를 익히는 수준에서 그치는 경우가 많았다. 단어의 형성 원리나 문법의 기본 구조에 대한 지식이 없기 때문에 외국어 수준의 향상은 기대하기 어려웠고 학습자들 사이에서는 불만이 터져 나오기 시작했다.

이러한 학습법으로 외국어 실력을 기대하는 데는 근본적인 어려움이 있었다. 글보다 말을 중심으로 가르치는 새로운 교수법을 실천하려면 당연히 강사가 대상 외국어로만 수업을 진행해야 한다. 그러나 비원어민 강사로서는 이런 방식의 수업이 매우 부담스러운 일이 아닐 수 없었다. 따라서 비원어민 강사에게 수업을 듣는다 해도 원하는 결과를 얻기 어려웠으며 대상 언어의 원어민 교사나 강사를 채용하지 못하는 학교나 학원에서 이러한 교수법을 적극적으로 도입하는 것에도 무리가 있었다.

이러한 한계는 이후 1970년대 후반부터 1980년대까지 주목 받은 '의사소통중심 교수법'CLT, Communicative Language Teaching에서도 반복해서 나타난다. 의사소통중심 교수법이란 말 그대로 외국어로 의사소통을 할 수 있게 하는 것을 목표로 삼는 매우 느슨한 교수법이다. 영국에서 등장한 이래 전 세계적으로 확산이 되었는데 한국이나 일본 같은 비원어민 교사가 많은 나라에까지 확산이 되면서 문제가 불거졌다. 이 교수법을 선호하는 학생들과 학부모들이 학교나 학원에 수업의 전체 진행을 영어로 해달라고 요구하기 시작한 것이다. 하지만 원어민을 대체할 정도로 영어 실력을 갖춘 교사가 크게 부족했고 이는 일본과 중국은 물론 수많은 비영어권 국가의 공통된 현상이었다. 따라서 원어민 또는 대상 언어가 유창한 비원어민 교사에게 의존하는 교수법은 실제 현장에서 학생들을 가르치는 교사의 한정된 실력으로 인해 교육 현장의 현실과 충돌이 되는 경우가 많다. 한국의 학교 영어 교육이 학습자들의 지속적인 요구에도 불구하고 오랫동안 문법 중심으로 이루어진 것 역시 비슷한 이유 때문이다.

일부 교사들은 자신들의 영어 실력이 충분하지 않아 난감해 하기도 했지만 영어 교육을 위해 반드시 필요한 문법 수업은 영어보다 모어로 진행하는 편이 훨씬 효과적이라고 생각한 교사들도 많았다. 어떤 이유로든 학생과 학부모의 이런 요구에 직면한 많은 교사는 큰 부담을 느끼지 않을 수 없었다. 결국 19세기 후반에 등장한 자연 교수법이나 직접 교수법, 또는 20세기 후반에 등장한 의사소통중심 교수법과 같은 원어민 또는 그에 가까운 실력을 갖춘 비원어민 교사에게 의존하는 교수법은 한국과 일본 등의 교육 현장에서 정착하기 어려웠으며 교육 현장에서 썩 효과적으로 활용되지 못했다. 그러면서 외국어를 가르치는 교사나 강사들의 언어 실력이 역사상 처음으로 논의의 대상이 되었다. 그러나 논의를 거듭해도 뾰족한 수는 없었다. 매우 능숙한 수준의 외국어 구사 능력을 갖춘 교사가 수업 시간에 자연스럽게 대상 외국어만으로 학생들을 가르쳐야 하는 의사소통 중심 교수법은 이런한 전제를 여전히 부담스러워 하는 교육 현장의 여건으로 인해 쉽게 구현되지 못했다.

이는 21세기 초인 오늘날에도 본질적인 면에서는 크게 나아진 바가 없다. 독해 중심의 외국어 교육이 말하기 중심으로 변화하긴 했으나 외국어 교육의 지향점과 그 방향에 대한 논의가 종식된 것은 물론 아니다. 말하기를 어떻게 교육할 것인지를 두고 오늘날까지 숱한 논쟁이 이어지고 있다. 20세기 후반에 접어들어 미국과 소련의 냉전 체재 하에 가속화된 인적 교류와 그 후에 가속화된 글로벌화에도 불구하고 이 논쟁은 여전히 마침표를 찍지 못했고 결론은 여전히 유보 상태다. 19세기 이후부터 20세기 후반까지 관련 학계의 학자들과 현장 교육 종사자들은 각자의 영역에서 줄곧 말하기의 효과적 교수법을 모색해오고 있으나 새로운 교수법이 등장하면 유행처럼 잠깐 반짝, 하고 말 뿐 끊임없이 새로운 교수법을 찾아 탐험을 계속하고 있는 모양새다.

───── **미국,**
외국어 교수법에 대해 본격적인 논의를 시작하다

제1차 세계대전이 일어난 후 미국은 여러모로 혼란스러웠다. 전쟁 발발 후 몇 년 동안 미루다 1917년부터 전쟁에 참여한 것을 기점으로 전 미국에서는 독일을 미워하는 이른바, '반독反獨' 감정이 확산되었다. 독일식 지명은 다른 이름으로 대체되었고 심지어 공립도서관에 소장된 독일어 책도 불에 태웠니. 아이오와주와 네브래스카주에서는 독일어 교육을 중지하기 위해 아예 모든 외국어 교육을 금지했다.

외국어 교육 금지 사례는 더 있다. 19세기 후반 무렵 하와이의 설탕 농장 주인들은 아시아에서 인력을 수입하기 시작했다. 처음에는 주로 중국인이었는데, 1882년 미국 정부가 중국인 이민 금지령을 내리자 이번에는 일본인들을 수입하기 시작했다. 그 결과 1907년 미국과 일본이 이민 중지를 합의할 때까지 일본인 인구가 급격히 늘어났고, 이들이 다니는 사찰을 중심으로 일본어 학교가 생기기 시작했다. 오늘날의 어린이집과 비슷한 이 학교에서는 주로 일본어와 일본 문화를 가르쳤다. 미국인 농장 주인들은 처음에는 특별한 관심을 갖지 않았다. 그런데 1910년대 일본인들이 농장 파업을 계속해서 일으키자 농장 주인들의 태도가 달라졌다. 또한 제1차 세계대전 이후 확산된 미국인들의 반독 감정으로 인해 고립주의가 고조되면서 약 40퍼센트에 육박하는 하와이의 일본인 인구의 결집을 두려워하기도 했다. 이들은 일본인 학교의 문을 닫도록 압력을 가하기 시작했고, 동시에 공립학교에 일본인 학생들을 대상으로 한 영어 교육 강화를 요구했다. 결국 1920년 하와이 준주 의회는 외국인들의 학교 운영을 까다롭게 하기 위한 법적 규제를 도입했다. 이는 한국인 학교에도 영향을 미쳤지만, 일본인에 비해서 한국인들은 인구 수와 학교 수가 많지 않았다. 규제 도입 후 일본인 학부모들은 반발했고, 일본인 학교들은 단체로 소송을 제기해 이겼다. 하와이 준주 정부는 곧 항소를 했으나 1927년 대법원이 패소에 동의함으로써 규제는 무용지물이 되고 말았다. 이민자가 유난히 많았던 하와이에서 일어난 일이긴 하지만 그 당시 미국인들이 외국어에 대해 가지고 있던 반감, 영어 패권에 대한 태도 등을 잘 보여주는 사례라 할 수 있

다. 이러한 인식은 제2차 세계대전이 끝날 때까지 매우 강하게, 자주 표출되곤
했다.

한편 19세기 말 미국에서는 고등학교 교육이 빠른 속도로 확산되기 시
작했고 그 흐름은 20세기에까지 이어졌다. 외국어 교육은 주로 고등학교 교육
과정을 통해 이루어졌다. 제1차 세계대전 이후 보수적 분위기의 확산과 함께 강
대국으로 부상하면서 외국어 교육에 대한 관심은 다소 주춤했으나 20세기 이
후에도 외국어를 배우려는 학생들의 숫자는 늘어났다. 반독 정서로 인해 독일
어 기피 현상, 라틴어의 쇠퇴 현상은 지속되었을지언정 프랑스어와 스페인어를
배우려는 학생들은 오히려 늘었다.

이렇듯 고등학교에서 외국어를 배우는 학생들이 많아지면서 미국에서
는 외국어 교수법에 대한 논의가 본격적으로 시작되었다. 그 와중에 1929년 '미
국에서 현대 외국어 교수 현황'The Teaching of Modern Foreign Languages in the United
States이라는 보고서가 발표되었다. 이 보고서는 당시 고등학교의 외국어 수업
시간이 대상 언어의 유창한 구사 또는 문학 작품의 독해와 같은 높은 목표를
달성하기에 충분하지 않다고 지적하면서 수업 시간의 현실에 맞춰 간단한 문
법의 이해와 독해 정도로 외국어 수업의 목표를 낮춰야 한다고 주장했다. 이
는 어찌 보면 19세기 말에 일어난 외국어 교육 혁신 운동의 후퇴로 볼 수 있지
만 오히려 현실적인 교육 과정 속에서 한정된 시간을 더욱 효율적으로 사용하
게 하는 현실적 대안이라는 평을 받았다.

이 보고서의 주장이 이런 평을 받은 이유는 또 있었다. 당시 미국 전
역에 고등학교를 늘려가고 외국어 교육 과정을 포함시키기는 했으나 원어민
교사를 채용하는 것은 현실적으로 어려웠다. 앞에서 살펴본 교육 현장의 문제

가 미국의 고등학교 현장에서도 등장한 것이다. 외국어를 가르치는 교사들은 대부분 비원어민 교사들이었고 이들 중 다수는 대상 외국어를 사용하는 국가에 가보기는커녕 원어민 이민자들과도 교류해본 경험이 전무했다. 이런 교사들에게 외국어를 배우는 학생들이 유창한 언어 구사를 습득할 수 있을 거라는 기대는 요원한 것이었다.

───── 근대 이후 한국은
외국어를 어떻게 가르쳤을까

20세기 일본 제국주의의 침략을 받은 한국은 독자적인 외국어 교육 정책을 펼칠 수 없었다. 일본의 지배를 상징하는 조선총독부가 외국어 교육을 포함한 모든 교육 정책을 관장했다. 일본 제국주의자들은 일본어를 식민지 조선의 공식 '국어'로 지정했고 한국어는 지역어로 정의되었다. 학교를 다니는 모든 식민지 조선의 학생들은 한국어 대신 국어인 일본어를 강제로 배우고 사용해야 했다. 교수법과 교재는 일본에서 사용하는 것을 그대로 사용했다. 한국어를 배우긴 했으나 수업 시간은 국어 수업 시간의 절반에도 못 미쳤다. 학년이 올라가면 올라갈수록 그 차이는 점점 더 커졌다. 국어 시간뿐만 아니라 다른 수업 시간에도 일본어를 사용했기 때문에 당시 식민지 조선 학생들의 일본어 수업은 일종의 몰입교육과 다름이 없었다. 조선 시대에 문장을 읽고 해석하는 대상 문자는 한자였는데 일제강점기에는 일본어로 전환된 셈이다.

일제강점기 교육 과정에는 국어 외에 외국어 과정도 포함되어 있었다. 중등 교육까지 주로 배우는 외국어는 영어였다. 3·1운동 이후 이른바 문화통치로 정책을 바꾼 일본은 1924년 설립한 경성제국대학에서 영어 외에 독일어와 프랑스어 그리고 러시아어를 가르치기 시작했고 서양의 고전어인 라틴어와 그리스어도 교육 과정에 포함시켰다. 이는 일본의 도쿄제국대학과 교토 대학의 교육 과정을 가져온 것이었다.

20세기에 접어들어 전 세계적으로 대중화된 교육은 계급의 경계를 넘어 '무식한 대중'을 계몽하는 의미를 갖게 되었다. 이런 계몽을 위해 외국어는 필수적인 도구가 되었고 외국어 학습은 교양의 기초로 인식되었다. 이런 배경으로 인해 전 세계 수많은 명문대학에서 외국어를 가르치는 것은 아주 필수적인 과정이 되었다. 일본의 대학에서 영어를 가르치기 시작하고 여기에서 한 발 더 나아가 도쿄제국대학이나 교토 대학 등 일본의 명문대학 주요 학과에서 영어뿐만 아니라 제2외국어를 필수 과정으로 포함시킨 것 역시 그 근원은 여기에서 비롯되었다. 앞에서 말했듯 경성제국대학의 외국어 교육 과정은 일본 주요 대학의 것을 도입한 것으로 일제강점기 경성제국대학 외의 다른 전문학교에서도 영어는 물론 독일어와 프랑스어를 배울 수 있었다. 이때부터 한국의 대학에서는 영어와 제2외국어 과목이 자리를 잡았다.

참고로 도쿄 대학이나 교토 대학 등의 주요 학과에서는 오늘날에도 여전히 제2외국어를 필수 과정으로 이수해야 한다. 그러나 한국은 그렇지 않다. 미국의 영향을 받은 데다 영어를 최우선으로 여기는 경향 때문이다. 미국은 대학원에서는 여전히 외국어를 필수로 배워야 하는 학교들이 많지만 대학에서는 실용주의의 영향을 받아 외국어를 필수 과목으로 지정했던 커리큘럼을 완화했다. 또한 한국에서는 고등학교에서는 제2외국어 교육이 활발한 반면 제2외국어를 '교양 필수'로 지정하는 대학교는 그리 많지 않다.

일제강점기

식민지 조선 지식인들의 언어생활

여기에서 흥미로운 것은 일제강점기 지식인들의 언어생활 양상이다. 당시 식민지 조선에는 조선어를 모어로 삼으면서 동시에 일본어 역시 거의 원어민 수준으로 구사하는 사람들이 많았다. 이런 이들 중 대부분은 어린 시절 집에서 개인 교습 형태로 한문을 배웠고 여기에 더해 학교에서 필수 과정으로 배우는 영어와 제2외국어까지도 능숙한 이들 역시 적지 않았다. 즉 일제강점기 지식인들 중에는 최소한 한국어, 일본어 구사자가 많았고 이들은 대부분 한문 또한 쓰고 읽는 데 능숙했다. 여기에 영어 또는 다른 외국어까지 포함해서 네다섯 개의 언어를 구사할 수 있는 이들도 적지 않았다.

이런 분위기로 인해 1930년대 식민지 조선의 문인들은 한국어와 일본어, 한문은 물론 영어와 프랑스어, 독일어 등을 작품에 활용하는 것에 매우 익숙했다. 시인 정지용은 「카페 프란스」1926라는 시에 "'오오 패롯[鸚鵡] 서방! 굿 이브닝!' '굿 이브닝!'(이 친구 어떠하시오?)"라는 다국어 대화를 흥미롭게 사용했고, 소설가이자 시인인 이상은 1931년 시 제목을 프랑스어를 사용해서 「BOITEUX·BOITEUSE」라고 지었으며, 'cross'라는 영어 단어와 한자 등을 시구詩句에 넣기도 했다. 띄어쓰기가 없는 시로 유명한 그의 작품이 일본어에서 영향을 받았다고 보는 주장도 있다. 김소월을 등단시킨 시인 김억의 사례는 특히 흥미롭다. 일본 게이오 대학에서 영문학을 공부하다가 중퇴한 그는 도쿄에 살면서 시를 발표하기 시작했고, 1916년 귀국한 뒤 외국의 시 이론을 식민지 조선에 소개했다. 1921년에는 한국 역사상 처음으로 서양의 시를 번역해 『오뇌懊惱의 무도舞蹈』를 펴내기도 했는데, 에스페란토 강습소를 운영하고 교재를 쓸 정도로 에스페란토를 열심히 공부한 그가 프랑스 시를 에스페란토를 통해 번역한 것으로 추정된다. 한국어, 일본어, 에스페란토, 영어에 능숙했던 그는 1920년대 후반에 한시 번역을 할 정도로 한문에도 능통했다.

일제강점기 일본 제국주의자들의 강제적 일본어 교육으로 인해 식민지 조선에서 한국어가 점점 외면을 받게 될 것은 자명했다. 언어는 곧 민족의 정체성이라고 여겼던 식민지 조선의 학자들은 자신들의 언어를 지키고 나아가 민족의 정체성을 지키기 위해 제2장에서 언급한 조선어학회를 설립하고 한글 맞춤법 통일안을 마련하는 등 여러 노력을 했지만 일본으로부터 크게 탄압을 받았다. 당시 식민지 조선에서뿐만 아니라 전 세계를 휩쓴 파시즘에 대해서는 제5장에서 좀더 논의를 해볼 예정이다.

─── '언어는 곧 국가' VS '모두가 함께 쓰는 언어'의 충돌

19세기 말 20세기 초까지만 해도 각 나라에서 실시되는 외국어 교육은 국내외 정치 상황의 영향을 직접적으로 받지 않았다. 이 당시까지만 해도 대부분 의무교육이 아니었고 따라서 국가가 개입할 여지가 상대적으로 적었던 것이 중요한 원인이었다. 말 중심의 교수법이 등장하기는 했으나 여전히 말보다는 글을 읽고 뜻을 이해하는 것이 외국어 교육의 중심이었다. 또한 현대어를 배우기보다 고대 문명의 상징인 라틴어와 선진 문명의 상징처럼 여겨진 프랑스어를 읽고 쓰는 교육이 여전히 이루어지고 있었다. 외국어 교수법을 둘러싼 논쟁은 극히 한정된 이들의 문제였을 뿐 전반적으로는 일반인들에게 별다른 논쟁거리로 부각될 일이 없었다.

그러나 보이지 않는 곳에서 변화의 속도는 거셌다. 19세기 말 유럽의 질서는 서서히 변화하기 시작했고 20세기에 접어들어 전 세계의 지각변동을 일으킨 제1차 세계대전과 러시아 혁명을 거치면서 외국어 교수법을 둘러싼 기존의 패러다임은 거의 변혁에 가까울 정도의 변화가 일어났다. 여기에 더해 아시아에서 갑자기 강대국으로 부상한 일본의 존재 역시 외국어에 정치적인 의미를 부여했다. 이제 언어는 곧 국가였다. 독일어는 독일이라는 국가의 강력한 상징이었고 독일에 반대하는 이들은 독일어로 된 책들을 폐기하고 독일어를 배척했다. 이는 교육 현장에도 영향을 미쳤다. 언어에 민족주의적 감정이 노골적으로 투영되자 한편에서는 언어로 인한 민족 간의 갈등을 극복하기 위한 이상주의의 물결이 흐르기 시작했다. 에스페란토는 그런 물결의 상징이었다.

─── 전 세계인이 하나의 언어를 평등하게 사용한다면?
에스페란토가 꿈꾼 세상

특정 국가의 주도적 정책과 패권에 의해 여러 민족이 하나의 언어를 쓰는 것과 달리 전 세계인이 힘의 논리에서 벗어나 평화롭고 평등하게 공통의 언어로 자유롭게 의사를 소통할 수 있는 세상이 온다면 어떨까? 이를 꿈꾸고 실현시키기 위해 노력한, 외국어와 관련한 이상주의의 대표적 사례로 빠질 수 없는 것이 바로 에스페란토 운동이다.

에스페란토는 19세기 말 폴란드 출신 유대인 안과 의사 L. L. 자멘호프Ludwik Łazarz Zamenhof, 1859~1917가 1887년에 발표한 인공 언어다. 자멘호프는 폴란드 동쪽 비아위스토크에 살았는데 여러 민족이 함께 살던 이곳은 평화로워 보일 때에도 갈등의 요소가 언제나 내재되어 있었다. 자멘호프는 지역민들

전 세계인이 언어를 통해
평화를 구축하는 세상,
에스페란토가 꿈꿨던 이상

전 세계인이 평화롭고 평등하게 공통의 언어로 자유롭게 의사를 소통할 수
있는 세상이 온다면 어떨까? 이를 꿈꾸고 실현시키기 위해 노력한 대표적
사례가 바로 에스페란토 운동이다. 그러나 이상이란 그렇게 쉽게 이루어지지
않는다. 에스페란토는 근본적으로 유럽의 언어라는 한계를 가지고 있었고,
에스페란토에 흐르는 반국가적 태도를 제국주의자들이나 독재자들이 좋아할
리 없었다. 에스페란토를 배우려는 이들이 있긴 하지만 어디까지나 호기심이나
취미의 대상일 뿐 그 영향력은 여전히 지극히 미미할 따름이다.

02

01

03

D.V.O. 12439
L'Esperimento. — Liberoccana komunista kolonio (provizore en Stockel-Arbejo). L'Esperanta kurso.
L'Experience. — Colonie communiste libertaire (provisoirement à Stockel-Bois). Le cours d'Esperanto.
De Proefneming. — Vrije gemeenschappelijke kolonie (voorloopig in het Stockel-Bosch). De Esperantosche les.

04

05

01 1937년 스페인 내전 당시 독재자 프랑코에 반대하는 인민전선을 지지하기 위해 에스페란토 사용자가 제작한 포스터. 포스터에는 "이것을 막기 위해 무엇을 하고 있나? 세계 에스페란토인이 힘을 모아 파시즘을 반대하자"라고 썼다. 캘리포니아 대학교 샌디에이고 도서관 소장.

02 1913년 스위스 베른에서 열린 제9회 세계 에스페란토 대회 홍보 포스터. 제1차, 제2차 세계대전 중을 제외하고 매년 대회를 개최하고 있다.

03 1934년 에스페란토 학습 모임. 이 사진처럼 에스페란토는 주로 작은 모임을 통해서 보급이 되었다. 미국 국회도서관 소장.

04 벨기에 브뤼셀 근처 아나키즘적 공산주의 코뮌(공동체)에서 에스페란토를 공부하는 모임의 모습이 1906년 엽서로 제작되었다.

05 에스페란토를 만든 자멘호프.

끼리의 갈등 원인을 서로 다른 언어의 사용 때문으로 결론을 내렸고 갈등을 해결하기 위해 공통의 언어를 평등하게 사용할 수 있는 방안을 찾기 시작했다. 같은 언어를 사용하면 갈등이 완화되고 나아가 평화가 올 거라는 이상주의적 발상에서 출발한 것이다. 그는 1906년 제2회 에스페란토 국제대회에서 이렇게 말했다.

> "중립적 (언어) 기반이 인간을 천사로 변화시킬 것이라고는 믿지 않는다. 악한 인간은 여전히 악하다는 것을 잘 알고 있다. 그러나 중립적인 (언어) 기반 위에 소통이 이루어진다면, 인간 관계에서 악의가 아닌 단순한 오해로 인한 추악함과 범죄는 대부분 없앨 수 있다고 믿는다."

그는 또한 에스페란토에는 국가와 민족이 없기 때문에 서로 다른 민족의 갈등을 극복할 수 있다고 주장했다. 민족주의를 비판하는 평화주의자와 사회주의자 그리고 공산주의자와 무정부주의자들이 자멘호프의 주장에 동조하면서 에스페란토는 인기를 끌었고 점차 확산이 되었다.

이런 꿈을 꾼 것이 자멘호프가 처음은 아니었다. 즉 에스페란토가 최초이자 유일한 인공 언어는 아니었다. 이미 그 당시에 볼라퓌크Volapük라는 인공 언어가 개발되어 있었다. 하지만 에스페란토가 더 배우기 쉽다는 평을 받으면서 볼라퓌크는 빠른 속도로 쇠퇴했다. 20세기 중반에도 인터링구아Interlingua라는 인공 언어가 개발되긴 했지만 언어학계 외에는 특별한 관심을 끌지 못해서 자연스럽게 쇠퇴했다. 인공 언어로 가장 널리 보급된 것은 에스페

VOLASPODEL

Suäm yelsik boneda :

Doab bal.

MENAD BAL PÜK BAL

Pubom in del 20id

mula alik.

CALABLED VOLAPÜKAKLUBA· NOLÜMELOPIK.

YELÜP 3.   NEW YORK, XIul 20id 1892.   NÜM 1.

1892년 11월 20일 뉴욕에서 발행한 볼라퓌크 관련
월간 잡지 『Volaspodel』 일부.

란토였다.

특정한 원어민도 없고 특정 민족이나 국가와의 관련성도 없으니 모든 사용자가 평등한 입장에 설 수 있다는 것이 에스페란토의 장점이었다. 이렇게 중립적이고 인공적인 언어를 통해 민족과 국가 사이에 갈등을 완화하고 평화를 구축하는 것이야말로 에스페란토가 꿈꾸던 바였다. 이러한 이상을 품고 에스페란토의 확산과 전파를 위해 열심히 노력했던 이들이 전 세계에 포진했다.

─── 에스페란토의 한계,
그리고 꿈의 좌절

그러나 이상이란 그렇게 쉽게 이루어지지 않는다. 우선 에스페란토가 가진 한계가 분명히 있었다. 비록 배우기 쉽게 만들어지긴 했지만 에스페란토는 기본적으로 유럽의 여러 언어를 바탕으로 만들어졌다. 어순은 로마어파로망스어파와 같고 발음의 체계는 슬라브어파의 영향을 많이 받았다. 주어와 목적어의 격이 있으며 단어의 성은 없지만 단수와 복수가 있다. 문법은 다른 유럽 언어에 비해 간단하지만 단어의 약 3분의 2는 로마어파에 나머지 3분의 1은 게르만어파에 근간을 두고 있다. 근본적으로 유럽의 언어이다. 그도 그럴 것이 자멘호프는 이디시어와 러시아어 그리고 폴란드어를 원어민 수준으로 구사했고 독일어, 프랑스어, 희랍어, 라틴어, 고대 그리스어 그리고 아람어를 공부했다. 따라서 그가 새로운 언어를 만들면서 유럽 언어를 중심으로 참조하는 일은 매우 자연스럽긴 했지만 그 때문에 에스페란토는 그가 천명한 것만큼 중립적이고 평등한 언어라고 말할 수 없게 되었다. 다시 말해 유럽인들이 에스페란토를 배우기는 비교적 수월하지만 한국을 비롯한 다른 대륙 지역 즉 유럽 쪽 언어와 관계가 없는 사람들이 배우기에는 결코 쉽지 않았다. 따라서 전 세계적으로 보급되는 것이 어려웠음은 물론이다. 자멘호프는 서로 다른 언어를 사용함으로써 일어나는 여러 갈등을 해소하기 위해 중립적이고 평등하게 사용할 수 있는 인공 언어를 만들었지만 이 역시 서양 중심주의의 한계를 보이고 있었고 그가 만든 언어에도 어쩔 수 없이 제국주의 시대에서 파생한 서양 문명의 헤게모니가 반영되어 있었다.

좌절의 이유는 또 있었다. 에스페란토에 흐르는 반국가적 태도를 제국주의자들이나 독재자들이 좋아할 리 없었다. 국가는 근본적으로 지정된 영토 안에 사는 '국민'의 충성을 요구하게 마련이다. 이러한 충성은 일체감이 전제되어야 하는데 그 일체감을 부여하는 데 언어만큼 효과적인 건 없었다. 그런데 에스페란토는 국경과 언어를 초월하고 인간의 보편성을 강조하고 나섰으니 통치자의 시각에서 이러한 움직임은 국가의 개념에 정면으로 충돌하는, 즉 반국가적 태도와 일맥상통으로 여겨졌다. 마침 20세기 중반 세계 역사에는 대단한 독재자가 등장했다. 나치 독일의 지도자 히틀러1889~1945였다. 반국가적 사상이 흐르는 에스페란토가 마음에 들지 않았던 그는 에스페란토 운동을 펼치는 이들을 유대인과 마찬가지로 탄압하고 학살했다.

히틀러의 시대가 끝난 후에도 에스페란토에 햇살이 비치지는 않았다. 제2차 세계대전 이후 미국과 소련의 냉전 시대가 시작되었다. 반국가주의를 넘어 강대국 그 자체를 부정하는 에스페란토는 양쪽 진영 모두의 환영을 받지 못했다. 미국과 소련은 꽁꽁 얼어붙은 냉전 관계를 유지하며 자국의 영향력 범위에 속한 다른 국가들 역시 철저하게 냉전 체제 안으로 들어오게 했

다. 미국과의 우방 국가는 미국과 함께 소련에 적대적이어야 했고 소련의 영향
권에 속한 국가들은 역시 소련과 함께 미국과 싸늘한 관계를 유지해야 했다.
이런 와중에 인간의 보편적 가치인 평등과 평화를 강조하는 에스페란토를 반
가워할 국가는 없었다. 게다가 에스페란토가 스파이들의 비밀 언어로 활용될
수 있다는 주장까지 나와 양쪽 진영 모두의 불신은 더 깊어졌다.

냉전이 끝난 이후에도 에스페란토는 여전히 주목 받지 못했다. 전 세
계적으로 미국의 영향력이 압도적으로 커지면서 영어야말로 만국의 공통어
지위에 오르게 되었다. 시간이 더 흘러 인터넷이 보급되자 에스페란토를 배우
려는 이들이 늘어나긴 했으나 어디까지나 호기심이나 취미의 대상일 뿐 그 영
향력은 여전히 지극히 미미할 따름이다.

─── **가장 성공적인 인공 언어 사례이자**
언어의 취미화를 이끈 에스페란토

그렇다고 해서 에스페란토의 시도가 전혀 무의미한 것은 아니다. 자
멘호프의 바람처럼 전 세계 공통어로 확산되지는 못했지만 에스페란토는 지
금까지 가장 성공한 것으로 평가 받는 인공 언어이다. 에스페란토를 배우려는
이들의 학습 동기는 다른 외국어를 배우려는 이들과 많이 달랐다. 이들은 에
스페란토가 지향하는 인류 평화라는 이상주의에 공감했고, 국가와 민족이라
는 개념으로부터 자유롭다는 이유로 에스페란토를 열심히 배웠다. 이들을 중
심으로 여럿이 모여 같이 공부하는 자발적인 에스페란토 클럽이 전 세계 곳곳
에 많이 생겼다. 수많은 전 세계 젊은이에게 에스페란토는 그 취지와 이상을
공유하는 일종의 취미 활동으로 여겨졌고 이러한 경향은 외국어를 취미처럼

공부하는 풍조의 효시가 되었다. 즉 에스페란토는 역사상 최초의 취미 외국어였던 셈이다. 이러한 취미 외국어 풍조는 문화 교류 현장에서 반복되었다. 일본 문화가 한국에 개방되기 이전 암암리에 일본 영화나 만화를 접했던 이들은 오로지 그 콘텐츠를 이해하기 위해 자발적으로 일본어를 공부했다. 취업이나 진학과 관계 없이 오로지 문화를 즐기기 위한 수단으로 외국어를 학습한 것이다. 시간이 흘러 2000년대 일본에서도 다른 효용을 위해서가 아닌 오로지 취미처럼 즐기기 위해 한국어를 자발적으로 찾아 공부하는 이들이 늘어났다. 열도 전역에 열풍을 일으킨 한류의 영향이었다.

TAKE OUT

신자유주의 시대, 영어 패권의 시대

글로벌 시대의 도래로, 제국을 건설하려던 국가들은 신자유주의 물결을 주도했다. 자국어를 널리 퍼뜨리는 국가가 곧 세계 경제 질서를 주도했다. 각 국의 발 빠른 노력이 전개되었다. 그러나 승부는 이미 결정되었다. 대영제국 시절부터 씨 뿌려진 영어의 패권은 세계 최강대국으로 부상한 미국에 의해 더욱 강고해졌다. 영어는 국제공통어의 권위를 획득했다. 한편으로 국어와 외국어의 경계도 희미해졌다. 21세기 외국어는 어떤 양상으로 전파되어갈 것인가.

전쟁의 시대를 거쳐 냉전의 시대, 그 뒤를 이은 글로벌 시대

"가장 폭력적인 세기였다."

21세기의 진입을 코앞에 둔 1990년대 후반 많은 역사학자가 20세기를 뒤돌아 보며 이렇게 정의했다. 20세기의 출발은 제국주의의 확산에서 비롯되었고 1914년 제1차 세계대전과 1939년 제2차 세계대전이라는 연이은 전쟁을 치르며 중반을 지나야 했다. 이것으로 끝이 아니었다. 양차 세계대전 이후 미국과 소련의 팽팽한 냉전이 뒤를 이었고 한국전쟁을 비롯한 지역 곳곳의 전쟁이 세기말까지 지속되었다. 전쟁의 참상은 한두 마디로 표현할 수 없으나 민간인의 학살은 전쟁터 어디에서나 반복되었다. 그 가운데서도 제2차 세계대전 중 독일 나치에 의해 자행된 유대인과 동유럽인들의 대규모 학살을 의미하는 홀로코스트는 20세기 비극의 대표적 사례라 할 수 있다.

그러나 역사는 한편으로 진전하고 있었다. 영영 끝나지 않을 것 같은 폭력의 연속선상에서도 제국주의는 서서히 쇠퇴하고 있었고 민주주의는 꽃을 피우고 있었다. 제2차 세계대전 참전국 중 여러 국가가 전쟁이 끝난 뒤 중산층 확대 정책을 도입하기 시작했고 많은 개발도상국이 이를 모방함으로써 전 세계적으로 중산층의 숫자가 크게 늘어났다. 지속적인 경제 성장 위에 이제 디지털 혁명 시대의 도래를 목도할 차례였다. 그리고 가속화되는 자본주의 성장과 세계 곳곳의 도시화는 지구 생태계의 위험 요소로 등장, 기후변화라는 이전 세기에서는 상상할 수 없는 새로운 문제를 인류 앞에 숙제처럼 내놓았다.

1923년 당시 유럽 지도. 영국에서 제작한 이 지도를 보면 동유럽의 신생국, 해체된 오스만제국, 축소된 독일 등 제1차 세계대전과 러시아 혁명을 치른 뒤 일어난 유럽의 변화를 알 수 있다. 특히 주의 깊게 볼 점은 동유럽 지역이다. 유고슬라비아와 체코슬로바키아를 제외한 동유럽 지역의 나머지 국가의 국경은 대체로 사용하는 언어권과 일치한다. 그 당시 언어와 민족, 국가가 형성하고 있던 긴밀한 상관관계를 드러내주고 있다. 미국 국회도서관 소장.

한 세기 안에 일어난 변화라고 보기에 그 격변의 정도가 매우 큰 20세기는 크게 세 단계로 구분할 수 있다. 1900년부터 1945년까지는 양차 세계대전과 파시즘으로 요약할 수 있는 '전쟁 시대'이다. 1945년부터 1980년대 중반까지는 이른바 '냉전 시대'로서 미국과 소련으로 인한 긴장과 갈등이 전 세계 정세를 쥐락펴락했다. 그 이후는 뜻밖에도 '글로벌 시대'다. 냉전 시대에서 극적인 변곡점을 거쳐 마련된 이 시기에는 1980년대 중반 무렵부터 민주화가 전 세계적으로 확장되었고 디지털 혁명이 동시다발적으로 이루어졌으며 이로 인한 글로벌화가 전 세계의 주요 화두로 등장했다. 그리고 아이러니하게도 이러한 20세기를 뒤로 하고 새로운 천 년의 시작점에 자리한 것은 2001년 미국 심장부를 겨눈 9·11테러였다.

외국어와 관련한 풍경 역시 20세기 역사의 파고와 함께 변화했다. 우리는 이미 19세기 말부터 20세기 전반에 걸쳐 일어난 외국어 교육 혁신 운동과 그로 인한 여러 변화에 대해 살펴보았다. 문법 교육을 위주로 한 독해 중심에서 말하기를 중심으로 하는 외국어 교육의 새로운 패러다임이 등장했으나 제1차 세계대전을 전후해 외국어 교육은 전반적으로 쇠퇴하고 있었다.

1919년 6월 28일 베르사유 조약을 통해 제1차 세계대전은 마무리되었다. 크게 보아 31개국의 연합국과 독일 간의 합의였다. 이로써 국제 질서의 기초가 정리되었고 평화가 찾아온 듯했다.

1929년 10월 29일. 미국 주식은 폭락했고 대공황의 서막이 올랐다. 비단 미국만의 문제로 끝나지 않았다. 1920년대, 그러니까 제1차 세계대전이 끝나고 대공황 그 직전까지만 해도 세계 경제는 온통 호황 일색이었다. 유례없는 호황으로 온 세계가 떠들썩했다. 돌이켜 보면 그 소란으로 밑바닥에 잠재되어 있던 숱한 문제들은 드러나지 않고 고요히 흐르고 있던 형국이었다.

그러던 차에 일어난 미국발 경제대공황은 세계 경제의 지축을 흔들었고 그동안 잠자고 있던 숱한 문제들이 동시다발적으로 수면 위로 떠올랐다. 그 가운데 민족주의가 있었다.

이미 국제 사회의 큰 흐름으로 자리 잡은 민족주의는 돌이켜 보면 제1차 세계대전을 거치며 더 강고해졌고 베르사유 조약은 국제 질서의 기초를 정비한 것 외에 국제 무대에서 최초로 민족의 주권을 인정하는 역할을 했다. 제1차 세계대전의 종식 이후 중동을 비롯한 유럽 지역에서 신생국이 대거 등장했고 식민지 조선 같은 제국주의 국가의 지배를 받는 민족들의 독립 요구가 날이 갈수록 거세졌다. 1919년 3·1운동과 4월 상해임시정부 수립은 이러한 국제 정세와 긴밀하게 연관되어 있었다.

전쟁은 한 번으로 끝나지 않았다. 1930년대 인류는 또다시 세계대전을 치러야 했고 이와 더불어 파시즘이라는 새로운 위협과 마주해야 했다.

─── **나란히 등장한**
민족주의의 명과 암

제국주의 국가의 억압을 받고 있는 민족들이 단결하여 독립운동을 펼치는 것이 민족주의의 긍정적인 면이라면 자신들의 민족적 우월성을 드러낸 극단적인 전체주의자들 역시 민족주의의 또다른 얼굴이었다. 파시즘이 바로 그것이다. 제1차 세계대전 중 이탈리아에서 등장한 파시즘은 좁게는 무솔리니1883~1945로부터 비롯된 일종의 정치 이데올로기를 뜻하기도 하지만 과잉된 민족주의와 국수주의에서 나아가 인종주의와 전체주의적 양상을 의미하기도 한다.

1919년 시인 필리포 마리네티Filippo Tommaso Emilio Marinetti, 1876~1944는
파시즘 운동가인 알체스테 데 암브리스Alceste De Ambris, 1874~1934와 『파시즘 선
언』Fascist Manifesto을 함께 저술했다. 이를 통해 이들은 정치, 경제, 사회와 국방
개혁을 제안했는데 주장하는 내용은 크게 다음과 같았다.

1. 정부 권력을 강화할 것.
2. 자본을 통제할 것.
3. 자주 경제를 이룩하고 국방을 강화할 것.

큰 틀에서 보자면 강력한 지도자를 중심으로 새로운 사회의 구현을
주장하는 것이었다. 이를 대중 앞에서 천명하고 나선 인물은 바로 이탈리아의
무솔리니였다. 사회주의 노선을 걷던 그는 전쟁을 통해 초기 파시즘으로 전환
하고 정치적 투쟁을 강조했다. 그리고 1922년 이탈리아의 수상이 된 뒤 독재
체제를 확립함으로써 파시스트로서의 자신의 진면목을 거침없이 세상에 드러
내기 시작했다.

이탈리아에서 등장한 파시즘에 큰 관심을 가진 인물이 있었으니 바
로 히틀러였다. 제1차 세계대전 이후 1919년 이루어진 베르사유 조약에 의해
전범국가로 규정되어 전쟁의 책임을 요구 받았던 독일은 정치적으로나 경제적
으로 매우 어려운 상황에 처했고 국내외적으로도 위축되어 있었다. 이런 독일
입장에서 파시즘은 매우 수용하기 쉬운 사상이었다. 특히 여기에 매력을 느낀
히틀러는 독일 내에서 나치 운동을 시작했고 무솔리니에 비해 시간이 좀 더

걸리기는 했으나 1933년 독일의 수상 자리에 올랐다. 1934년부터 독재 체제를 확립한 그는 독일인의 단결을 주장하며 제1차 세계대전 이후 이루어진 베르사유 조약의 부당함을 알리고 유대인을 공격하는 것과 동시에 막대한 군사력을 키워나갔다. 그는 독일 내에서의 권력 획득에 머물지 않고 1930년대 중반 주변국을 침략하면서 세력을 계속 확장해 나갔으며 급기야 1939년 폴란드를 침공함으로써 제2차 세계대전의 도화선에 불을 당겼다.

─── 언어, 민족정체성의 상징적 장치로 부상하다

파시스트 독재자들에게 사회 단결은 매우 중요한 이슈였다. 이를 위해 이들은 민족주의적 문화 전체주의를 내세웠는데 민족정체성을 드러내는 데 언어는 가장 상징적인 장치였다. 때를 맞춰 독일어 순화 운동을 시작했고 나치 사상을 반영하는 신조어도 생겨났다.

19세기 후반 이후 국가로서의 정체성을 확립하기 위한 정책의 일환으로 각 나라의 교육 현장에서 문법과 발음을 표준화시키는 '표준어' 정책이 구현되었음을 앞에서 살펴본 바 있다. 그러나 이 당시 독일에서 이루어진 독일어 순화 운동은 표준어 교육과는 차이가 있었다. 나치 독일은 언론과 교육을 엄격하게 통제함으로써 각 개인의 언어생활을 철저히 관리하려 했다. 특히 미술을 공부했던 히틀러는 독일어의 글꼴에까지 관심을 보이기도 했다. 이런 그가 민족 간 갈등을 해소하려는 이상주의적 언어 운동인 에스페란토를 반길리 없었다. 그는 독일 내에서 에스페란토 운동을 강력히 반대했고 1935년 엄격히 금지 조치한 뒤 에스페란토 활동가들을 수없이 학살했다.

나치 독일의 점령지가 늘어날수록 강제로 독일어를 배워야 하는 곳들도 늘어났다. 이들 국가에서 독일어는 필수 외국어였다. 네덜란드의 경우 외국어는 선택 과목이었을 뿐이고 학생들은 대부분 프랑스어나 영어를 선택했으나 독일은 점령 이후 이런 선택권을 박탈하고 무조건 독일어를 배우도록 했다. 이렇게 점령지 국가의 학교 현장에서 독일어를 필수로 지정하는 것은 나치 독일의 독일화 전략의 첫 단계로서 그들은 모든 교육을 독일어로 진행한다는 다음 단계까지 준비를 하고 있었다. 하지만 1945년 제2차 세계대전의 종식으로 그 다음 단계는 계획으로 그쳐야 했다.

20세기 제국주의자, 서양에는 이탈리아와 독일이, 아시아에는 일본이

서구 파시스트로 이탈리아의 무솔리니와 독일의 히틀러가 있다면 아시아에서는 단연 일본 제국주의자들이 파시스트로서의 면모를 보였다. 일본의 파시즘은 이탈리아나 독일식 파시즘보다 군국주의 성격이 강했다. 일본 군국주의자들은 독일과 비슷하게 자국 내에서 '국어'를 순화하려 했고 미국과의 긴장이 고조되자 일상생활에서 영어로 된 외래어를 배척하려 했다. 일본어를 표기하는 문자인 히라가나와 가타카나 중에 가타카나가 더 강하게 보인다는 이유로 각종 군 관련 소식지나 공문서 등에는 가타카나를 주로 사용토록 했다. 또한 여러 차례 살펴본 것처럼 일본화 정책의 일환으로 식민지 조선의 학생들에게 일본어를 국어로 지정하고 강제적으로 일본어 교육을 실시했는데 이는 독일이 자신들의 점령지에서 펼친 독일화 전략보다 훨씬 더 강력한 것이었다.

피지배국을 대상으로 한 일본 제국주의자들의 일본화 전략은 당연히 식민지 조선에만 국한된 것이 아니었다. 이들은 제2차 세계대전을 통해 새로 지배하게 된 점령국마다 일본어 보급에 힘 썼고 일본어 교육을 강조했다. 1932년 일본은 만주국을 설립한 뒤 각 학교에서 일본어를 필수로 가르치게 했고 1941년 필리핀 지배가 시작되자 곧 미국의 영향을 약화하기 위해 영어교육을 전면 금지하는 동시에 일본어 교육을 도입했다. 다만 1941년 이후에 지배를 시작한 국가들의 경우에는 양상이 달랐다. 즉 그 이전까지는 일본어 교육을 통해 민족성 그 자체를 말살하고 충실한 일본 국민으로 만들기 위해 피지배국의 전 교육 현장에서 일본어 교육을 강제로 실시했으나 1941년 이후부터는 극소수의 엘리트를 중심으로 일본어 교육이 이루어졌다.

──── 제국주의자의 언어를 가르치면서
외국어 교수법을 개발하다

일본어가 모어가 아닌 이들에게 일본어를 교육시켜야 하는 일이 중요한 과제로 다뤄지면서 일본 내에는 자연스럽게 일본어 교육 전문가들이 등장했다. 그 가운데 가장 영향력 있는 학자로는 야마구치 기이치로山口喜一郎, 1878~1952를 들 수 있다. 야마구치는 처음에는 대만 그 다음에는 식민지 조선에서 현지인들에게 일본어를 가르쳤고 그 이후 만주국과 중국에서까지 일본어를 가르쳤다. 그는 약 50년에 걸쳐 일본 바깥에서 여러 나라의 사람들에게 일본어를 가르치면서 자신만의 독자적인 교수법을 개발했다.

일종의 직접 교수법과 비슷한 개념으로서 외국인들에게 일본어를 가르칠 때 학습자의 모어를 전혀 사용하지 않고 일본어로만 수업을 진행하되 수

서구 파시스트와 같은 듯 달랐던 일본 파시즘, 점령국마다 일본어를 전파하다

일본의 파시즘은 군국주의 성격이 강했다. 일본 군국주의자들은 독일과 비슷하게 자국 내에서 '국어'를 순화하려 했고 미국과의 긴장이 고조되자 일상생활에서 영어로 된 외래어를 배척하려 했다. 또한 일본화 정책의 일환으로 식민지 조선의 학생들에게 일본어를 국어로 지정하고 강제로 일어 교육을 실시했다. 피지배국을 대상으로 한 일본 제국주의자들의 일본화 전략은 당연히 식민지 조선에만 국한된 것이 아니었다. 이들은 제2차 세계대전을 통해 새로 지배하게 된 점령국마다 일본어 보급에 힘 썼고 일본어 교육을 강조했다.

01 1879년 미국 그랜트 대통령의 일본 방문을 기념하여 제작한 목판본 중 일부다. 미국 국기를 모티프로 삼은 여성들의 옷차림이 눈길을 끈다. 미국과 일본의 우호적 관계를 묘사한 것으로, 일본은 다른 아시아 국가와 달리 서양의 문명을 매우 적극적으로 받아들였다. 메트로폴리탄 미술관 소장.

02 1938년 제작된 파시즘 동맹 선전용 엽서. 히틀러와 가노에 수상 그리고 무솔리니 사진 밑에 어린이들이 독일과 일본 그리고 이탈리아 국기를 흔들고 있다. 파시즘 국가끼리의 연대를 강조하는 이미지다.

03

03 일본은 식민지 조선인들에게 자국어 대신 일본어를 쓰도록 강제했다. 이름을 바꾸게 한 것 역시 이러한 정책의 일환으로 진행되었다. 자료는 1939년 11월 배포된 조선인 개명 의무에 대한 안내로, 창씨개명에 대한 대구지방법원의 공지문이다. 이처럼 일본 제국주의는 언어의 강압적 사용을 통해 내선일체(內鮮一體)를 주장했고, 그 주장을 반영한 것 중 하나가 창씨개명 정책이었다.

04 인도네시아 자와에서 일본 군인이 현지인에게 일본어를 가르치는 수업 장면. 1943년 요미우리 신문에서 소개했다.

04

업의 내용은 주로 문형 연습을 중심으로 하는 말하기 교수법이었다. 야마구치는 앞에서 언급한 프랑수아 구앵의 영향을 받은 것으로 알려져 있는데 그가 구앵의 교수법 이론을 일본어 교육에서 적용하려 했던 때는 이미 유럽과 미국에서 구앵의 교수법 유행이 한풀 꺾인 이후였다. 이것은 어떤 의미로 보자면 정작 서구 유럽에서는 이미 한풀 꺾이고 있던 구앵의 교수법이 20세기 중반 식민지 지배에 혈안이 되어 있던 일본어 교육 현장에서 계승되고 있었음을 뜻한다.

야마구치는 전쟁 이후에도 자신의 실전 경험을 살려 말하기 교육을 주장했지만 일본 국내에서는 전통적으로 이루어진 문법 번역식 교수법의 전통이 견고하여 근본적인 변화를 끌어내지는 못했다.

──── 강대국들, 여러 목적과 방법으로 자신들의 언어와 문화를 보급하다

자국 언어의 해외 보급은 파시즘 국가에서만 이루어진 게 아니다. 물론 파시즘 국가들이 점령 국가에 강제로 자국어를 보급시키려 했던 것과 그 양상은 매우 다르지만 많은 국가가 다양한 방식으로 해외에 자국의 언어와 문화를 알리기 위해 노력했다.

영국은 영어와 자국의 문화를 보급시키기 위해서 1934년 영국문화원 British Council을 런던에 설립한 이래 1938년부터 루마니아, 폴란드, 포르투갈, 이집트 등의 국가 수도에 영국문화원을 열었다. 제2차 세계대전 동안 잠시 중단하긴 했으나 1944년 파리가 해방되면서 다시 해외로 확대되었다. 영국문화원에서는 주로 영어 수업이 이루어졌고 영국 문화를 소개하는 프로그램과 영어 학습을 지원하는 도서실 등을 운영했다.

유럽의 긴장이 고조되면서 미국은 고립주의를 강화했고 때문에 해외로의 영어 및 문화 보급 활동은 활발하지 않았다. 그 가운데 1933년 대통령에 취임한 루스벨트1882~1945는 '좋은 이웃 정책'Good Neighbor Policy을 도입해 남미와의 문화 교류 확대를 위해 노력했다. 이는 순수하게 문화를 보급하려는 차원이었다기보다 유럽에서 전쟁이 일어날 경우 남미에 대한 미국의 헤게모니가 흔들릴 수 있다는 가능성에 미리 대비한 것이었다. 더 나아가 미국은 1939년 제2차 세계대전이 일어난 뒤 남미의 엘리트 계층을 위한 영어 교육에 관심을 보이기 시작했다. 1941년 미시간 대학교에 미국 최초의 대학 부설 영어 교육 기관인 영어교육원English Language Institute을 설립, 남미 엘리트 계층들로 하여금 이곳에서 영어를 배우게 한 것이다. 실제로 남미의 엘리트들은 미국으로 건너와 집중적으로 영어를 배웠고 미국에 대한 이해를 높였는데 미국은 이들을 자신들에게 우호적인 '친미' 세력으로 양성하려 했다. 당시 미시간 대학교 영어교육원은 외국인들에게 말하기를 중점적으로 가르쳤고 여기에 문법과 단어, 발음 연습을 병행함으로써 '청각구두 교수법'Audio-lingual Method의 실험장 역할을 하기도 했다. 청각구두 교수법에 대해서는 뒤에서 좀 더 살필 예정이다.

─── 자국어와 외국어 교육을 둘러싼
새로운 교수법의 등장과 쇠퇴

이렇듯 제2차 세계대전의 문턱에서 설립한 영국문화원과 미시간 대학교 영어교육원은 전쟁 이후의 외국어 교육 방식을 둘러싸고 일어날 커다란 변화를 암시했으나 당시 외국어를 가르치는 미국의 교육계는 외국인들에게 자국의 언어를 가르치는 것보다는 주로 학교에서 자국 학생들에게 다른 나라의 언어를 가르치는 교육에 대해서만 관심을 가졌다. 그리고 제4장에서 살폈듯이 미국의 고등학교 교육이 빠르게 확산되면서 일선 학교에서는 외국어를 배우려는 학생들이 늘어났다. 현장에서는 수업 시간의 현실에 맞춰 외국어 교육은 간단한 문법의 이해와 독해 정도로 수업의 목표를 낮춰야 한다는 주장이 대두되었고 이로써 오히려 외국어 교육 혁신 운동에서 등장한 말하기 교육에서 후퇴하는 양상을 보였다.

이런 미국과 달리 영국에서는 한창 외국어 교수법에 대한 새로운 논의가 활발하게 진행 중이었다. 그 핵심에는 영국인 언어학자 해럴드 파머Harold E. Palmer, 1877~1949가 있다. 그는 프랑스어를 공부하다가 벨기에 베르비에시 벌리츠 어학원에서 영어를 가르쳤는데 기존의 교수법에 한계를 느껴 스스로 어학원을 설립하여 1914년까지 운영했다. 당시 그는 여러 가지 교수법을 실험했는데 그 가운데 하나가 암기 도구로 개발한 단어와 문법 카드였다. 그는 또한 에스페란토와 에스페란토의 파생어인 이도Ido를 공부했으며 1915년에는 유니버시티 칼리지 런던에서 영어를 가르치다가 1922년 일본 정부의 초대를 받아 1923년 일본 문부성 산하 연구 기관인 영어교수연구소를 설립, 원장을 역임했다. 그가 초대 원장을 맡았던 영어교수연구소는 1946년 법인화를 거쳐 어학교육연구소라는 이름으로 오늘날까지도 영어 교육 연구와 교사 연수를 진행하고 있다. 영어 교육에서 우수한 실적을 보인 이들에게 '파머상'을 수여함으로써 여전히 파머의 이름을 기리고 있기도 하다.

파머는 벌리츠와 마찬가지로 외국어 교육 혁신 운동의 영향을 받아 외국어를 가르칠 때는 대상 외국어로 교육해야 한다고 강조했다. 일본에서 '구두 교수법'Oral Method을 개발한 그는 이 교수법에 따라 모든 교육을 대상 외국어로 진행하고 교사가 직접 발음, 문법, 표현 패턴을 연습시켜야 한다고 했다. 또한 문자를 배우기 전에 말소리를 먼저 파악할 것을 주장하고 수업 시간에 이루어지는 암기 연습을 중요시했다.

일본에 머물던 당시 파머는 도쿄고등사범대 부속 중학교현재 츠쿠바 대학 부속 중고등학교에서 학생들을 직접 가르치면서 이 교수법을 실천했는데 역시 원어민이 아닌 일본인 교사들이 영어로 수업하는 것을 부담스러워 했기 때문에 파머의 교수법은 일본 내에서 널리 보급되지 못했다. 하지만 파머는 자신의 구두 교수법을 널리 보급하기 위해 강연과 교재 개발을 열심히 했고 1926년 3월에는 서울에 와서도 강연을 했다. 그가 다녀간 후 1926년 서울YMCA에서 '파머의 구두 교수법'으로 여름 영어 수업을 개시했는데 이것으로 보아 파머의 교수법이 당시 식민지 조선에서도 널리 알려져 있었던 듯하다. 1935년 도쿄제국대학은 파머의 공헌을 인정하고 박사 학위를 수여했다. 비록 일본에서는 그 영향력에 한계가 있었으나 파머는 1936년 영국으로 돌아간 이후에도 활동을 계속함으로써 당시 영어 교육 학계에 지속적인 영향을 끼쳤다.

일제강점기 식민지 조선의 일선 학교에서 이루어진 외국어 과목 중에는 영어가 가장 인기가 높았다. 흥미로운 것은 학교에서만이 아니라 일반인을 위한 영어 교육도 활발하게 이루어졌다는 점이다. YMCA와 같은 민간 기관은 일반인을 위한 영어 수업 강좌를 마련했고 『동아일보』는 지면에 영어 학습 관련 내용을 게재했을 뿐만 아니라 영어 학습소를 운영하고 영어웅변대회를 개최하기도 했다. 영어 공부를 위한 교재와 사전 출간도 활발한 편이었고 1928년부터 1939년까지 라디오에서는 영어 강좌를 방송하기도 했다. 비록 1930년대 말 미국과 일본의 관계가 악화되면서 조선총독부의 압력으로 식민지 조선 내에서 영어 교육은 정책적으로 중단되거나 보류되었지만 영어에 대한 일반인들의 관심이 매우 높았음을 미루어 짐작할 수 있다.

영어가 이렇게 일반 대중들의 급격한 관심을 받게 된 데에는 기독교의 역할이 컸다. 기독교는 주로 영어권 특히 미국인 선교사를 통해 전파되었고 이들이 세운 연희전문학교나 배재학당 그리고 이화학당과 같은 기독교 계통 학교가 당시 지식인과 상류층을 육성하는 데 중요한 역할을 했다. 또한 일제강점기 기독교는 일본에 대한 저항의 상징처럼 여겨져 일본에 대한 반감이 높아질수록 선교사들의 언어인 영어에 대한 호의적인 인식이 형성되었다.

─── 군대에서도, 전쟁터에서도
외국어는 필요하다

외국어는 당연히 민간의 영역에만 국한되는 것은 아니다. 군대에서도 전쟁터에서도 외국어는 필요하다. 군대가 존재하는 이유는 국가를 지키기 위한 것이다. 국가 즉 나라를 지킨다는 의미는 타국의 물리적 지배를 받지 않도록 자국의 영토와 주권을 지키는 것이다. 국가 간의 경계에서 하나의 국가가 자국의 영향력을 확장하고 타국을 지배하겠다는 의지를 표명하고 실행할 때 국가 간에는 힘의 긴장 관계가 만들어지고 그 힘의 우위 여부에 따라 불평등한 관계가 설정되며 이로써 형성된 갈등이 악화되면 전쟁으로 이어진다. 이때 필요한 것이 타국에 관한 정보이며 그 정보를 얻기 위해 습득해야 하는 것이 바로 그 나라의 언어, 즉 외국어다. 이 지점에서 외국어는 여러 유형의 필요와 갈등을 야기한다. 외국어를 할 줄 안다는 것은 이중적 의미를 가지고 있다.

타국의 정보를 자국으로 가져올 수도 있으나 동시에 자국의 정보를 타국으로 건넬 수도 있기 때문이다. 이런 이중적 의미로 인해 실제 국가 간 갈등의 현장에는 외국어를 둘러싼 살풍경한 상황이 자주 연출되곤 했다.

　제2차 세계대전에 참전한 미국의 주적主敵은 독일과 일본이었다. 적국에 대한 정보를 수집해야 하는 미국 입장에서는 영어와 독일어, 영어와 일본어에 능통한 인재들이 필요했다. 영어와 독일어를 능숙하게 구사하는 이들은 쉽게 구할 수 있었다. 주로 나치와 히틀러의 독재에 반대해서 미국으로 들어온 독일 엘리트들이나 나치의 학살을 피해 들어온 유대인들이었다. 이들이 미국을 배신할 가능성은 희박했다. 이에 비해 영어와 일본어를 동시에 잘하는 이들은 매우 드물었고 가까스로 찾는다고 해봐야 일본인 이민자들이었다. 이들에게 미국을 향한 충성심을 기대하기란 어려운 일이었고 오히려 미국 내의 정보를 일본 쪽에 알릴 위험이 더 커보였다. 그러자 미국은 샌프란시스코나 로스앤젤레스 등 태평양 인근 지역에 거주하던 일본인 이민자들을 캘리포니아 내륙의 수용소로 강제 이동시켰다. 그뿐만 아니라 일본 이민자 중 젊은 남성들은 입대를 시켰다.

　그렇다면 미국은 어떻게 적국 일본의 동향을 살폈을까? 미국은 일본 이민자들을 활용하기보다 자국의 군인들에게 일본어를 가르치는 쪽을 택했다. 군부 안에서 일본어 교육을 실시하기로 하고 미국 내의 명문대 출신 군인들을 선별해서 믿을 만한 일본인 원어민 교사로 하여금 집중적으로 일본어를 가르치게 했다. 1941년 영어교육원을 설립한 미시간 대학교와 미네소타주에 주둔하고 있던 미군 부대에서 일본어 집중 교육이 이루어졌다. 일본에 대한 정보를 모으고 전쟁 이후 일본을 점령하기 위한 준비가 교육의 목적이었

군대에서 새로운 외국어 학습법이
탄생되다

군대와 전쟁터에서도 외국어는 필요하다. 제2차 세계대전에 참전한 미국에서는 독일어와 일본어에 능통한 인재들이 필요했다. 미국은 아예 자국의 군인들에게 일본어를 가르치는 쪽을 택했다. 미국 내의 명문대 출신 군인들을 선별해서 믿을 만한 일본인 원어민 교사로 하여금 집중적으로 일본어를 가르치게 했다. 이 당시 영어를 모어로 하는 군인들에게 일본어를 가르치기 위해 개발한 '육군 교수법'은 전쟁 이후에 개발된 청각구두 교수법의 모태가 되었다.

01

01 제2차 세계대전 중 미국 국방부에서 제작한 외국어 참고서 중에는 한국어 교재도 포함되어 있었다. 1944년 3월 발행한 한국어 회화 참고서 『한국어 표현집』(Korean Phrase Book)은 어디에서 사용했는지 알 수 없다.

02 1943년 미시간 대학교에서 진행된 미군의 일본어 수업. 1942~1945년까지 약 1,500 명의 군인이 교육을 받았다. 미시간 대학교 소장.

03 1960년대 어학 실습실 풍경. 육군 교수법을 참고해서 새롭게 등장한 청각구두 교수법으로 인해 원어민의 발음이 중시되었고, 이에 따라 어학실습실이 1950년대 대학을 중심으로 보급되기 시작했다.

다. 이 당시 영어를 모어로 하는 군인들에게 일본어를 가르치기 위해 개발한 '육군 교수법'은 전쟁 이후에 개발된 청각구두 교수법의 모태가 되었다. 흥미롭게도 이 당시 강사 중에는 일본인만이 아니라 일본어에 능숙한 한국 이민자도 포함되어 있었다. 식민지 출신 한국인이라면 일본에 대한 반감을 가지고 있을 가능성이 높았기 때문에 이들에 대한 미국의 신뢰가 높았다. 일본어 훈련을 받은 군인들은 전쟁 중에 들어오는 일본의 정보를 분석했을 뿐만 아니라 전쟁이 끝난 후에는 점령군과 함께 일본으로 떠나 일본의 사정을 파악하는 업무를 해야 했다.

이렇듯 제2차 세계대전 당시 미국에서 일본어는 적국의 정보를 파악하기 위한 전략 도구인 동시에 미국 내의 정보를 밖으로 유출시킬 수 있는 위험한 언어로 다뤄졌다. 당시 미국에 살고 있던 일본 이민자들에게 일본어 사용은 그 자체로 매우 위험한 행위로 여겨졌고 이는 미국 사회의 인종차별 인식을 드러내주는 사례이기도 하다. 실제로 이런 미국의 행동은 인종차별이라는 비판을 받았고 이에 대해 미국 정부는 1988년 공식 사과하고 보상 제도를 마련하기도 했다.

──── 군대 밖에서도 활용한
미국 군대식 외국어 집중 교육

미국 군대에서 언어 교육은 중요하게 다뤄졌다. 국방언어학원Defense Language Institute에서는 육군 교수법을 통해 한국인을 비롯한 많은 외국 군인에게 집중 영어 교육을 실시하기도 했다.

미국 해군의 일본어 교육은 오래전부터 이루어졌다. 러일전쟁이 끝난

1905년 미국은 일본과 교류할 외교관과 해군 관계자 양성을 위해 도쿄에 직접 학교를 설립했다. 이 학교는 1940년 미국과 일본의 외교 관계가 악화되자 캘리포니아로 옮겨졌고 전쟁 시작 후인 1942년에는 콜로라도 대학교로 옮겨졌다.

　도쿄에서 미국 해군들에게 일본어를 가르친 주임 강사는 나가누마 나오에長沼直兄, 1894~1973로 미국으로 학교를 이전한 후에도 그가 개발한 교재는 그대로 사용했다. 해럴드 파머의 영어교수연구소에서 교재 개발에 참여하기도 했던 나가누마는 파머의 영향을 받아 일본어 교육에 파머의 구두 교수법을 적용했고 그 연장선상에서 여러 교재를 개발했다. 그가 만든 한자 카드는 서양인 학습자들이 사용하곤 했고 그의 교재 중에 일본의 문학과 역사를 포함한 독본은 매우 유명했다. 앞에서 언급한 야마구치 기이치로가 직접 교수법의 영향을 받아 말하기 교육의 필요성을 주장한 것과 나가누마 나오에가 해럴드 파머의 구두 교수법의 영향을 받은 것을 보면 20세기 전반 일본어 교육자들이 새로운 이론을 받아들이는 데 적극적이었음을 알 수 있다.

　다만 한 가지 짚고 넘어가야 할 것이 있다. 이 당시 일본 내에 파시즘이 확산하면서 일본어 교육은 문화 교육을 명분으로 삼아 '일본 정신'을 강화하고 교육하는 내용을 포함시키는 등 제국주의를 정당화하는 수단으로 활용되었다. 유명했다는 나가누마의 독본 역시 이러한 맥락에서 개발, 제작된 것으로 볼 수 있는데 이는 20세기에 접어들어 외국어 교육 역시 다른 교육 분야와 마찬가지로 정치 사회적 환경으로부터 자유로울 수 없었음을 말해준다. 즉 말을 가르치고 배우는 행위는 그 언어가 속한 사회와 분리되어 이루어질 수 없을 뿐만 아니라 오히려 그 영향을 아주 강하게 받는 매우 사회성 짙은 목적

지향적 행위이기도 하다.

　　나가누마는 전쟁 이후 도쿄에서 일본어학원을 설립했는데 그 어학원은 오늘날에도 그 명맥을 이어오고 있다.

　　미시간 대학교 영어교육원에서 이루어진 일본어 교육은 이른바 집중 교육이었다. 이는 육군 교수법 역시 마찬가지였는데 당시 학습자들은 같은 공간에서 숙식을 함께 하며 하루 종일 수업을 받고 식사 및 여가 시간에도 원어민 교사와 대상 외국어를 수시로 연습했다. 특히 군대에서 실시한 외국어 집중 교육은 B학점 이상을 유지하지 못한 학생들로 하여금 저녁에 강제로 독학을 하게 했다. 이처럼 교육 기관에서 집중 교육을 실시하는 것은 서양의 외국어 교육사에서 최초로 벌어진 일이었다. 한국은 개화기를 전후해 갑자기 서양의 언어를 배워야 했고 일본 역시 메이지 유신을 기점으로 서양의 언어를 적극적으로 받아들여야 했다. 이 때문에 개화기 한국이나 메이지 유신 당시 일본에서 함께 숙박을 하며 집중 교육이 이루어진 사례가 있었다. 하지만 서양에서는 매우 드문 풍경이었다. 그런데 미국이 제2차 세계대전을 치르며 그 이전에 미처 접해보지 못한 상황에 처한 것이다. 이로써 미국 내에서 외국어 교육이 국가의 위협을 극복하고 나아가 국가의 안녕을 유지하기 위한 하나의 수단으로 인식되기 시작했고 군대 내에서 외국어 전문 인력 양성의 중요성이 대두되었다.

─── 외국어를 빨리 배울 수 있을 거라는 기대, 외국어 집중 교육을 지속시키다

　　한편 이 당시 군대에서 이루어진 외국어 집중 교육은 오늘날까지 미국 내에 매우 큰 영향을 미치고 있다. 여전히 많은 대학은 외국어 집중 수업을 진행하고 있고 여러 대학이 협력해서 특수 언어에 관한 집중 교육 프로그램을 지역별로 실시하기도 한다. 어떤 곳에서는 일정 기간 동안 숙식을 함께 하면서 대상 언어를 집중적으로 익힐 수 있게 하는데 여러 대학이 서로 협력해서 매년 여름 약 8주에 걸쳐 동남아시아 지역에서 사용하는 여덟 개의 언어를 집중적으로 가르치는 프로그램도 그 예가 될 수 있다. 이뿐만 아니라 특정 언어를 대상으로 집중 수업을 진행하는 대학 역시 매우 많다. 언어 교육으로 특히 유명한 인디애나 대학교가 1952년부터 몽골어나 에스토니아어 등 다른 대학에서 가르치지 않는 언어의 집중 수업을 계속 해오는 것도 한 예로 들 수 있다.

미들버리 대학교는 미국 대학 중에서도 외국어 집중 교육으로 유명하다. 이 학교는 1915년부터 매년 여름 외국어 집중 교육을 실시하고 있는데 육군 교수법의 영향을 받지 않고 앞에서 살펴본 외국어 혁신 운동의 영향을 받았다는 점이 눈길을 끈다. 외국어 혁신 운동 중에 특히 '대상 외국어만 사용하는 것'에 영향을 받아 오늘날까지도 수업 시간뿐만 아니라 식사 시간과 학교의 모든 공식 활동에 대상 외국어만 사용하는 조건을 받아들여야만 입학을 허용하고 있다. 같은 맥락에서 콘코디아Concordia 외국어 캠프는 1961년부터 초등학생부터 고등학생까지를 대상으로 여름 언어 캠프를 운영해왔다. 참여 학생들은 약 2주에서 4주에 걸친 기간 동안 언어별로 지정된 캠프에 머물면서 철저하게 대상 언어만을 사용해야 한다. 휴대전화기 사용은 물론 외부와의 연락은 전면적으로 금지된다. 몇몇 대학에서는 기숙사 일부를 대상 언어의 전용 공간으로 지정하고 원어민 사감보를 배치하기도 한다. 대상 언어만 쓸 수 있음은 물론이다.

결론적으로 제2차 세계대전 이후 지금까지 미국 내에서 외국어 집중 교육은 지속적으로 이루어지고 있다. 이유는 간단하다. 그 효과가 입증되었기 때문이다. 외국어 집중 교육은 외국어 교육 혁신 운동의 자연 교수법과 관련이 있다. 즉 대상 외국어와 접촉이 많아질수록 어린아이가 모어를 습득하듯 성인들의 언어 습득의 속도와 밀도가 빠르고 높아진다는 것인데 그 효과를 높이기 위해 다양한 교수법의 개발이 진행되고 있다. 어떻게 하면 밀도를 높이고 집중하게 하느냐 하는 것이 새로운 교수법 개발의 공통된 방향이다. 이러한 집중 교수법을 통해 학습자는 외국어를 더 빨리 더 효과적으로 습득할 수 있을 거라는 기대를 갖게 된다.

외국어 학습 기간의 단축은 오래된 화두다. 학습자들이 기간 단축에 대해 가지고 있는 관심의 정도야말로 외국어 습득의 긴 과정에 대해 느끼는 학습자들의 부담의 크기를 보여준다. 20세기 말 유행처럼 널리 퍼졌던 몰입 교육 역시 외국어 집중 교육의 영향을 받은 것이다. 일반 학교 교육의 전 과정을 대상 외국어로 진행한다면 해당 외국어 학습의 밀도와 집중도가 높아진다는 것인데 이 역시 외국어를 효과적으로 습득하고 그 기간을 단축시킬 수 있을 것이라는 기대에서 비롯되었다.

───── **청각구두 교수법으로**
민간에 퍼져 나간 육군 교수법

육군 교수법은 전쟁 이후 청각구두 교수법으로 일반 교육계에 널리 퍼져 나갔다. 이 교수법은 대상 언어를 주로 사용하는 자연스러운 환경에 스스로를 노출시키는 대신 외국어를 습득하기 쉽게 구성한 인공적 환경이 중요하다고 전제했다. 먼저 학습해야 하는 단어의 수를 제한하고 필요한 문법을 연습하기 위한 패턴을 제시한 뒤 그런 단어와 패턴으로만 이루어진 문장을 암기하는 방식의 체계적이고 과학적인 방법을 제시했다. 이러한 단어와 문장은 정확한 문법과 발음을 습득하는 데 중점을 둔 것으로 대화를 위한 문장이긴 하지만 교재 안에서나 나올 법한 것이 아닌 실제 일상에서 사용하는 문장과 단어를 체계적으로 익힐 수 있게 해주었다. 청각구두 교수법은 당시 영국에서 주목을 받던 해럴드 파머의 구두교수법과 19세기 말 호응을 얻었던 벌리츠 교수법 그리고 그 무렵 널리 퍼지고 있던 행동주의 심리학의 영향을 많이 받은 이른바 행동주의적 교육 방법이라고 할 수 있다. 외국어 교육 혁신 운동과 같은 교수법은 언어학에서 이론적 근거를 빌렸지만 청각구두 교수법은 심리학 특히 교육 심리학에서 이론적 근거를 빌렸다는 점에서 주목할 만하다. 청각구두 교수법 이후 외국어 교육은 언어학 이론뿐만 아니라 교육 심리학 이론으로부터도 영향을 받기 시작했는데 외국어 교육의 역사를 놓고 볼 때 매우 큰 전환점이라 할 수 있다. 청각구두 교수법에 영향을 미친 행동주의는 1910년대 형성된 교육 심리학 이론 중 하나다. 요약하자면 행동주의란 인간의 행동을 보고 그것을 분석하는 이론으로서 인간의 머릿속에 있는 생각이나 감정 그리고 동기 등에 대해서는 관심을 두지 않는다. 인간의 학습 역시 새로운 행동을 습득하는 것으로 인식하고 있는데 새로운 행동이 습관이 되게 하려면 칭찬과 같은 호의적 반응을 보여야 하고 목표에 미치지 못한 행동을 바로잡을 수 있어야 한다. 이 이론의 대표적 학자로 B. F. 스키너1904~1990를 들 수 있는데 그는 행동주의 가운데 행동과 변화 과정을 강조하는 '극단적 행동주의' 이론을 제시했다. 스키너는 이렇게 말했다.

"사고에 대한 가장 간단하고 만족스러운 입장은 사고가 바로 행위로 나타나는 것이다. 말을 하는 것, 또는 말을 하지 않는 것, 은밀하게 드러내는 것, 누구나 알아챌 수 있게 행동하는 것 등 모든 것이 행위에 해당한다. 사고는 은밀한 과정을 통해 행위를 주도하는 게 아니라 복잡한 통제적 관계를 포함한 행위 그 자체다."

요약하면 누군가의 행위를 통해 그의 심리 상태 즉 사고의 흐름을 파악할 수 있다는 의미다.

모든 인간은 이미 모어를 습득했고 모어의 사용은 오래된 습관이기도 하다. 새로 배워야 하는 대상 외국어는 모어와 비슷하기도 하고 다르기도 하다. 비슷한 부분은 이미 모어를 통해 습관이 되었기 때문에 습득에 문제가 없다. 하지만 다른 부분은 습득하기 위해 새로운 습관을 들여야 한다. 새로운 습관을 습득하는 데 이미 익숙한 습관은 장애가 된다. 따라서 새로운 습관에 익숙해지기 위해서는 더 많은 연습을 해야 한다.

예를 들자면 대상 외국어의 발음이 모어의 발음과 비슷하면 배울 것이 없지만 다를 경우에는 새로운 발음을 익히기 위해 수많은 연습을 해야 한다. 이러한 연습의 과정에서 새로운 발음의 습득에 미치는 모어 발음의 영향을 최소화하기 위해 끝없이 노력해야 한다.

청각구두 교수법,
체계적으로 외국어를 배우고 싶다면 문법을 공부하라

청각구두 교수법의 개발에는 19세기 말부터 계속 발전한 언어학 이론의 영향도 적지 않았다. 20세기 중반 언어학 이론의 거두 레너드 블룸필드 Leonard Bloomfield, 1887~1949는 1930년대부터 구조주의 언어학 이론을 발달시켰다. 그는 북미 선주민의 여러 언어와 산스크리트어 그리고 필리핀에서 사용하는 타갈로그Tagalog어의 문법을 분석해 귀중한 자료를 남겼는데 이러한 자료를 통해 언어학 연구에서의 실증적 자료와 과학적 분석을 강조했다. 청각구두 교수법이 대상 외국어의 실증적 자료 분석을 통한 과학적 교재를 강조한 것은 블룸필드의 영향이었다.

청각구두 교수법의 교재는 대상 외국어의 언어학적 분석을 거쳐 학습자의 모어와 비교한 뒤 그 결과를 통해 학습자의 어려움을 미리 예측하고 그 문제를 극복할 수 있는 방법을 효율적으로 제시하는 방향으로 개발되었다.

청각구두 교수법과 19세기 말에 등장한 이른바 말하기 중심 교육의 큰 차이는 문법 교육의 필요성에 대한 해석에 있다. 말하기 중심의 외국어 교육 혁신 운동은 번역 문법 교수법에 대한 반론으로 등장한 것이어서 문법 교육은 배제의 대상이었다. 대상 외국어로 문법을 설명해도 학습자가 이해할 수 없기 때문에 문법 교육은 의미가 없다고 본 것이다. 대신 바로 사용할 수 있는 단어와 표현을 익히는 데 주안점을 두었다.

하지만 청각구두 교수법은 체계적으로 외국어를 가르치기 위해서는 문법 교육이 필요하다는 입장이었다. 다만 학습자의 모어로 문법 설명을 길게 하는 것은 대상 외국어를 익히는 데 큰 도움이 되지 않기 때문에 다른 방식을 찾으려 했다. 이를 위해 청각구두 교수법에서 참조한 것이 바로 행동주의 이론이었다. 행동주의 이론에 맞게 대상 외국어의 연습을 많이 도입하고 여기에 난이도 순위로 정리한 대상 외국어의 문법을 단계적으로 반영하면서 교사가 설명하는 대신 반복되는 연습을 통해 익혀나갈 수 있게 한 것이다. 이런 방식은 문법만이 아닌 발음에서도 적용되었다. 이렇게 함으로써 반복되는 연습을 통해 새로운 언어 습관을 자연스럽게 습득할 수 있을 거라는 게 청각구두 교수법의 논리였다. 청각구두 교수법의 목적은 학습자로 하여금 대상 외국어를 유창하게 사용할 수 있게 하려는 것이지 그 언어에 대한 지적 이해를 높이려는 것이 아니었다. 청각구두 교수법은 지금껏 개발되어온 여러 교수법에 비해 포괄적이며 과학성을 강조한 것으로서 19세기 말부터 이루어진 과학의 발전은 물론 심리학이나 교육학 등 사회과학의 발전상을 반영한 교수법이라 할 수 있다.

군대에서 배운 외국어, 언어학 발전에 기여하다

전쟁 중 빠른 시간 안에 성과를 거둬야 하는 필요에 따라 정리된 육군 교수법은 결과적으로 매우 유용했다. 이 교수법을 통해 외국어를 배운 군인들의 습득 속도는 매우 빨랐고 구사 능력 역시 매우 훌륭했다. 이로 인해 군대는 전쟁 중 적국에 대한 필요한 정보를 구할 수 있었고 전후 일본 지역에 주둔하는 동안 점령지의 동향을 효과적으로 파악할 수 있었다. 일본어를 유창하게 사용할 수 있게 된 군인들은 일본 점령군으로 배치되어 미군과 일본인 사이의 중요한 창구 역할을 수행했다. 그 가운데 몇몇은 일본학의 여러 분야에서 박사 학위를 받아 전후 미국의 일본학 발전에 크게 기여하기도 했고 또 몇몇은 한국학을 연구함으로써 미국 내 한국학의 첫 세대가 되기도 했다.

예일대 교수였던 새뮤얼 마틴Samuel E. Martin, 1924~2009은 제2차 세계 대전 당시 군대에서 일본어를 배운 뒤 일본어로 언어학 박사 학위를 받았다. 그는 한국어에도 능숙해서, 1951년 『속성 한국어-한국어 말하기 빠른 학습』 Korean in a Hurry: A Quick Approach to Spoken Korean이라는 한국어 회화 책을 출간하기도 했다. 그것으로 그치지 않고 1954년에는 이승만 대통령의 초대로 한국에 머물며 한국 학자들과 함께 한글맞춤법개정에 대한 논의를 했을 정도다. 그는 일본어와 한국어뿐만 아니라 언어학계에서도 뛰어난 연구자로서 1954년에는 오늘날까지도 언어학계에서 널리 사용하는 예일 한국어 로마자 표기법을 개발했다.

프레드 루코프Fred Lukoff, 1920~2000 교수는 군대에서 육군 교수법으로 한국어를 배운 뒤 종전 후 펜실베이니아 대학교에서 한국어 문법에 대한 박사 논문을 쓰고 오랫동안 워싱턴 대학교에서 한국어를 가르쳤다. 루코프는 군대 시절에 개발하고 1945년에 출간된 『기초 한국어 말하기』Spoken Korean: Basic Course 등을 비롯한 다양한 교재를 만들었다.

───── **발음 연습을 위한 어학 실습실,**
모든 외국어 교육 현장의 기본으로 인식되다

육군 교수법을 참조한 청각구두 교수법의 성과가 좋은 것으로 알려지자 교육계에서는 많은 관심을 보였고 일반 학교에서도 이 교수법을 도입, 적용하려는 시도가 이어졌다.

제2차 세계대전 이후 미국은 오랫동안 호황이 지속되었고 이는 중산층의 확대로 이어졌다. 이러한 사회적 분위기로 인해 대중들은 청각구두 교수법과 같은 새롭고 체계적인 교육 방식을 자연스럽게 받아들이기 시작했고 새로운 교수법은 외국어 교육 현장에서 급속도로 확산되었다. 발음의 중요성이 강조되면서 원어민의 발음을 익히는 게 중요해졌다. 하지만 원어민 교사를 확보하는 일은 쉽지 않았다. 효과적인 발음 연습을 위해 미리 녹음된 원어민 발음을 들려주고 연습을 하게 하는 어학 실습실이 1946년 최초로 등장했다. 그 후 대학을 중심으로 점점 확산된 어학 실습실은 모든 외국어 교육장의 기본으로 인식되었다. 얼마 지나지 않아 고등학교에까지 퍼져 나가 1958년 통계에 따르면 미국 내의 약 240개 대학과 64여 개의 고등학교에서 어학 실습실을 갖춘 것으로 나타났다.

한편 1957년 소련이 미국보다 앞서 최초의 인공위성 스푸트니크 1호 발사에 성공하자 미국인들은 충격을 받았고 러시아어에 관한 관심이 급증했다. 1958년 국가방위교육법National Defense Education Act은 수학과 과학 그리고 외국어 교육을 강화할 목적으로 시행되었는데 이는 제2차 세계대전 중 발생한 국가 안보와 외국어의 관계에 대한 의식의 연장이었고 이는 오늘날까지 미국 외국어 교육 정책에 영향을 끼치고 있다. 그러면서 제2차 세계대전 당시 매우 높은 성과를 보인 육군 교수법과 이를 참조한 청각구두 교수법에 대한 기대가 다시 한 번 높아졌다.

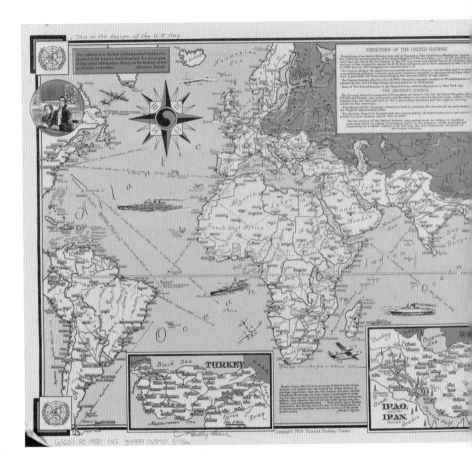

신자유주의 시대, 영어 패권의 시대

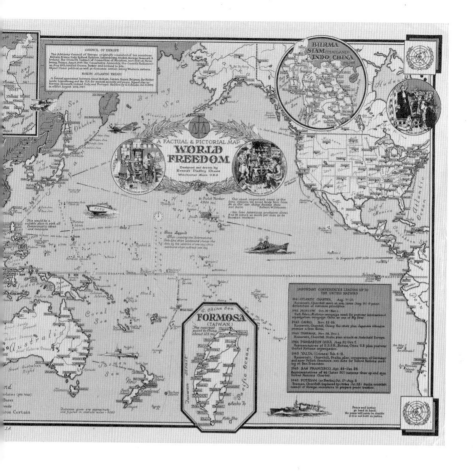

1950년 미국에서 제작한 '세계 자유' 지도. 자유 세계와 공산권 지역을 각각 흰색과 붉은색으로 구분해 표시했고, 여기에 미국의 민주주의 원칙과 유엔의 설립 취지를 지도에 담았다. 공산권에 해당하는 분단된 한반도 북쪽 지역과 동유럽의 많은 지역에 붉은색 표시를 하지 않은 점이 오히려 눈에 띈다. 보스턴 공공도서관 소장.

──── **소문난 잔치에 먹을 것 없다?**

비판 받기 시작하는 청각구두 교수법

1960년대로 접어들면서 외국어 교수법은 새로운 국면에 접어들었다. 스푸트니크의 충격은 어느새 사라지고 청각구두 교수법에 대한 비판이 제기되었다. 비판의 핵심은 기대했던 것만큼 성과가 없다는 것이었다. 전쟁 중이라는 급박한 상황 속에서 명문대 출신의 엘리트 군인들을 대상으로 하는 집중 교육은 매우 큰 성공을 거뒀으나 일반 대학교와 고등학교 학생들에게 전시 상황의 긴장감을 요구할 수는 없었다. 또한 군대에서 이루어진 집중 교육과 달리 일선 학교의 외국어 교육 수업 시간은 한정되어 있었고 군대만큼 엄격하지도 않았다. 이런 서로 다른 환경에서 같은 교수법으로 수업을 한다고 해도 같은 성과를 기대할 수는 없었다. 학생들은 반복 연습을 지루해 했고 이로 인해 학습 동기를 잃어버리는 경우가 많았다. 외국어를 정말 좋아하거나 학습 동기가 특별히 높은 학생을 제외하고 삭막한 어학 실습실을 좋아하는 이들도 많지 않았다.

여기에 청각구두 교수법에 영향을 준 행동주의 심리학 역시 비판에 직면했다. 1960년대 인지 심리학이 보급되면서 행동주의 심리학에 대한 본격적인 비판이 제기되었다. 인지 심리학은 행동주의 심리학과는 반대로 뇌의 작동에 관심을 두는 이론이다. 행동주의 심리학은 실증적 심리학으로서 확인할 수 있는 현상에만 관심을 두는 반면 인지 심리학은 간접적으로 파악할 수 있는 현상에 관심을 보이는 심리학이다. 인지 심리학 쪽에서는 외국어 학습자가 대상 외국어를 연습하는 동안 뇌 안에 어떤 작동이 일어나는지 관심을 두는 반면 행동주의 심리학은 여기에 대해서는 전혀 관심이 없었다.

행동주의 심리학과 청각구두 교수법에 대한 비판이 커져가고 있는 이 무렵 촘스키가 언어학의 명저를 세상에 내놓았다. 그는 제4장에서도 언급했던『통사 구조』를 통해 구조주의와 뇌의 작동에 따른 문법 변화의 규칙을 설명했다. 그의 설명에 따르면 뇌의 작동에 따라 심층구조 속 문법은 뇌 안에서 변화되고 그 변화가 표층구조에 표출이 된다.

"A ball hit me."(공이 나를 쳤다)

이 문장을 예로 들어보자. 이 문장을 원형으로 삼고 있는 심층구조가 화자의 선택에 의해 아래의 문장으로 바뀐다고 생각해보자.

"I was hit by a ball."(나는 공으로 맞았다.)

화자의 뇌 안에서 문장은 수동태로 변형이 된다. 모든 원어민은 이렇게 문장을 변화시킬 내재화된 언어 능력을 가지고 있기 때문에 얼마든지 문법에 맞는 문장을 만들어낼 수 있다. 다만 촘스키의 이런 이론의 모든 사례는 영어만이고 그 설명 역시 영어에 한정하고 있다는 한계가 있다.

촘스키는 언어 사용에서 습관을 강조했던 행동주의 심리학과는 반대로 뇌의 작동을 강조했다. 즉 언어는 외부의 자극에 따라 수동적으로 형성된 습관이 아니라 뇌 안에서 활발하게 처리된다는 것이 그의 이론이었다. 그는 자신의 주장을 이렇게 표현했다.

"언어는 자유로운 창조의 과정이다. 규칙과 원칙이 고정되어 있지만 언어 생산을 위해 원칙을 사용하는 방법은 자유이며 무한하게 다양하다. 단어의 사용과 해석에는 자유로운 창조의 과정이 필요하다."

촘스키의 이론은 모어에 관한 것이었지만 외국어 역시 습관처럼 수동적으로 익히는 것이 아니라 활발한 뇌의 작동으로 습득하는 것이라는 발상이 점차 퍼지기 시작했다. 이로 인해 청각구두 교수법이 외국어 습득에 적합하지 않다는 비판은 더욱 명분을 얻었다. 게다가 현장 교사들에 의해 이 교수법이 지루하다는 지적이 제기되면서 효과가 크지 않을 뿐만 아니라 오히려 학습 동기를 위축시킨다는 비판도 등장했다.

──── 사회언어학,
발음이 아닌 소통에 주안점을 두다

1960년대 즉 20세기 중반에 접어들면서 사회언어학이 등장했고 이에 대한 학문적 관심이 높아졌다. 언어학은 1960년대 이전까지만 해도 언어 구조나 발음 분석을 연구의 대상으로 삼는 것이 일반적이었으나 1960년대 초부터 사회 전반에 걸쳐 드러나는 언어 생활 양상과 이와 관련한 여러 현상에 대해 관심을 갖기 시작했다. 사회언어학의 등장은 사회과학 발전의 영향이기도 하지만 1960년대 들어 활발해진 다양한 사회 운동과 늘어나는 이민자들로 인한 전반적인 문화 다양성 역시 사회언어학에 대한 학문적 호기심을 불러일으키는 데 일조했다.

사회언어학의 '아버지'는 펜실베이니아 대학교의 윌리엄 라보프William Labov, 1927~ 교수다. 라보프는 뉴욕 시민들의 계층 간 발음 차이에 대한 연구를 통해 사회언어학의 연구 틀을 마련했다. 하지만 이로 인한 외국어 교육 방식의 방향 변화는 라보프보다 같은 대학의 델 하임즈Dell Hymes, 1927~2009의 언어와 소통에 대한 연구에서 더 큰 영향을 받았다. 하임즈는 사회 계층보다 사람사이의 소통 과정에 관심을 더 가졌는데 그는 언어 체계 분석 중심인 촘스키의 이론을 확대해서 사회적 맥락에서의 소통에 연구의 초점을 두었다. 하임즈는 다음과 같이 말했다.

> "언어 연구의 핵심은 언어의 소통 능력에 있다. 원어민이 실제 상황에서 소통을 위해 어떻게 언어를 사용하는가에 대한 설명과 분석이 이루어져야 한다. 이것이 원어민이, 언어 운영이라는, 문법에 맞는 문장을 생산할 가능성에 대한 설명보다 중요하다."

청각구두 교수법, 그 이후 등장하고 사라진 다양한 외국어 교수법

다양한 각도에서 비판에 직면한 청각구두 교수법은 전쟁 이후 미국에서 널리 보급되긴 했지만 정작 전 세계적으로는 널리 확산되지 않았다. 무엇보다 각 나라의 교육 현장에는 여전히 비원어민 교사가 많았고, 이를 대체하기 위해 비용이 많이 드는 어학 실습실을 갖추는 것이 쉽지 않아 원어민의 발음을 들을 기회가 많지 않았다. 외국어 교육을 주로 비원어민 교사들에게 의

존해야 하는 한계는 여전히 새로운 교수법을 시도하는 데 장애가 되었다. 또한 전쟁으로 인해 피해를 겪었던 국가들은 새로운 외국어 교수법의 도입보다는 전쟁으로 인한 피해 복구와 평화의 구축을 위한 언어 정책과 외국어 교육 정책에 더 관심이 많았기 때문에 청각구두 교수법이 확산될 여지가 크지 않았다.

미국에서 청각구두 교수법이 나왔다면, 당시 국경을 초월해 세계적으로 영향을 미친 것은 행동주의였다. 미국과 냉전 중이었던 소련 역시 교실에서 외국어를 배울 때 활발한 연습을 중시했다. 교사의 설명 이전에 연습을 먼저 시켰다. 어휘는 문맥을 통해 익히게 했다. 연습을 통해 새로운 언어 체계를 배우게 하는 이론의 반영은 청각구두 교수법과 비슷했다. 대상 언어를 모어로 번역하거나 긴 설명을 하지 않는 방식이다 보니 교사의 대상 언어 실력이 무엇보다 중요했다. 소련에서는 교사들의 대상 언어 실력이 대체로 뛰어났다. 유럽의 여러 나라 역시 외국어를 가르치는 교사들의 실력이 높은 편이어서 엄격한 교수법보다는 연습이 중심이었다. 이에 비해 미국에서는 외국어 교사의 실력을 보완하기 위해 어학실습실을 도입하는 등 다양한 시도를 했지만 기대했던 것에 비해 학습자의 성취가 크지 않아 1960년대 이후 비판의 목소리가 높아졌고, 논쟁 역시 커지기 시작했다.

한편 1950년대 프랑스 생클루 고등사범대학École normale supérieure de Saint-Cloud에서는 청각구두 교수법과 비슷한 '청각시각 교수법'Audiovisual Method을 개발했다. 외국어로서의 프랑스어 교육을 위해 만든 이 교수법의 흐름은 아래와 같다.

* 새로운 내용을 가르칠 때는 영사기로 슬라이드의 그림을
보여주면서 내용을 설명하는 테이프를 듣는다. 물론 교과서
에도 슬라이드와 같은 그림이 인쇄되어 있다.
* 그 다음은 교사의 설명이 이어진다. 하지만 직접 설명보다
는 보여주기, 질문, 손짓 등을 통한 간접 설명이다.
*다음 단계에서는 어학 실습실에서 연습과 복습을 한다.
*마지막 단계에서는 연습한 내용을 다른 상황에 적용한다.

청각시각 교수법 역시 청각구두 교수법처럼 학습자의 모어를 거의 사용하지 않는 것은 물론, 말하기와 듣기를 쓰기와 읽기보다 먼저 가르친다. 기본적인 이론은 반복을 통해서 정확한 문법과 발음을 가르치는 것이다. 이 교수법은 1980년대 의사소통 중심 교수법이 널리 보급되면서 거의 사라졌지만, 제2차 세계대전 이후 외국어로서의 프랑스어 교육의 체계성을 확보하는 데 중요한 역할을 했다.

한편으로 청각구두 교수법이 비판 받으면서 실험적이고 새로운 교수법이 다양하게 등장하고 또 사라졌다. 비록 널리 확산되지는 못했지만 당시의 여러 교수법은 외국어 교육에 대한 매우 흥미로운 질문을 남겼다.

1960년대부터 알려지기 시작한 대안교육의 영향을 받아 학습자의 심리적 상태와 개인적 성장을 중요시하는 이른바 인도적 교수법이 개발되었다. 학습자들의 긴장을 완화함으로써 외국어를 편한 마음으로 받아들일 수 있게 하는 데 주안점을 둔 인도적 교수법은 고정되고 규칙화된 청각구두 교수법에 대한 반동이라고 볼 수 있다. 1970년대 등장한 '무언학습법'The Silent Way과 '협

1962년 청각시각 교수법에 따라 처음으로 제작된 교과서. 『소리와 그림으로 보는 프랑스』(Voix et image de France)라는 제목을 붙였다.

신자유주의 시대, 영어 패권의 시대

동학습법'CLL, Community Language Learning 그리고 '암시교수법'Suggestopedia 등이 대표적인 인도적 교수법이다.

여기에서 주목한 것은 교사의 역할이다. 그때까지의 교수법은 교사가 중심이긴 했으나 그 역할은 주로 학습자의 노력을 뒤에서 격려하는 데 그쳤다. 인도적 교수법에서는 학습자의 긴장을 완화하는 것으로까지 교사의 역할을 확장시킴으로서 교육 현장에서 교사의 역할에 대한 고민을 던져주었다. 이러한 고민은 여전히 외국어 교육의 현실에서 풀어야 하는 과제이다. 이미 1970년대 이후 외국어 학습자들의 긴장 등에 관한 심리 상태 연구가 이루어지고 있긴 하지만 그것을 해결할 뚜렷한 대안은 마련되지 않았고 갈수록 외국어 학습이 보편화되고 있지만 여전히 외국어를 배운다는 것에 어려움을 느끼는 학습자들이 많다.

─── 전쟁은 끝났다,
영어의 패권주의 시대가 시작되었다

제2차 세계대전에서 승리한 연합군은 독일과 오스트리아 그리고 일본을 점령했다. 종전 후 이들 연합군은 파시즘의 잔재를 없애기 위해 노력하는 한편 영어 교육을 강화했다. 1945년 전 세계 국내총생산GDP 순위에서 미국이 1위를 차지했는데 그 비중이 50퍼센트에 육박했다. 여기에 영국과 캐나다 그리고 호주 등을 포함한 영어권 국가들의 국내총생산을 합하면 전 세계의 반 이상의 비중을 차지했다. 이미 양차 세계대전 이전부터 영어는 가장 널리 보급된 외국어였지만 전쟁 이후 미국과 소련의 냉전이 심화되면서 영어의 강세는 더욱 확산되었다. 오늘날 전 세계적으로 위세당당한 영어 패권주의가 본격적으로 시작되었다고 할 수 있다.

1940년대 미국과 전쟁을 치르면서 영어를 배제했던 일본 역시 패전 후 미국의 통치를 받으면서 교육 과정의 필수 과목에 영어를 포함시켜야 했다. 미국은 적극적으로 일본인들의 영어 교육을 지원했다. 일본인 교사들을 미국으로 불러 현지 연수를 받게 하고 미국에서 원어민 교사를 파견했으며 교재를 개발하는 등 지원의 방식은 다양했다.

한국 역시 사정이 다르지 않았다. 개화기 무렵부터 일제강점기를 거쳐 근대화 과정을 지나오면서 한국인들이 가장 널리 보편적으로 배운 외국어가 바로 영어였다. 1945년 해방 이후 1946년 미군행정부는 제1차 교육 과정을 수립하면서 영어를 필수 과목으로 지정했다. 한국전쟁 이후에는 한국인들에게 영어 교육을 적극적으로 지원했다. 일본인들에게 영어 교육을 지원한 것처럼 한국에도 마찬가지였다. 연세대학교에서 1950년대 말부터 1960년대 초까지 재직했던 루코프 교수 역시 미국 민간 단체인 아시아재단의 지원을 받아 한국에 파견된 사례이기도 하다. 이런 과정을 통해 많은 한국인이 첫 번째로 접하는 외국어는 당연히 영어라고 여기게 되었고 이는 곧 '외국어=영어'라는 인식을 형성했다. 비단 한국인들만의 인식은 아니다. 영어권 국가를 제외한 대부분의 나라에서 외국어는 곧 영어였다. 전 세계적으로 막강한 권력을 행사하고 있는 미국의 언어 패권으로 인해 만국의 외국어가 영어로 통일된 셈이다.

자국어를 세계에 보급하기 위해 노력한 패전국, 독일

또다른 패전국인 독일은 일본과는 사정이 달랐다. 동독과 서독으로 분리되었는데 이 중 서독은 새로운 국가 이미지를 만들기 위해 1951년 독일문화원Goethe-Institut을 설립했다. 이로써 서독은 프랑스와 영국과 더불어 전 세계에 자국어를 보급시키는 독자적인 기관을 갖게 되었다.

이 기관들의 근본적 목적은 다른 나라와의 문화 교류를 통해 자국에 대한 호감도를 높이는 데 있었기 때문에 원어민 강사를 많이 활용했고 교양 차원에서 문화적 내용을 강조했다. 아울러 자국어를 다른 나라에 보급시키기 위해 언어 교육에 대한 연구를 적극 지원하고 교재를 개발해나갔다. 자체적인 교수법 개발에 힘썼기 때문에 비슷한 시기 미국에서 크게 유행한 청각구두 교수법의 영향을 거의 받지 않았다.

"문법의 이해 대신 의사소통에 필요한 기능을 학습해야 한다!"

당시 미국에서는 대학을 포함해 일선 학교에서 외국어 교육을 어떻게 시킬 것인지가 주요 관심사였지만 유럽에서는 학교에서 이루어지는 외국어 교육 이외에 교양과 취미로서의 외국어 시장 역시 매우 중요한 관심사였다. 이러한 경향은 19세기 말 이미 형성되었던 것으로 제1차 세계대전과 파시즘 시대 그리고 제2차 세계대전을 겪으며 한동안 뜸했다가 종전 이후 다시 살아난 셈이었다.

유럽에서는 교양과 취미로서의 외국어 학습이 오래전부터 활발했기 때문에 미국보다 오히려 일찍 의사소통의 중요성을 파악했다. 미국에서 청각 구두 교수법이 비판 받아 붕괴하기 시작할 때 이미 영국에서는 다음에 등장할 교수법이 형성되고 있었다. 사회언어학의 영향으로, 대상 외국어를 문법적으로 분석하고 가르칠 수 있는 패턴을 알아내기보다, 대상 외국어를 사회언어학 관점에서 분석하고 가르칠 수 있는 교수법을 개발한 것이다. 이로써 외국어 교육의 방향은 이제 문법의 이해 대신 의사소통에 필요한 기능을 학습해야 한다는 개념으로 전환되었다. 예를 들자면 의사소통의 기본적 기능 중 하나인 요청이나 애정의 표현을 위한 문장을 가르칠 때 각각의 문장에 대한 문법적 설명 대신 다양한 상황에서의 요청 방식과 각 문장의 사회언어학적 적절성을 가르치는 쪽으로 변화한 것이다. 이러한 교육 방식의 개념 전환은 활발한 논의를 거쳐 1970년대 후반 의사소통중심 교수법의 등장으로 이어졌다.

의사소통중심 교수법은 두 가지 점에서 기존 교수법들과 구별된다. 우선 19세기 말의 여러 교수법이나 청각구두 교수법과 달리 극소수의 학자가 개발한 것이 아니라 다양한 학자들의 넓은 논의를 통해 등장했다. 또한 하나의 교과서만 인정했던 19세기 말 구앵의 시리즈 교수법이나 벌리츠 교수법 그리고 단어와 문법에 대한 통제로 인해 선정된 교재만 인정했던 청각구두 교수법과는 달리 고정된 교재를 사용하는 대신 교재 이외 일상에서 활용할 수 있는 다양한 자료의 사용을 인정했다. 교재의 사용이 자유로워지자 교사의 능력은 더욱 중요해졌다.

하지만 의사소통중심 교수법 역시 한계가 있었다. 의사소통중심 교수법은 주로 영국에 머물게 된 외국인을 위한 것이었다. 즉 영국에서 이루어지는 영어 학습을 위해 마련한 교수법이었다. 당연히 거의 대부분의 교사는 영어 원어민이었다. 이들에게 사회언어학적 관점에서 의사소통의 표현을 가르치는 것은 그리 어려운 일이 아니었다. 또한 일상생활에서 교육 내용을 선정하고 자유롭게 교재를 활용하는 것 역시 부담스러운 일이 아니었다.

그러나 영어권 밖으로 넘어가게 되면 사정은 달랐다. 영어 원어민 교사들처럼 능숙하게 영어로 수업할 수 있는 이들이 비영어권 국가에는 많지 않았다. 때문에 의사소통중심 교수법은 비교적 영어권 국가에서는 빨리 보급이 되었으나 여러 현실적 한계로 인해 비영어권 국가에는 보급이 늦었고 아예 보급조차 되지 않은 경우도 많았다. 이런 한계로 인해 21세기에 접어든 오늘날에도 전 세계적인 추세로 볼 때 여전히 비원어민 교사가 독해와 문법을 중심으로 고정된 교과서를 통해 가르치는 외국어 수업의 형태가 압도적으로 많다. 때문에 의사소통중심 교수법은 주류가 아니며 극히 일부분에서만 가능한 교수법에 머물고 있다.

물론 의사소통중심 교수법을 교육 현장에 보급시키기 위해 적극적으로 노력하는 국가들도 매우 많다. 한국과 일본 역시 이를 위해 영어 원어민 보조교사의 고용을 늘리는 등 다각도의 노력을 계속하고 있다. 한국은 1995년부터 실시하는 원어민 영어 보조교사EPIK, English Program in Korea 제도 이외에도, 지역별 예산과 자치단체의 평가에 따라 프로그램이 좌우되는 경향이 있긴 하지만, 교육청 차원에서 보조교사 프로그램을 실시하고 있다. 또한 일본은 1978년부터 원어민 보조강사를 공립학교에 배치하기 시작했고 1987년부터는 JET프로그램의 설립으로 확대해 꾸준히 실시하고 있다. 특히 미국이나 영국 등의 '영어 제국주의' 문제를 극복하기 위해 2000년대 중반부터 인도처럼 영어를 공용어 중 하나로 사용하는 국가 출신의 강사 비중을 늘리고 있으며 현재 매년 약 5,000명 정도의 원어민 보조강사가 JET프로그램에 참여하고 있다.

그러나 원어민 보조강사 제도에 대한 찬반 역시 매우 팽팽하다. 문화 교류 차원에서 외국인과 접촉할 수 있는 기회가 중요하다는 주장이 있는 반면에 자국민 영어 교사에 대한 신뢰가 떨어져 교사의 사회적 지위가 낮아진다는 지적도 있다. 또한 원어민 보조강사 대부분은 교육 전공자가 아니기 때문에 학습 효과에 대한 의문도 제기되는 실정이다.

영어, 온 세계 만민들이 익히고 배워야 하는 만국 공통어의 지위를 획득하다

1980년대 접어들면서 신자유주의 사상의 확대로 소련의 경제는 갈수록 위축되더니 급기야 1991년 붕괴되고 말았다. 이로써 공산주의는 사실상 폐기되었고 신자유주의는 더욱 확산되었다. 한편으로 컴퓨터의 보급으로 세상은 디지털 천국이 되었고 1990년대 후반부터는 인터넷으로 온 세계가 한층 가까워졌다. 아시아 경제는 고도 성장을 거듭했고 일본은 1980년대 그리고 중국은 2000년대 각각 세계의 앞 순위를 다투는 경제 대국으로 부상했다.

글로벌 경제라는 단어는 일상용어가 되었고 글로벌 경제의 핵심인 자본의 자유화는 상식이 되었다. 자본은 국경을 넘나들면서 더 넓은 시장을 찾아 새로운 이익을 마음껏 창출하기 시작했고 더 자유롭고 더 큰 이익을 추구하기 위해 자본의 이동은 더 자유롭게, 모든 시장은 개방하는 것이 마땅한 논리가 되었다. 1980년대부터 여러 규제를 없애는 자유무역협정이 생기기 시작했고 급기야 유럽은 유럽연합EU이라는 이름으로 연합 국가의 형태를 갖추게 되었다.

글로벌 경제는 미국과 유럽연합이 주도했다. 미국은 이미 영어권에 속하고 유럽연합은 공통어로 영어를 사용했기에 이제 영어는 명실상부 '글로벌 언어'이자 만국 공통어가 되었다. 이미 그 이전, 즉 글로벌 세상이 도래하기 전 과거 영국의 식민지였던 많은 나라에서 영어를 공용어로 사용하고 있었고, 학교 교육 과정에 영어가 필수 과목이었던 나라가 많았기 때문에 영어는 전 세계적으로 이미 널리 퍼져 있었다. 여기에 더해 1990년대 미국에서 개발한 인터넷의 기본 언어는 영어였다. 영어는 온 세계 만민들이 익히고 배워야 하는 만국 공통어의 지위를 이렇게 획득했다. 이렇게 막강한 권위를 부여 받은 언어는 역사적으로 처음이었다.

─── 불평등, 다양성 소멸, 사교육 시장의 불균형, 세계 곳곳에서 나타나는 영어 제국주의의 문제점

영어의 권위가 하늘을 찌르고 그 패권의 정도가 다른 언어를 압도할수록 영어에 대한 반감이 세계 곳곳에서 형성되기 시작했다. 1980년대에 글로벌화가 빨라지면서 자연스럽게 구축되기 시작한 영어 제국주의에 대한 논의가 활발해졌고 이것은 글로벌화 그 자체에 대한 반론으로 이어졌다. 영어 제국주의에 대한 비판의 핵심은 언어적 다양성의 소멸이었다. 영어의 영향력이 이대로 너무 강해지면 다른 언어들은 자연히 활기를 잃을 것이 자명했다. 또한 학문의 연구나 문화 활동의 언어가 영어로 집중될수록 영어에 능숙한 이들이 유리해질 것 또한 예상 가능했다. 그렇게 되면 모든 분야에서 영어 원어민이 우대를 받고 비영어권 출신들은 불리한 조건에서 경쟁해야 한다. 언어의 불평등으로 인한 여러 복잡한 불평등이 예견되었다. 그리고 이미 1990년대부

한국과 일본,
도시의 간판에서 영어의 강력한 힘을
실감하다

이미 양차 세계대전 이전부터 영어는 전 세계적으로 가장 널리 보급된
외국어였지만, 전쟁 이후 미국과 소련의 냉전이 심화되면서 영어의 강세는 더욱
확산되었다. 영어를 모어로 사용하고 있지 않은 한국과 일본의 여러 도시의
간판을 보면 그것을 실감할 수 있다. 도쿄, 서울은 물론 지방의 도시 어디에
가더라도 영어 알파벳의 위풍당당함을 발견할 수 있다. 온 세상이 영어 천지다.

01 2017년 서울 익선동 02 2014년 서울 서촌 03 1983년 서울 종로2가
04 2012년경 서울 서촌, 간판은 1988년 이전 05 2017년 교토 06 2017년 오사카
07 2015년 부산 08 2017년 도쿄 09 2013년 광주 양림동

© 로버트 파우저

1971년 중국 영어 교재. 중국은 1966~1976년 '문화 혁명'의 혼란 속에 영어를 국제적 혁명 연대를 위한 도구로 활용하기 위해 줄곧 가르쳐왔다.

제2차 세계대전 직후 도쿄에서 창간한 중학교 2~3학년용 영어 학습지. 1945년 10월(창간)호다.

1930년대 말 뉴욕시에서 운영한 영어 수업 홍보 포스터.
미국은 이민자에게 영어를 가르치기 위해 매우 적극적으로 노력했다. 이민자들은 영어를 배우지 않고 미국에서 살아가기가 쉽지 않았다. 영어를 열심히 배울수록 그들은 자신의 모어를 잃어버렸다. 이디시어로 써 있는 것으로 보아 이 포스터는 유대인들을 대상으로 배포한 듯하다. 미국 국회도서관 소장.

터 거의 유일한 초강대국으로 군림하고 있는 미국의 영향력은 더욱 강력해질 것이었다.

영어 제국주의를 둘러싼 우려는 이뿐만이 아니었다. 영어의 글로벌화에 따라 영어 학습 시장의 규모는 상상 이상으로 확대되었다. 상업적으로 확대된 시장에서 순수한 문화 교류는 후퇴를 거듭하고 있으며 원어민 강사를 선호하는 의사소통중심 교수법이 사설 외국어 교육 기관을 통해서 비영어권 국가에 보급되면서 이들 국가의 원어민 강사의 수요가 높아졌다. 원어민 강사를 채용하는 사설 교육 기관들의 새로운 교수법은 상대적으로 뒤떨어진 교육 방식으로 인식되는 비원어민 자국민 교사들의 문법과 독해 중심 교육에 비해 훨씬 신선하고 앞서가는 듯한 사회적 이미지를 형성하기 시작했다. 이로 인해 자국민 교사의 사회적 위치는 점점 낮아지고 있다. 이런 현상은 한국과 일본의 영어 사교육 시장에서도 드러나고 있다. 한국은 1990년대 중반부터 초등학교 교육 과정에 영어 교육을 도입하면서 자국민 교사들에게 새로운 역할을 부여했고, 일본의 경우는 일선 학교에 새로운 교수법을 도입하라는 압력이 지속적으로 가해지고 있다. 이로 인해 자국민 교사의 사회적 위치가 낮아지고 영어권의 원어민 강사를 선호하는 구조가 구축됨으로써 영어 제국주의의 또 다른 폐해가 만들어지고 있다.

반감의 대상이자 반드시 배워야 하는 선진국의 언어, 글로벌 시대 국제공통어가 되다

1980년대 내가 한국에 처음 왔을 때 영어는 이미 모든 정규 교육 과정의 필수 과목이었다. 영어의 필수 과목 지정은 해방과 한국전쟁을 겪는 동안 미국에 의해 이루어졌다. 이런 역사로 인해 영어에 대한 반감은 곳곳에서 느껴졌다. 중고등학교에 다니면서 무의식적으로 영어를 배운 학생들이 대학에 진학한 뒤 영어에 대한 반감을 노골적으로 표출하는 경우가 많았고 그런 반감은 갈수록 확산, 강화되었다. 그것은 당연히 영어라는 언어에 대한 거부감이라기보다 영어로 상징되는 미국에 대한 반감이었다.

하지만 강력해지는 반감과는 달리 영어는 그때부터 이미 반드시 배워야 하는 선진국의 언어였다. 영어 또는 미국에 대한 반감은 그리 오래 가지 않았다. 1990년대에 접어들면서 한국에도 글로벌화의 열풍이 불었고 영어라는 외국어는 단지 미국의 상징이라기보다 국제공통어라는 인식이 널리 퍼지기 시작했다. 해외여행의 자율화와 유학생의 증가로 인해 직접 외국 생활을 경험한 이들은 전 세계적으로 강력한 영향력을 행사하고 있는 영어의 막강한 힘을 피부로 느낄 수밖에 없었고 국제사회에서 도태되지 않기 위해 영어는 새로운 의미의 필수 외국어가 되었다.

한편 해외를 자유롭게 다닐 수 있게 되면서 한국인들은 언어의 세계에서 '약소국 조국'의 존재를 확실하게 느껴야 했다. 세계 유명 관광지의 다국어 정보에 한국어는 거의 찾아볼 수 없었다. 이에 비해 일본어, 중국어는 비교적 흔했다. 외국의 거리에서 한국인들을 향해 일본인 또는 중국인이냐고 질문하는 일은 드물지 않았다. 매우 상징적인 장면이었다. 또한 분야를 막론하고 고급 정보를 얻기 위해서 전문가들에게 영어는 필수였다. 외국어 정보에 절대적으로 의존해야 했기 때문이다. 그것이야말로 세계 속 한국의 위상을 있는 그대로 보여주고 있었다.

그 후 한국은 글로벌화 시대 영어 사교육 시장이 갈수록 확장되는 영어 상업화의 대표적 국가가 되었다. 1980년대 초부터 높은 경제성장률을 보였고 1987년 시민들의 힘으로 민주주의 시대를 쟁취한 뒤 변화는 두드러졌다. 소비자의 경제적 능력이 향상되고 민주화로 인한 사회적 개방이 이루어짐에 따라 '학원'으로 상징되는 한국의 영어 사교육 시장이 급속히 성장한 것이다. 학원이 성장하면서 교재 시장도 커졌다. 1990년대에 해외여행 자유화의 바람을 타고 불어온 유학과 단기 어학연수의 붐, 영어 실력을 인증하는 '스펙'의 하나로 인식된 토익 시험은 더 나은 영어 교육의 장을 요구하기 시작했고 때마침 물꼬가 트인 입시학원 자율화는 사교육 시장의 확산 속도에 기름을 끼얹었다. 1980년대에 유행했던 영어 회화 학원은 유학, 토익 시험, 대학 입시 등으로 목적에 따라 다종다양한 학원들의 탄생으로 이어졌다. 여기에 조기 영어 교육의 붐이 일어나면서 규모를 가늠할 수 없는 거대한 시장이 형성되었다. 영어에 대한 열망이 열풍으로 번져 영어권 국가에서 자녀를 교육시키기 위해 아버지는 한국에 남아 유학비를 벌고 어머니와 아이들은 해외에서 생활하는 기러기 아빠들을 수도 없이 양산해냈다. 부작용도 있었다. 높은 학원비와 교재비 나아가 해외 연수와 유학비 등을 감당할 수 있느냐 없느냐를 두고 가진 자와 가지지 못한 자의 차이는 극심해졌다. 이로써 서민 계층의 영어 교육 소외 현상이 나타나기 시작했고 이는 계층별 영어 격차를 초래했다.

이런 극심한 격차 때문에 일어난 사회 문제로 인해, 1999년 금융 위기 극복 이후 영어 공용화를 둘러싼 논의가 상당히 진지하게 표출되기도 했다. 영어 공용화란 한국에서 한국어와 영어를 나란히 공용어로 사용하자는 것으로 이를 주장한 이들은 전략적으로 영어를 공용어로 도입한 싱가포르를 글로벌화의 성공한 사례로 들고 나오기도 했다. 이런 현상은 비단 한국에만 국한되는 것은 아니다.

——— 신자유주의의 확산,
자국어와 문화를 알리는 데 발벗고 나선 국가들

전 세계적으로 영어를 제외한 다른 외국어에 대한 관심이 아주 사그라진 건 아니었다. 자국어를 전 세계에 보급하려는 국가들의 노력도 치열했다. 1980년대 높은 경제 성장을 이룩한 일본에 대한 세계인들의 관심은 일본어를 배우려는 관심으로 이어졌다. 일본을 찾는 여행객들이 많아지고 일본 회사들의 해외 지사는 물론 글로벌 기업들의 일본 지사 역시 늘어났다. 세계 주요 도시에 거주하는 일본인들이 대거 늘어났고 일본은 자국의 국제적 위상이 올라가자 '국제화' 정책을 도입, 외국 유학생을 유치하기 위해 노력했다. 그 결과 1980년대 말에 일본에는 미국의 대학 분교들이 들어서기 시작했고, 각 지자체마다 늘어나는 외국인 관광객과 주민들을 위한 다양한 언어 서비스를 추진했다.

해외에서 일본어를 공부하는 학생들도 늘었는데, 특히 아시아와 북미 그리고 호주 출신 유학생들이 많았다. 일본 정부는 1972년 설립한 일본 국제교류기금의 지원을 확대해 1984년 첫 번째 일본어능력시험을 시행했다. 1990년대부터 시작된 기나긴 불황과 중국의 부상으로 인해 일본의 국제적 위상이 낮아지고는 있지만 여전히 일본어 교육의 수요는 유지되고 있는 편이다.

1970년대 민주화를 이룩한 스페인과 포르투갈 역시 문화원 설립을 통해 자국의 언어와 문화를 보급하기 위해 노력하고 있다. 훨씬 이전인 1951년 서독에서 패전국과 독재국가의 이미지를 탈피하기 위해 독일문화원을 세웠듯 이

두 나라 역시 기존의 부정적인 이미지에서 벗어나기 위한 목적으로 문화원을 설립했다. 스페인은 1991년 세르반테스 문화원Instituto Cervantes을 설립, 스페인어를 사용하지 않는 약 35개국에 스페인어 교육과 문화 행사를 실시하고 있다. 포르투갈 역시 1992년 카몽이스 문화원Instituto Camões을 설립, 포르투갈어를 이미 사용하는 나라를 포함해 약 38개국에서 외국인을 위한 포르투갈어 교육을 실시하고 있다. 이런 일련의 노력들은 국가 브랜딩 전략과도 맞닿아 있다. 신자유주의가 확산되면서 기업과 상품의 마케팅뿐만 아니라 국가조차 브랜딩에 나서야 했다. 자국을 브랜딩하고 대외적으로 홍보하는 것은 소프트 파워 형성에 중요한 요소이다. 자국어를 외국인에게 적극적으로 보급하는 것은 그런 활동의 일환이다.

오늘날 자국어 교육과 문화 활동을 통한 자국 브랜딩의 대표적 사례는 중국의 공자학원이다. 2004년 설립 후 빠른 속도로 전 세계로 퍼져 나가고 있는 공자학원은 독립된 공간을 마련하는 대신 현지의 대학이나 교육 기관 등과의 협력을 통해 기관의 영역 안에서 활동하는 방식을 선택했다. 동일한 포맷을 여러 도시에 보급하는 방식이 아니라 현지 기관의 요구를 받아들이면서 그곳의 특성을 반영하여 운영하는 방식으로서, 그 때문에 세계 곳곳의 공자학원 운영 프로그램은 조금씩 다르다. 일부 대학에서 학교의 자율성과 학문의 자유를 둘러싸고 공자학원과 중국 정부에 대한 비판이 커지고 있긴 하지만 기본적으로 공자학원은 중국어 교육과 교재 개발, 원어민 강사 파견과 같은 프로그램을 바탕으로 다양한 지원을 하고 있다.

터키도 언어 교육과 문화 교류를 통해 자국을 브랜딩하기 위해 2007년에 유누스 엠레 문화원Yunus Emre Enstitüsü을 설립하여 터키 이민자가 많은 유럽과 중동은 물론 터키 국내에도 문을 열었다.

한국 역시 보고만 있지 않았다. 1990년대부터 소프트 파워 형성에 관심을 갖기 시작, 1991년 한국국제교류재단을 설립하고 외국 대학에 한국어 교육을 포함해 지속적인 한국학 지원을 해나가는 한편 한국 문화를 세계에 소개하고 다양한 국제교류 프로그램도 적극적으로 운영해왔다. 이런 국가적 차원의 노력과는 별개로 2000년대에 한류와 케이팝이 세계적인 붐을 일으키면서 한국어를 배우려는 이들이 기하급수적으로 늘어나자 이런 관심에 부응하기 위해 한국 정부는 2007년 한국어 교육 기관인 국립국어원 안에 세종학당을 설립하고, 2012년에는 문화체육관광부 산하 재단을 만들어 전 세계 주요 도시에 한글을 배울 수 있는 세종학당을 세우기 시작했다. 2017년 현재 54개국에 약 171개의 교육기관이 운영되고 있는데, 대부분 독자적으로 운영하는 사설 어학원이면서 세종학당의 교재와 브랜드를 사용하는 방식이다. 세종학당은 특히 전통적 선진국보다 아시아의 개발도상국에 집중되어 있다. 한류와 케이팝의 영향을 받은 것이라고 볼 수 있는데, 그렇게 보자면 세종학당의 미래는 한국어에 대한 세계인의 관심과 수요가 얼마나 유지되느냐에 달려 있다. 이러한 관심을 지속시키는 데는 한류와 케이팝을 넘어 한국 경제의 발전과 문화적 매력의 발산 여부, 그리고 남북통일의 성사 등이 중요한 변수가 될 것으로 전망한다.

─── 숱하게 탄생하고 사라진 외국어 교수법,
결국 말하기의 효율적 교육 방법을 찾는 과정

외국어 교육은 근본적으로 철학과 문학의 중요한 텍스트를 교양 차원에서 읽을 수 있게 하는 독해 중심이었다. 이후 글이 아닌 말이 외국어 교육의 중심으로 부상하고, 그동안 교육으로부터 소외 받았던 계층으로까지 외국어 교육이 확산되면서 다양한 교수법이 개발되었다.

외국어 교수법은 19세기 말 외국어 교육 혁신 운동을 전후로 말하기 중심의 교수법이 여럿 등장했고, 이후 1920년대 구두 교수법, 1940년대 청각 구두 교수법, 1960년대 인도적 교수법 이후 1980년대 의사소통중심 교수법까지 공교롭게도 약 20년을 주기로 변화해왔다. 교수법의 이러한 변화는 결국 효율적인 말하기 교육 방법을 찾는 과정으로 해석할 수 있다.

교수법의 20년 주기 변화 사이클은 2010년대인 현재 의사소통중심 교수법에서 멈춰 있다. 이 교수법은 기존의 다른 교수법처럼 비판을 받으며 붕괴하지 않았고, 오히려 글로벌화가 진행되면서 의사소통에 대한 요구가 점점 강해지고 있는 오늘날의 상황에 잘 맞는 방식이자 교육 철학으로 여겨지고 있다. 의사소통중심 교수법은 방법론에 주안점을 두는 '교수법'이라기보다 어쩌면 '교육 철학'에 가깝다고 할 수 있다. 때문에 시대의 변화는 물론 발전하는 여러 학문의 새로운 관점을 수용할 수 있다. 다른 교수법에 비해 '외국어 교육의 목적은 의사소통'이라는 간단하지만 뚜렷한 지향을 가지고 있고 다양한 교재와 교육 방식을 인정하기 때문에 제기되는 비판에도 대응할 수 있으며 사회 변화에도 뛰어난 적응력을 보인다. 이러한 특성을 바탕으로 1990년대부터 급속히 보급된 정보기술까지도 잘 활용함으로써 지난 시대의 뒤떨어진 교수법이라는 평가를 받지 않는다. 의사소통 중심 교수법의 한계는 이미 다룬 바 있다.

눈부시게 발달하는 정보기술은
우리를 어디로 데려갈 것인가

청각구두 교수법이 등장하면서 어학 실습실에 대한 기대가 매우 컸던 것처럼, 21세기에 접어들어 눈부시게 발달하는 정보기술이 외국어 학습의 어려움을 극복해줄 것이라는 기대가 커졌다. 글로벌 시대에 맞는 정보기술의 발달로 교실이라는 물리적 한계를 초월할 수 있을 거라는 기대 역시 커져만 갔다. 기대는 또 있었다. 그렇게 되면 교육 현장에서 교사의 역할은 축소될 수밖에 없고 이를 통해 인건비는 삭감하면서 동시에 교육 내용을 시간과 공간의 한계 없이 규격화할 수 있다는 기대였다. 예를 들어 인터넷을 통해 전 세계 어디에서든 같은 내용의 외국어 학습을 받을 수 있게 된다면 불가능한 일이 아니었다.

이는 공교롭게도 자유로운 학습이 가능하다는 의사소통중심 교수법의 시대에 정보기술의 발전을 바탕으로 청각구두 교수법의 체계화된 규칙성을 반영한 양상이다. 서로 배치되는 논리적 충돌로 인해 학계에서는 외국어 교육 현장에 정보기술을 도입하는 것을 두고 수많은 논쟁이 이어졌고, 오늘날에도 그 논쟁은 진행 중이다.

인터넷이 빠른 속도로 보급됐던 1990년대 말부터 외국어 교육에 정보기술을 도입하자고 주장했던 사람들은 교육의 표준화와 효율성을 강조하며 정보기술이 외국어 교육의 모든 문제를 극복할 수 있다는 이상을 신화처럼 믿었다. 반대편에 선 사람들의 반론도 만만치 않았다. 의사소통중심 교수법은 서로 다른 언어를 사용하는 사람들이 말을 통해 소통할 수 있게 하려는 목적으로 형성된 것이다. 하지만 정보기술은 인공적 공간에서의 의사소통 능력을 키우는 데 적합하다. 게다가 애초에 기계적 성격을 지닌 정보기술은 그것을 통한 학습 역시 기계적 측면을 극복하지 못하기 때문에 자연스러운 의사소통을 가르치기에 적합한 학습 환경이 아니다, 이런 취지였다.

하지만 실제 현실에서 구현된 정보기술의 발전 양상은 반대론자의 상상 이상으로 혁신적이었다. 오늘날 우리는 2010년 중반에 등장하기 시작한 인공지능의 활약상을 경탄과 경악을 오가며 목도하고 있는 중이다. 인공지능의 발달이 외국어의 교육 방식을 어떻게 변화시켜나갈 것인지 아무도 모른다. 다만 분명한 것은 무엇을 떠올리든 지금, 우리가 상상하는 그 모든 것을 뛰어넘을 것이라는 점이다.

──── 20세기 중반 독립한 나라들,
새로운 불평등 지배 구조에 편입되다

이야기의 방향을 다시 돌려 보자. 20세기 후반 들어 점차 확산하는 글로벌화는 국토의 경계를 넘나들고 있다. 그렇다면 민족주의는 어떻게 되었을까? 19세기 중반 유럽에서 등장한 민족주의는 19세기 말, 20세기 초에 강고해지다가 제2차 세계대전을 겪으며 다소 주춤해졌는데, 1980년대 말에 들어서면서 다시 한 번 기세를 떨쳤다. 그 영향으로 1990년대 유고슬라비아 지역에서 발발한 전쟁은 약 10여 년 동안 이어졌다. 소비에트 연방의 붕괴로, 국가들이 독립하기 시작했고 이에 따라 크고 작은 내전이 계속 되었다.

아시아와 아프리카의 민족주의 역시 세계 지도의 변화를 가져왔다. 제2차 세계대전 직후 제국주의 국가들의 지배를 받았던 인도와 인도네시아가 독립했으며, 1946년부터 1966년까지 약 20여 년에 걸쳐 영국과 프랑스 식민

시도 묶여 있던 많은 나라가 독립의 행진을 이어갔다.

이렇게 독립한 국가들의 당면한 과제는 여럿 있지만, 그 가운데 공용어의 결정 역시 큰 과제였다. 하나의 민족어를 가진 국가도 있었지만 그렇지 못한 국가도 많았다. 식민지의 역사가 길었던 나라일수록 공통의 민족어를 유지하지 못했다. 그도 그럴 것이 식민지의 국경은 당사자들이 아닌 제국주의 국가들끼리 결정한 것으로 이들이 국경을 나누면서 그곳에 사는 사람들이 쓰는 지역의 언어와 민족의 현실을 고려할 리 만무했다. 그런 상태로 대를 이어 살면서 자연스럽게 여러 민족과 언어가 섞이게 되었고, 그 상태로 다시 독립을 하게 되었으니 공통·공용어를 어떻게 정하느냐가 어려운 문제로 대두되었다. 대부분의 국가들은 이미 소멸하거나 쇠퇴한 민족어는 상징적으로 남겨두고 어쩔 수 없이 지배국의 언어를 공용어로 채택했다. 현실적으로 다른 대안을 찾기가 매우 어려웠기 때문이다. 이로써 식민지 시대의 언어가 독립국가의 공용어가 되었고 이는 '제국주의 언어'를 독립 시대로까지 연장한 사례로 남게 되었다. 이것은 계층 간의 불평등을 초래했다. 이미 식민지 피지배 시절 지배국의 언어를 충분히 습득했던 상류층은 독립국가에서 자신들의 언어를 통해 사회의 주류로 자리 잡을 수 있었고, 그렇지 못한 대부분의 대중들은 독립국가에서조차 언어의 소외를 받고 새로운 불평등 지배 구조에 편입될 수밖에 없었다.

어떤 언어를 공용어로 삼을 것인가, 인도와 인도네시아의 각기 다른 선택

신생 독립국이 맞닥뜨린 공용어에 관한 고민을 풀어나간 두 나라의 사례를 살펴보자. 1947년 영국으로부터 독립한 인도는 1950년 헌법에 힌디어와 영어를 공용어로 지정했으나, 약 15년 후부터는 영어를 배제하려 노력했다. 인도는 수많은 언어를 사용하는 것으로 유명하다. 이 가운데 힌디어 원어민이 가장 많긴 하지만 그조차도 과반수를 넘지는 못했다. 비교적 힌두어와 유사한 언어를 포함하면 과반수를 넘을 수도 있으나 다른 언어를 쓰는 이들에게 힌디어를 무작정 배우라고 할 수 없었고 이들 가운데는 힌디어에 대한 반감이 강해 오히려 영어 사용을 선호하는 이들이 많았다. 이런 복잡한 상황에서 인도는 힌디어와 영어를 공용어로 지정한 뒤, 1963년 영어를 공용어로 유지하는 한편 22개의 언어를 지역 공용어로 함께 인정했다. 또한 연방국이라는 특성에 따라 각 주에서는 추가로 다른 언어를 주의 공용어로 인정할 수 있었다. 영어 대신 인도의 언어를 좀 더 사용할 수 있게 하기 위해서였다. 한편 이런 인도 정부의 노력과는 별개로 인도 경제가 성장하고 글로벌화된 세계 질서에 참여하면서 인도 국민들 사이에서는 영어에 대한 반감은 줄어들고, 오히려 영어 사용이 국가 경쟁력에 도움이 된다는 인식이 퍼져 나갔다.

인도네시아는 1800년부터 1942년까지 네덜란드의 식민지였고 네덜란드어가 공용어였다. 20세기에 들어서면서 인도네시아 내부에서도 민족주의가 고조되었다. 이들은 네덜란드어 대신 자신들의 언어를 민족의 공용어로 사용하려는 시도를 했다. 인도네시아에는 약 700개의 언어가 있었는데 이들은 그 가운데 마레이어를 민족 공용어로 선택, 인도네시아어로 이름을 바꾸고 보급하기 시작했다. 지배국인 네덜란드에서 이를 두고 볼 리 없었다. 네덜란드는 1930년대 초 마레이어 교육을 금지하고 네덜란드어 교육을 전면 강화했다.

그러던 1942년, 일본이 인도네시아를 침략, 네덜란드를 몰아내고 새로운 지배국이 되었다. 일본은 네덜란드어를 전면 금지했지만 그렇다고 당장 일본어 교육을 실시하기가 어려웠다. 그 공백을 틈타 인도네시아어로 이름이 바뀐 마레이어가 인도네시아 전역에 확산이 되었다. 1945년 독립 후 인도네시아어로 이름이 바뀐 마레이어가 국어로 지정된 것은 자연스러운 일이었다.

인도네시아가 마레이어를 민족 공용어로 삼은 것은 흔히 생각하는 것처럼 그 언어를 사용하는 원어민이 가장 많아서가 아니었다. 오히려 원어민 인구가 가장 많은 언어는 자와어였다. 하지만 원어민이 가장 많은 자와어 대신 마레이어를 민족 공용어로 지정하는 과정에서 인도네시아 국민들은 반감 없이 이를 자신들의 언어로 받아들였다. 원어민이 가장 많은 힌두어를 공용어로 지정한 인도와는 사뭇 다른 양상이었다.

이 두 나라의 언어 정책을 살펴 보면, 앞서 다룬 국어 형성의 과정이 떠오른다. 즉 국가의 수립 이후에는 통치를 위한 공용어가 필요하다. 한 국가의 국민들이 같은 언어를 사용하는 것은 실질적인 통치에 매우 도움이 된다. 인도와 인도네시아는 모두 다중언어국가이면서 오랜 지배국의 통치에서 벗어나 비슷한 시기에 독립을 했다. 두 나라는 구 지배국의 언어를 배제하기 위해 노력했으나, 인도네시아만 성공했다.

또 한편으로 두 나라 모두 민족어 중 하나를 선택, 공용어 또는 국어로 지정했다. 인도에서는 힌디어를 공용어로 지정했고, 인도네시아는 마레이어를 국어로 지정했다. 양국 모두 두 언어를 국가 전체에 보급하기 위해 노력했다. 하지만 같은 나라 안에서 다른 언어를 사용하던 이들에게 힌두어 또는 마레이어는 일종의 외국어와 다를 바 없었다. 그러나 이를 외국어로 정의할 수는 없으니, 엄밀히 말해 외국어 교육은 아니었다. 다시 말해 공용어 교육이면서 동시에 언어학적으로 보면 모어가 아닌 다른 언어를 배우는 것이어서 굳이 분류하자면 '제2언어 교육'이라 할 수 있다. 공용어 보급은 초등학교 교육 과정부터 시작되었고, 이로써 인도와 인도네시아에서 이루어진 공용어 교육 은 역사상 가장 큰 규모로 이루어진 제2언어 교육 사례가 되었다.

21세기 초 글로벌화가 진행되면서 많은 국가에서 마치 제2의 언어처럼 영어를 대상으로 한 조기 교육이 유행처럼 번졌지만, 이와 비슷한 사례가 이미 제국주의 지배에서 벗어난 신생 국가에서 대규모로 이루어진 셈이다. 다시 말 해 인도와 인도네시아에서 보여준 제2언어 교육의 양상은 외국어가 제2언어로 받아들여지게 되는, 즉 모어도 아니고 외국어도 아닌 제2언어를 공용어로 받아 들이는 글로벌 시대의 언어 교육의 단면을 앞서 보여준 셈이다.

─── **모어, 외국어, 제2언어, 제3언어……,**
언어의 한계로부터 자유로운 이들이 늘어나다

글로벌화가 더욱 광범위해지고 그 속도 역시 가속화되면서 전 세계 많은 사람이 모어는 아니지만 외국어보다는 가까운 제2언어, 제3언어를 어릴 때부터 배워나가고 있다. 언어의 한계로부터 자유로워진 이들에게 다른 언어 권 국가에 사는 것은 전혀 문제되지 않았고 나아가 국가의 경계 또는 국적에 대한 소속감 역시 약화되고 있다.

21세기 초, 글로벌화에 반대하는 목소리가 커지고 민족주의 바람이 새롭게 부는 한편으로 정보기술의 발전으로 지구는 계속 좁아지고 있고, 국 가 단위의 정책과 관계 없이 각 개인들의 자발적 학습에 의해 글로벌화는 오히 려 급속도로, 다양한 측면에서 진행되고 있다. 여기에 더해 기후변화와 같은 지구 선제의 당면 과제 해결을 위해 국제적 공조의 필요성은 더 커지고 있다.

　　외국어 교육의 필요와 그 방식은 이제 국가 단위에서뿐만 아니라 각 개인의 영역에서 결정, 집행되고 있다. 따라서 모어와 외국어로 양분하던 시대에서 제2언어의 시대로 접어든 개인들에게 새로운 언어를 습득하는 것이 어떤 의미가 있는지 살펴볼 필요가 있다. 이로 인해 파생하는 새로운 갈등과 불평등, 그리고 이상주의 스토리를 살펴볼 대상에 포함시켜야 하는 것은 당연하다.

21세기, 주류 영어, 영어 패권, 인공지능, '코로나19'

권력의 획득과 자본의 축적은 외국어 학습의 강력한 동기였다. 주류 언어는 유의미한 상징으로 작동했다. 그러나 곧 대륙의 경계를 넘어 영어 패권의 시대가 열리더니 인공지능 세계로의 진입이 머지 않았다는 전망이 앞다퉈 등장했다. 그러나 인류는 예상치 못한 국면과 마주했다. '코로나19' 팬데믹 앞에서 인류는 급속도로 발전한 기술의 활용으로 이 불안의 시대를 건너고 있다. 위기 앞에서 기술의 이기를 일상으로 받아들인 인류가 발견한 것은 무엇인가. 이 발견은 우리를 어디로 데려갈 것인가.

권력과 자본,
우리가 외국어를 배우는 중요한 전제 조건

동서고금을 떠나 개인이 외국어를 습득하는 데 가장 중요한 전제 조건은 무엇일까? 바로 권력과 자본이다. 권력이란 무엇인가? 자신이 속한 집단, 나아가 사회적으로 행사할 수 있는 '힘'을 의미한다. 고대로부터 오늘날까지, 문명의 발달과 함께 권력의 양상은 변화해왔지만 어떤 시대 어떤 문명에서도 그것이 누구에게나 골고루 평등하게 안배된 적은 없었다. 시대와 지역의 차이가 있을지언정 언제 어디서나 권력은 늘 불평등했다. 그것을 쥔 자와 못 쥔 자 사이의 불평등이야말로 권력의 속성이다. 권력을 쥔 자들을 소위 권력층이라 하고, 이들은 곧 지배계층이라 불렀다.

권력은 그 정의가 비교적 간명하다. 자본의 정의는 한결 더 복잡하다. 흔히 자본이라는 단어에서 가장 먼저 연상되는 것은 돈이다. 그러나 '자본=돈'은 성립하지 않는다. 돈은 자본의 여러 유형 가운데 하나일 뿐이다. 경제적 자본이라 지칭되곤 하는데, 자본주의 이론에 따라 경제적 자본의 출발은 개인의 재산, 즉 사유재산이며 그것을 어떻게 활용하느냐는 개인의 선택 영역이다. 이러한 경제적 자본을 비판, 반대하며 19세기 공산주의가 태동했다. 자본주의에 대한 공산주의의 비판은 러시아와 중국 등에서 커다란 반향을 일으켰고 혁명의 성공으로 이어졌다. 그러나 경제적 자본에 대한 인간의 본능적 욕구를 간과한 공산주의 이론은 20세기 말 그 영향력이 약화되기 시작, 붕괴하기에 이르렀고 자본주의는 이제 세계 경제 질서의 기본 전제가 되었다.

그렇다면 경제적 자본 외에 다른 자본이란 어떤 것이 있을까? 사회적 의미로서의 자본이 있다. 통상 사회적 자본이라고 하는데 재산을 제외한 한

권력에 따라
배워야 하는 언어가 달라진다면?

동서고금을 떠나 개인이 외국어를 습득하는 데 가장 중요한 전제조건은
무엇일까? 바로 권력과 자본이다. 권력이란 무엇인가? 자신이 속한 집단,
나아가 사회적으로 행사할 수 있는 '힘'을 의미한다. 즉, 어떤 외국어를 배울
것인가는 개인의 선택이 아니다. 권력이 선택하는 방향을 향해 따라가야 한다.
권력이 영어에 집중되어 있다면 우리는 영어를, 프랑스어가 주류 언어일 때는
프랑스어를 배워야 했다. 외국어를 통해 최대한의 자본을 축적할 수 있다면
그것이 곧 외국어 선택의 기준이 되기도 한다. 동서고금의 권력자들은 어떤
외국어를 배워야 한다고 말했을까.

01   02

01 그리스, 페르시아, 인도에 걸친 대제국을 건설한 알렉산드로스 대왕.

02 태양왕이라고 불리던 프랑스 루이 14세.

03 일본 에도 막부의 문을 연 도쿠가와 이에야스.

04 메이지 유신을 단행하여 근대 일본 건설의 구심점이 된 일본 메이지 천황.

05 프랑크 왕국을 제국으로 확장시킨 위대한 왕, 카롤루스 1세 마그누스.

06 청나라 최전성기를 구축한 건륭제.

07 혁명을 통해 남편을 폐위시킨 뒤 34년 동안 러시아를 통치한 예카테리나 2세.

08 '내 사전에 불가능은 없다'라는 명언의 주인공, 나폴레옹.

개인이 자신이 속한 집단과 사회에서 구축하고 있는 교육·종교·인종·생활 습관·인맥 등을 포괄한 온갖 사회적 자산을 의미한다.

이러한 정의는 프랑스 철학자 피에르 부르디외Pierre Bourdieu, 1930~2002로부터 비롯한 것으로, 그는 자본을 경제적·사회적·문화적 자본으로 나누어 설명했다. 하지만 사회적 자본과 문화적 자본의 경계는 구분이 쉽지 않다. 정치학이나 경영학에서 말하는 사회적 자본은 말하자면, 사회에서 시민들끼리 구축한 신뢰다. 따라서 부르디외가 사회적·문화적으로 구분한 자본의 유형은 크게 보아 사회적 자본으로 포괄할 수 있다. 때문에 이 책에서 사용하는 사회적 자본은 문화적 자본을 포함하는 의미이며, 자본은 경제적·사회적 자본을 포괄하는 의미로 이해하기 바란다.

사회적 자본의 개념은 한국 사회에 보편화된 대학 서열을 예로 들면 이해가 쉽다. 대학 서열상 상위 그룹에 속해 있는, 이른바 'SKY'로 지칭되는 서울대, 연세대, 고려대 재학생은 물론 그 대학을 졸업한 이들은 매우 자연스럽게 취업이나 인간 관계 등에서 그렇지 않은 이들에 비해 훨씬 유리한 고지를 차지하게 되는데 이것이 바로 이들이 획득하는 사회적 자본이다. 여기에 해외, 특히 미국 명문대학의 유학 이력이 더해지면 그것이 한국 사회에서 가지고 있는 상징성으로 인해 사회적 자본은 훨씬 공고해진다. 정도의 차이는 있지만 이런 현상은 다른 나라에서도 일정하게 드러난다.

사회적 자본은 출신 대학으로만 형성되지 않는다. 사는 곳 역시 사회적 자본을 형성하는 데 매우 중요하다. 사회적 자본이 많은 사람은 비슷한 이들끼리 모여 사는 것을 선호하고, 사회적 자본을 가지려는 이들은 그곳에 진입하기 위해 노력하며, 노력하는 이들이 많을수록 그곳이 상징하는 사회적 자

본의 영향력은 너욱 커지게 마련이다. 서울의 강남이 그런 곳이며 뉴욕의 맨
해튼과 도쿄의 야마노테 지역이 그렇다.

——— 권력은 계층을 만들고,
시대는 권력의 핵심을 바꾸다

권력과 자본은 문명이 발달하면서부터 계층을 형성했다. 권력과 자
본을 많이 가진 계층이 그렇지 못한 이들을 지배하는 것은 어떤 문명권이나
유사했다. 또한 지배계층 내의 갈등과 분열, 기존 권력의 축출과 새로운 권력
으로의 교체 역시 반복되었고 이런 과정들이 역사의 변화를 주도했다.

한국 역사에서도 이런 장면은 심심치 않게 등장한다. 삼국 시대 한반
도는 고구려·백제·신라로 나뉘어졌고, 각 나라마다 왕이 있었으며 왕과 함께
지배계층을 형성한 귀족 계급이 존재했다. 세 나라는 자신들의 영토를 확장하
기 위해 끊임없이 마찰을 빚었고 급기야 전쟁을 통해 고구려와 백제는 멸망하
고 통일신라의 시대가 열렸다. 고구려와 백제의 지배계층은 신라에 복종하기
도 하고 일본이나 발해로 떠나기도 했으며 끝까지 저항함으로써 완전히 몰락
해버린 이들도 있었다. 이로써 권력은 다시 재편되었고 권력의 향배가 어디로
향하느냐, 무엇을 선택하느냐에 따라 같은 지배계층일지언정 그 영욕의 역사
가 수시로 달라지고 변화했다. 이런 양상은 삼국 시대에서만 볼 수 있는 것은
아니고, 한국의 역사에만 국한되는 것은 더더욱 아니다.

권력과 자본의 속성은 어쩌면 늘 변화하는 것에 있는지도 모른다. 이
러한 변화는 그때마다 사회적으로 큰 변화를 일으키고, 사회 속에 살고 있는
개인 역시 그 변화로부터 매우 큰 영향을 받을 수밖에 없다.

고대와 중세에는 지역마다 차이가 있긴 했으나, 주로 왕실과 종교가 권력의 핵심을 차지했다. 유럽에서는 중세 후기부터 경제적 자본이 권력을 잡기 시작, 르네상스 시대에는 명실상부 제3의 권력으로 부상했다. 고대와 중세까지 왕실과 종교가 권력을 나누어 갖고 때에 따라 협력과 경쟁 관계를 오고 갔지만, 르네상스 시대부터는 경제적 자본을 가진 상인 계층이 권력의 한 축으로 부상, 왕실과 종교와 더불어 협력과 경쟁의 장에 참여했다. 왕실과 종교계가 권력을 양분하다가 경제적 자본을 가진 상인 계층이 권력 구도에 참여하는 양상 역시 시기의 차이가 있을 뿐 아시아에서도 동일하게 드러났다.

─── 주류 문자를 읽고 쓸 줄 안다는 것, 권력이 그들에게 있다는 것

문자 역시 권력의 향배와 밀접한 관계가 있었다. 고대 문명의 발생지에서 등장한 문자는 서서히 인접 지역으로 전파되기 시작했다. 중국의 문자인 한자는 한반도에 전해졌고, 한반도에서 다시 일본으로 전파되었다. 일본의 고대사를 기록한『고사기』와『일본서기』에는 백제의 학자 왕인이 일본 천황에게『논어』를 소개했고, 이를 통해 일본이 중국의 사상에 대해 관심을 가진 것으로 나온다. 학자에 따라 왕인의 역할에 대한 여러 이견이 있긴 하지만 한반도를 통해 일본에 한자가 전파된 것은 확실하다. 당시 일본 야마토 지역 왕실과 귀족은 자신들의 지배권력을 더욱 확고히 하기 위해 한자와 함께 한반도를 경유하여 전파된 불교 사상을 적극적으로 활용했다. 이들이 한자를 접할 수 있었다는 것, 나아가 그렇게 습득한 한자와 불교 사상을 자신들의 권력 유지를 위해 활용할 수 있었다는 것은 이 당시 이미 막대한 사회적 자본이 가동되고 있었음을 의미한다.

중세 유럽의 권력은 기독교에 집중되었다. 유럽 전역에 막강한 영향력을 행사하고 있던 기독교는 라틴어를 교회의 공용어로 삼으면서 이른바 언어 패권주의를 형성했다. 모든 성경은 당연히 라틴어로 출판되었고, 라틴어 성경만이 표준이었다. 신학을 공부하려면 라틴어는 반드시 익혀야 했으며 교회에서 이루어지는 모든 행사는 라틴어로 진행되었다. 모든 문서가 라틴어로 작성되었음은 물론이다. 신권이 왕권을 제압하던 시기, 교회의 울타리를 벗어난 왕실과 귀족들에게도 라틴어는 반드시 익혀야 하는 공용어였다. 모든 공식 문서는 라틴어로, 법률 역시 라틴어로 기록되었다. 라틴어는 지배계층의 매우 중요한 사회적 자본이었고, 라틴어를 할 수 있느냐 없느냐는 그가 지배계층에 속할 자격이 있느냐 없느냐를 판가름하는 기준이 되었다. 즉, 라틴어는 매우 중요한 지배도구로 기능했다.

그렇다면 다른 이들은 어땠을까? 정확한 수치를 파악하기는 어려우나 여러 정황으로 보아 피지배계층의 라틴어 문맹율은 약 95퍼센트에 육박하는 것으로 추측된다. 로마제국의 몰락 이후 등장한 왕국의 민중들은 대부분 자국어로 말하고, 그 가운데 일부만 자국어를 읽고 쓸 줄 알았다. 이들에게 라틴어는 철저하게 타자의 언어였고 지배계층만의 언어였다. 모든 문서와 종교 생활이 라틴어로 이루어져 있기 때문에 이들은 일상생활부터 종교생활까지 지배계층에 종속될 수밖에 없었다. 자국어는 따로 있으나 모든 문서는 라틴어를 사용하는 기이한 상황이 만들어진 것이다.

한국의 역사에서도 이런 상황은 발견할 수 있다. 한자의 유입 이전, 엄연히 자국어가 존재했고 자국어로 의사를 소통했던 한반도에 한자가 유입되면서 일상에서 쓰는 말과 문자가 분리되기 시작했고, 그 문자는 철저히 지배계층의 것이었다. 심지어 자국어를 위한 한글이 창제된 이후에도 지배계층은 여전히 한자 사용을 고수했다. 이들에게 한문은 단순히 뜻을 전달하는 문어의 의미가 아니었다. 한자를 사용할 줄 안다는 것, 그것은 곧 스스로 권력층임을 드러내는 상징이며 이는 곧 강력한 사회적 자본으로서 기능했다. 언어학에서는 이렇게 글과 말이 다른 언어의 공존을 '양층 언어 현상'diglossia이라고 한다.

─── 새로운 지배계층이 부상하다, 언어의 패권주의가 해체되다, 권력이 이동하다

중세 후기에 접어들면서 유럽에는 대학이 설립되기 시작했다. 모든 교육은 역시 라틴어를 통해 이루어졌고, 교회로부터 독립적인 활동이 가능한 대학교육을 통해 라틴어가 점차 확산되면서 르네상스를 태동시킨 학문의 토대가 되어주기도 했다.

르네상스를 이끈 원동력 중 하나는 고대 그리스어와 그리스 고전의 재발견이다. 이를 통해 신 중심에서 인간 중심으로, 사고의 방향이 점차 바뀌고 있었다. 여기에 힘을 보탠 것이 바로 경제적 자본이었다. 도시국가 간의 활발해진 교역으로 엄청나게 부를 축적한 상인 계층이 새로운 권력의 축으로 부상하고 있었고, 이들에 의해 그리스 고전의 재발견은 급물살을 탔다.

당연히 교회는 고대 그리스의 세속문화에 관심을 보일 리 없었다. 그러나 교회와 더불어 권력의 양대 축이었던 귀족들이 교회의 권력을 견제하기 위해 서서히 상인들과 협력하기 시작했고, 이들에 의해 고대 그리스 고전의 번역의 붐을 이뤘다. 이로써 그리스 고전의 보급이 활발해지고, 그리스어의 번역과 독해 교육이 새로운 유행처럼 번지기 시작하면서 르네상스의 세속문화는 교회가 주도하는 문화와 다른 방향으로, 매우 독립적이고 독자적으로 형성 발전해 나갔다.

교회의 권력은 여전히 막강했고 라틴어는 여전히 패권을 유지하고 있는 듯했지만 귀족과 상인들을 중심으로 고대 그리스어가 어느덧 사회적 자본으로 인정받기 시작했다. 메디치 가문의 코시모 데 메디치는 사설 도서관을 설립하고 여기에 보유하고 있는 장서를 과시함으로써 자신의 사회적 자본을 드러내기도 했다. 그러나 사회적 자본 획득의 도구로서 배우는 언어는 여전히 라틴어와 고대 그리스어에 국한되었고 말이 아닌 글에 한정되었다. 왕실과 귀족들 사이에서 다른 나라의 언어를 배우려는 시도가 있긴 했으나 극소수의 한정된 교양과 취미 활동에 그쳤고 그것을 사회적 자본으로 삼기에는 그 규모가 매우 작았다.

그나마 주목을 받았던 것은 종교개혁운동 이후 그 중요성이 잠시 강조되었던 독일어다. 마르틴 루터는 종교개혁운동을 시작하면서 독일어의 중요성을 강조했다. 라틴어의 지배 구조에 이의를 제기한 것이다. 그는 라틴어의 패권을 끝내야만 종교개혁운동이 성공할 수 있다고 여겼다. 그에게 독일어는 사회적 자본이라기보다 정치 투쟁의 도구에 가까웠다. 그의 독일어 사용 주장은 라틴어로 인해 형성된 사회적 자본에 대한 저항이라기보다 모어인 독일어 사용을 통해 성경의 본질을 신자들에게 알려야 한다는 취지로 보는 것이 적절하다. 실제로 종교개혁운동을 통해 기존 라틴어 성경의 현대어 번역이 활발해졌다. 루터 역시 독일어로 성경을 번역했는데 그의 번역은 첫 번째 독일어 번역은 아니었지만 가장 영향력 있는 번역으로 인정받았으며 나아가 독일어의 문법과 단어를 표준화하는 데 큰 도움이 되었다.

──── 새로운 대륙,
낯선 언어 앞에 선 제국주의자들의 두 얼굴

르네상스와 종교개혁운동이 이루어지는 시기와 맞물려 유럽은 대항해 시대를 맞았다. 이는 곧 제국주의 시대가 열렸음을 의미한다. 유럽이 대륙 바깥으로 눈을 돌리면서 주안점을 둔 것은 시장의 확보와 종교의 전파였다. 유럽인들 앞에 낯선 대륙의 언어와의 접촉이라는 새로운 국면이 열렸다. 유럽인들은 새로운 대륙의 언어 앞에서 이중적 태도를 보였다. 무역 활동은 주로 자신들의 언어를 사용하고, 종교의 전파를 위해서는 현지인의 언어를 사용했다. 선교사들은 특히 현지인의 언어로 성경을 번역하는 데 힘을 썼다. 성경을 통해 제국주의 국가의 종교가 유입되기 시작했다. 그러나 점령국으로서 지배자의 위치를 확보하는 순간 이들은 현지인들에게 자신들의 언어를 강제했고, 이를 지배의 도구로 활용했다.

르네상스 시대 일부 귀족층이 배우기 시작한 현대어, 마르틴 루터가 그 중요성을 강조한 독일어, 유럽 제국주의 국가들이 피지배국 현지인들에게 강제한 자신들의 모어 등 언어를 통한 여러 국면이 펼쳐지긴 했으나 아직까지 라틴어와 고대 그리스어 외에 다른 언어들에게는 사회적 자본의 역할이 주어지지 않았다. 즉 다른 목적을 위한 도구에 불과했던 것이다.

언어의 역할 변화는 18세기 무렵 시작되었다. 제국주의는 국가를 강조했고, 제국주의 국가들이 침략하고 개척한 땅에서 국가 간의 경쟁이 치열해졌다. 18세기 유럽의 강사는 프랑스와 영국이었다. 프랑스는 서유럽에서 가장 넓은 영토를 차지함과 동시에 강력한 왕권을 바탕으로 다른 나라를 침략함으로써 식민지를 개척하고, 이를 통해 국력을 과시했다. 이미 해가 지지 않는 나라라는 별칭을 얻을 만큼 수많은 식민지를 거느린 영국은 18세기 중반 시작된 산업혁명으로 승승장구하고 있었다.

17세기 열심히 식민지를 개척한 스페인과 포르투갈, 무역과 금융에서 강세를 보인 네덜란드의 위력 역시 약하지 않았지만 이미 쇠퇴기로 접어든 것은 부인할 수 없었다. 영토로만 보자면 여전히 압도적으로 보이는 러시아는 땅만 컸을 뿐 주변국에 미치는 영향력은 미비했고 오히려 주변국의 영향을 많이 받는 형국이었다. 유럽 바깥에서는 오스만제국과 무굴제국이 이미 쇠퇴했고, 아시아의 강자는 여전히 청나라였으나 조선과 일본 그리고 베트남 내부의 변화도 만만치 않았다. 결국 18세기 당시 세계 지형을 크게 보면, 프랑스와 영국이 영향력을 확장함으로써 세계 질서의 축을 잡고 있었고 아시아의 패자는 여전히 청나라였다.

프랑스와 영국이 세계 질서의 최강자로 등장하면서 언어의 지형에도 큰 변화가 일어났다. 양국은 국가의 공식 언어를 라틴어가 아닌 자국어로 대체했다. 이미 17세기에 국어사전과 문법책이 출간되었고, 상류층은 자국어로 학문 활동을 해나가고 있었다. 또한 18세기 들어 이른바 계몽주의 시대가 펼쳐지면서 철학과 과학의 학문적 발전이 눈부셨는데, 이러한 학문 분야 역시 자국어로 연구가 이루어졌다.

18세기,
영어와 프랑스어를 읽고 쓰고 듣고 말할 수 있다는 것의 의미

영어와 프랑스어를 공용어로 채택한 이 두 나라가 유럽 질서의 핵심이었으므로 다른 나라에서 이들의 언어를 배워야 할 필요가 날로 늘어났다. 이러한 언어의 필요성을 가장 먼저 깨달았던 이들이 바로 경제적 자본을 획득하고 있던 상인 계층이었다. 영국의 언어와 프랑스의 언어를 아는 이들과 모르는 이들의 차이가 두드러지기 시작했고, 영국과 프랑스와 직접적인 소통의 가능 여부는 원활한 소통의 편리함에 그치지 않고 곧 사회적 자본으로 그 역할이 확대되었다. 고전어인 라틴어가 상류층의 사회적 자본으로서 기능했다면, 18세기에 접어들면서부터는 현대어인 영어와 프랑스어가 또다른 의미에서 사회적 자본으로 활용되기 시작했다. 그리고 그 가치의 활용 범위는 이전과 비교할 수 없을 만큼 넓어졌고 효과는 극대화됐다.

즉 강대국의 언어를 배우는 것은 사회적 자본으로서의 의미에 더해 경제적 자본을 더욱 공고히 해주는 것으로 인식되기 시작했고, 이때부터 외국어 교육은 사회적 자본 확충의 도구로 여겨지기 시작했다. 이는 현대어가 최초로 사회적 자본의 가치를 인정받았음을 뜻하며, 오늘날 우리가 일반적으로 '외국어를 배운다'를 통해 기대하는 가치가 18세기에 처음 형성된 것으로 볼 수 있다.

당시 유럽에서 사회적 자본의 가치가 가장 높은 언어는 프랑스어였다. 18세기 러시아에서는 프랑스처럼 강력한 왕권을 세우기 위해 왕실에서부터 프랑스어를 사용하기 시작했고, 19세기에는 점차 귀족 계급에도 프랑스어가 보급되었다. 이외에도 프로이센의 프리드리히 2세는 프랑스 문화를 매우 좋아했고 독일이보다 프랑스어를 잘 읽었다. 오스만제국도 프랑스와 가까웠으며 상류층 자제들은 프랑스에서 유학하는 일이 흔했다.

17세기 루이 14세의 강력한 통치로 인해 프랑스는 그때부터 유럽에서 가장 강한 나라로 부상했고, 프랑스어는 오늘날의 영어처럼 유럽 외교계의 공통어가 되었다. 이는 18세기 말 새로운 강대국으로 영국이 등장한 이후에도 한동안 계속되어 20세기 초까지 프랑스어는 세계적으로 거의 유일한 외교 언어였다. 19세기 외교관이라면 이미 상당한 엘리트로 여겨졌고 외교관이 되기 위해서 프랑스어 구사 능력은 필수였다. 19세기 중반 귀족층의 여성들이 교양을 위해 프랑스어를 배우는 것은 당연한 과정이었고 프랑스어를 배운다는 것, 프랑스어를 구사할 수 있다는 것은 그가 지닌 사회적 자본을 보여주는 상징이기도 했다.

프랑스어의 영광은 저물어가고, 영어의 위상은 하늘 높은 줄 모르고

하지만 프랑스어의 영광은 서서히 저물어갔다. 1919년 제1차 세계대전의 종료를 알리는 조약의 문서는 미국 윌슨1856~1924 대통령의 강력한 제안으로 프랑스어와 영어, 두 가지 언어로 작성되었다. 이를 분기점으로 영어가 새로운 외교 언어로 급부상했다. 제2차 세계대전 이후 세계 질서의 강력한 축으로 등장한 미국의 위세로 인해 프랑스어는 밀려나기 시작했고, 그 자리를 영어가 차지했다. 이미 18세기 영국에서 시작한 산업혁명과 19세기 전 세계적으로 확장한 대영제국주의로 인해 프랑스어보다 영어가 상업과 무역의 공통어로서 훨씬 광범위하게 보급이 되어 있었던 것 역시 영어의 확장에 날개를

EMPIRE COLONIAI

Faire aimer nos Colonies en les

Don de la Ligue Coloniale

MAISON ANDRIVEAU-GOUJON H. BARRÈRE, Éditeur-Gé
21, Rue du Bac, PARIS

FRANÇAIS

nt connaitre

Dessiné pour la Ligue Coloniale Française
9, Rue St Georges, PARIS.

1912년 프랑스에서 제작한 '프랑스 제국' 지도. 지도 하단에 1874년과 1912년 제국의 영토 크기와 인구를 비교하는 도표가 눈에 띈다. 이 당시 프랑스 제국에 속했던 지역은 오늘날 거의 다 프랑스어를 공용어로 사용하고 있다. 보르도 몽테뉴 대학교(Université Bordeaux-Montaigne) 도서관 소장.

달아주었다. 미국의 부상으로 인해 영어의 위세가 강해진 것도 맞지만, 빠른 확산은 영국이 지난 세기 만들어놓은 이러한 토대 위에 가능했다.

19세기 후반까지 라틴어는 여전히 교육과 종교 분야에서 그 영향력을 발휘하고 있었다. 고대 그리스어를 배우는 이들도 많았다. 당시의 교육은 엘리트 남성 위주로 이루어졌고 이들에게는 실용성보다 사회적 자본이 될 만한 교양이 중요했다. 라틴어와 고대 그리스어는 그런 측면에서 여전히 유용했다. 유럽과 미국의 대학에서는 라틴어가 필수 과목이었고 고대 그리스어를 필수 과목으로 지정한 곳도 많았다.

이처럼 19세기 초반까지 각 분야별로 중요시 되는 언어가 따로 있었다. 외교 분야에서는 프랑스어가 강세였고 교육 분야에서는 앞서 말한 것처럼 라틴어와 고대 그리스어가 여전히 중요했다. 무역과 상업 분야에서는 일찌감치 영어가 통용되었다.

하지만 개인이 원하는 외국어를 취향에 따라 선택해서 배우는 일은 거의 드물었다. 학자나 선교사처럼 특별한 목적이 있을 경우 특정 언어를 선택해서 배우는 이들이 아주 없지는 않았지만 대개 귀족이나 상류층에서 배울 수 있는 언어는 한정적이었다. 학교에서 라틴어와 고대 그리스어는 기본적으로 배웠고 프랑스어를 접하는 일도 많았으며 경우에 따라 영어를 배우는 이들도 있었다. 이들은 자신이 속한 집단, 계층, 세계에서 사회적 자본으로서의 가치가 높다고 인식되는 언어만을 배울 수 있었다. 귀족과 상류층의 자녀들이 그랜드 투어를 전후해 프랑스어를 배우는 것은 대표적 사례이며 오늘날까지도 유효한 프랑스어의 문화적 '프리미엄'은 이러한 역사를 반영한다.

산업혁명으로 달라진 풍경,
상류층만이 아닌 다수 국민들도 외국어를 배우다

19세기 중반의 산업혁명은 외국어 교육의 풍경까지 변화시켰다. 역사상 최초로 교육의 일반화가 이루어졌다. 소수 귀족 상류층의 교양 증진을 위해 존재하던 학교는 이제 다수 국민을 위한 교육 기관으로 변화했다. 엘리트를 위한 교육 기관은 여전히 존재했으나 일반 학교는 확실히 사회 전반에 불고 있던 '실용화'의 영향을 받았다. 자연스럽게 라틴어와 고대 그리스어는 교육 현장에서 쇠퇴하기 시작했고 20세기 전반에 접어들면서 그 속도는 더 빨라졌다.

교양의 증진을 위해 외국어를 배웠다면 이제 실제 필요에 의해 외국어를 배워야 했다. 이미 19세기에 연구를 중심으로 하는 대학을 설립한 독일은 어느새 과학과 의학 분야에서 두각을 나타내기 시작했고 이 분야에 관한 지식을 습득하기 위해서는 독일어를 배워야 했던 것이 그 예가 될 수 있다.

19세기 후반 서양의 제국주의 국가로부터 침략의 위협을 받던 일본은 메이지 유신을 단행했고 적극적으로 서양 문물을 받아들였다. 이들이 서양 문물을 얻기 위해 주력한 것이 바로 번역 작업이었다. 전략적으로 영어, 독일어, 프랑스어를 공부했고 이를 통해 서구 문명을 흡수하듯 받아들였다. 한국 역시 서구로부터 비슷한 위협을 받았으나 일본에 비해 다소 늦게 개혁에 착수했고, 이때 전략적으로 선택한 언어는 영어와 일본어였다. 결과적으로 조선은 주로 일본을 통해 간접적으로 서양의 문물을 받아들인 셈이다.

교육이 일반화되면서 각 나라마다 도시화가 급속히 진행되었다. 산업혁명으로 인한 경제 성장의 속도와 도시화의 속도는 비례했다. 부르주아지와 중산층이 새롭게 형성되었고 일자리를 찾아 너도나도 도시로 몰려들었다. 경

21세기, 주류 언어, 영어 패권, 인공지능, '코로나19'

철도는 일본 근대화에 매우 중요한 역할을 했다. 서양 산업혁명의 상징이랄 수 있는 철도를 일본은 적극적으로 받아들였다. 기차를 포함하여 온갖 서양의 문명을 받아들여 메이지 유신을 단행한 일본은 훗날 식민지로 삼은 나라마다 철도를 깔았다. 어쩌면 일본에게는 기차가 문명국의 상징이었는지도 모른다. 그림은 1879년에 제작한 목판화로, 도쿄에서 다카나와(高輪)로 가는 철도를 그렸다. 다카나와는 도쿄 시내 시나가와에서 남쪽으로 조금 떨어져 있다. 메트로폴리탄 미술관 소장.

제적 능력에 따라 계층화가 시작되어 하나의 도시에 여러 계층이 함께 살았다.

경제적 자본을 축적한 중산층은 오늘날의 기준으로 보자면 소수에 불과하나 그 이전과 비교하면 이 시기에 급증했다. 새롭게 탄생한 이들 '도시 주민'은 취미와 문화생활을 즐길 수 있는 경제적 능력을 기반으로, 마치 예전의 귀족층처럼 자신들의 소비 행위로 사회적 자본을 비슷한 이들과 공유하려 했다. 이들은 자신들의 필요와 부의 과시를 위해 외국어 교육에 관심을 가졌고 이들의 이러한 관심은 교육의 일반화와 맞물린 새로운 소비 행위로 이어져 19세기 말 등장한 외국어 교육 혁신 운동의 사회적 원동력이 되었다. 즉 이들에 의해 역사상 처음으로 외국어 교육이 소비 상품의 하나가 되었고 이로 인해 외국어 교육 시장이 거의 최초로 형성되었다. 그 이전에도 귀족과 상류층에서 취미를 목적으로 하는 외국어 교육이 이루어지긴 했으나 시장이라고 부르기에는 어려울 정도로 그 규모가 매우 작았다.

그런데 이들은 왜 외국어 교육에 관심을 가졌을까? 외국어 교육이 이들에게 매력적인 소비 상품으로 인식된 이유는 무엇일까? 그리고 이들은 어떤 외국어를 선택했을까? 이들이 자신들의 새로운 소비 상품으로 외국어에 관심을 가진 이유는 바로 '차별성' 때문이었다. 즉 19세기 후반 산업혁명으로 탄생한 신흥 부유층과 중산층들의 다양한 소비 행위는 당시 사회적 유행에 큰 영향을 끼쳤다. 이들은 이러한 소비 행위를 통해 자신의 부를 과시하고 사회적 지위를 확립하고자 했다. 특정 계층이 소비를 통해 자신들의 부와 지위를 과시하는 행위는 그 이전에도 있었다. 왕실과 귀족들이 그랬다. 그러나 그들의 숫자는 일부분이었고, 그것이 사회 전반에 영향을 미치는 것에는 한계가 있었다. 그러나 경제적 자본을 축적한 중산층의 숫자는 이전에 비해 급증했고 이들이 자신들의 부를 과시하기 위해 소비 행위를 하면 할수록 그 시장은 점점 커지고 있었다. 그런 그들이 자신들을 다른 계층과 구분 짓기 위해 선택한 또 다른 소비 행위의 대상이 외국어 교육이었다. 외국어를 배운다는 것, 외국어를 구사할 수 있다는 것은 매우 독특하고 희소성이 높은 아이템이었다. 외국어를 읽거나 말할 수 있다는 것만으로도 다양하게 스스로의 차별성을 확보할 수 있었다. 외국어를 배워 그 지역으로 여행을 가거나 외국어로 된 문헌 등을 통해 교양을 쌓는 것은 자신들의 경제적 여유와 지적 수준을 상징하는 장치가 되어주기도 했다. 이로 인해 중산층 사이에 외국어 공부는 유행처럼 번졌고 유럽은 물론 미국에서까지 외국어 교육 시장은 확대일로를 걷게 되었다. 지역에 따라 선호하는 외국어가 조금씩 달랐다. 미국에서는 프랑스어를 공부하는 것이 부의 상징으로 여겨졌고, 이런 수요에 맞춰 프랑스어 교육을 위해 문을 연 것이 바로 벌리츠 어학원의 출발이며, 외국어 교육 시장은 급속하게 발전·확장되었다. 유럽에서도 프랑스어는 인기가 많았다. 그러나 영어와 독일어, 이탈리아어와 스페인어까지 선택의 폭이 매우 다양했다. 다만, 그 이전의 왕실과 귀족층에게 라틴어와 고대 그리스어는 필수적인 것이었으나 이들 중산층들에게 외국어 학습은 사회적 자본을 축적하는 하나의 수단이었을 뿐, 필수적인 요소는 아니었다.

프랑스어는 문화 언어, 영어는 실용 언어, 독일어는 기술 언어……, 용도별로 다른 언어를 배우다

교육의 일반화가 이루어지면서 유럽과 미국에서는 매우 빠른 속도로 중등 교육 과정이 신설되었다. 여기에는 라틴어는 물론 여러 현대 외국어 교육이 포함되어 있었다. 라틴어는 전통과 교양 증진을 위해, 현대어는 주로 실용적 목적으로 가르쳤다. 프랑스어는 전통적 외교 언어이자 문화 언어로 인식되었고, 영어는 무역과 상업의 필요에 의한 실용 언어로 꼽혔으며, 독일어는 선진 과학 기술의 언어로 받아들여져 특히 19세기 말 미국의 고등학교 과정에서 인기가 많았다. 전통과 교양 그리고 실용의 삼각 구도 안에서 여러 외국어가 경쟁 구도를 이루었고 그것은 곧 사회적 변화를 반영한 결과였다. 전통과 문화 언어로 인식되기 시작한 프랑스어가 전통적 교양 언어인 라틴어보다 더 많은 인기를 끌면서 사회적 자본의 가치가 더 높아졌고, 교양 증진을 위한 목적보다 실용적 목적으로 외국어를 배우려는 이들이 늘어나면서 자연스럽게 그 분야 언어의 사회적 자본의 가치가 높아졌다. 이러한 변화를 대표하는 외국어는 바로 영어였다.

또한 외국어를 배우는 방식에도 변화가 있었다. 그 이전까지만 해도 외국어 교육은 왕실과 귀족층을 대상으로 거의 일대일 방식이거나 소수의 엘리트 학생을 대상으로 이루어져 왔다. 여자와 빈민층 그리고 소수민족에게는 배울 기회조차 제공되지 않았다. 그러던 것이 교육의 일반화로 인해 역사상 최초로 많은 수의 학생을 대상으로 한꺼번에 외국어를 가르쳐야 하는 상황으로 변화했다. 일선 학교에서의 외국어 교육 방법에 관한 고민이 본격적으로 시작된 것이 이 무렵부터다. 이때부터 외국어 학습 방식은 매우 다양하게 전개되었다.

외국어는 오로지 실용성을 위해 배우다, 모든 길은 영어로 통하다

여기에서 앞에서 잠시 언급한 외국어로서의 영어의 부각에 대해 좀 더 살펴볼 필요가 있겠다. 제1차 세계대전과 파시즘, 제2차 세계대전을 치렀던 약 31년 동안은 '유럽의 내전기'라고 부를 수 있다. 이 내전기를 겪으며 18세기부터 외교와 교양의 언어로서 그 지위를 유지했던 프랑스어와 과학 기술 분야의 언어로 꼽히던 독일어의 영향력은 급속히 쇠퇴했다. 교양의 목적으로 외국어를 배우던 시대는 저물고 실용적 목적으로 외국어를 배우는 시대가 되면서 라틴어는 훨씬 이전에 이미 쇠퇴기로 접어든 상황이었다. 모든 언어를 제패하고 최우선의 지위를 차지한 것은 어느덧 전 세계 초일류, 초강대국으로 등장한 미국의 언어였다. 명실상부 영어는 세계적 공통어로 부상했다. 너도 나도 영어를 앞다퉈 배우려 했고, 20세기 초까지만 해도 다양했던 외국어 학습 구도가 영어로 집중되면서 영어의 사회적 가치는 더욱 더 높아졌다.

흔히 20세기를 일컬어 '미국의 세기'라고 부른다. 외국어 교육에 한정해 말하자면 20세기 전반은 몰라도 후반은 확실히 미국의 세기, 영어의 세기였다. 제2차 세계대전 이후 한국, 일본, 독일 등 미국이 그 영향력을 행사한 국가는 물론 유럽과 남미 그리고 중동과 인도 등에서도 영어를 배우려는 이들이 다른 외국어를 배우려는 이들의 수에 비해 압도적으로 많았다. 그리고 어느덧 영어 구사 능력이 뛰어나다는 것은 수많은 나라에서 매우 중요한 사회적 자본으로 인식되기에 이르렀다.

그렇다면 당시 영어를 배우려던 이들은 본인들이 원해서 영어를 선택한 것일까? 새롭게 등장한 19세기 말 중산층들이 자신들의 사회적 지위를 확

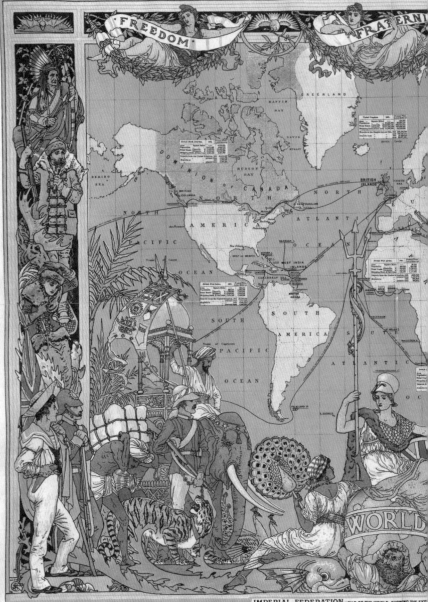

FREEDOM

FRATERNI

GREENLAND

BAFFIN
BAY

DAVIS
STRAIT

DOMINION OF CANADA

HUDSON
BAY

BERING
SEA

BRITISH
COLUMBIA

NORTH

AMERICA

NORTH

BRITISH
ISLANDS

NORTH PACIFIC OCEAN

ATLANTIC OCEAN

EU

Tropic of Cancer

WEST INDIA
ISLANDS

GULF OF MEXICO

SOUTH

AMERICA

SU

SOUTH

PACIFIC OCEAN

Tropic of Capricorn

SOUTH

ATLANTIC OCEAN

FALKLAND IS

WORLD

IMPERIAL FEDERATION,—MAP OF THE WORLD SHOWING THE EXT
STATISTICAL INFORMATION FURNISHED BY CAPTAIN J. C. R. COLOMB, M.P. FOR

COPYRIGHT

1886년 '대영제국' 지도.
19세기 영국은 대영제국이라 불리며 막강한 힘을 과시했다. '해가 지지 않는 나라'라는 말이 당연시될 정도로 역사상 영토가 가장 넓은 제국이었다. 지도의 붉은색 지역이 대영제국의 영토였다. 이 당시 전 세계유일의 초강대국이었던 대영제국의 모든 행정은 영어로 진행되었고, 상류층 자제들이 다니는 학교에서도 거의 모든 수업이 영어로 이루어졌다. 이렇듯 영어는 영국의 행정과 교육을통해 보급되었다. 오늘날 영어가 전 세계의 공통어 역할을 하기 시작한 것도 거슬러올라가보면 대영제국이 그 시작이었다. 여기에 20세기 초강대국으로 부상한 미국의 영향으로 그위세는 더욱 강력해졌다. 보스턴공립도서관 소장.

고히 하고 부를 과시하기 위해 즉 스스로의 차별성을 드러내기 위해 선택적으로 외국어를 배웠던 것처럼 20세기 후반 영어를 배우려던 이들도 과연 그랬을까? 답은 '그렇지 않다'이다. 이 무렵 이들에게 영어는 거의 필수 과정이었다. 개인들의 선택의 영역이 아니었다. 사회에서 성공하려면 무슨 일이 있어도 영어가 필요하다는 것이 국가 지배계층의 인식이었고 이를 위해 대부분 학교 교육 과정에 영어 과목이 필수로 배치되었다. 거꾸로 학교 교육 과정에 영어를 필수 과목으로 배치하지 않으면 사회에서의 성공 기회가 모두에게 균등하게 주어지지 않는 셈이 되어 사회적 통합을 위해서라도 영어의 필수 과목 배치는 당연한 것으로 여겨졌다.

이와 함께 수많은 영어 수용국에서 영어 격차를 둘러싼 논쟁이 격렬하게 터져 나왔다. 영어 실력이 사회적 자본 역할을 하고, 나아가 성공적인 사회 진출을 위한 필수 요소로 여겨지면서 영어를 더 잘하는 사람과 못하는 사람의 실력 차가 엄연히 존재했다. 교육 제도의 틀 안에서 영어 교육의 기회는 보편화되었지만 영어 교사의 자질에 따라 학습의 성취가 다를 수 있고 학교 밖에서 더 많은 학습의 기회를 갖는 이들과 그렇지 못한 이들로 인해 누구에게나 영어를 배울 기회가 균등하게 주어진다고 말할 수 없게 되었다. 이로써 영어 교육의 불평등 문제가 제기되었고 이는 영어 격차 논쟁으로 이어졌다.

이를 해소하기 위해 영어 수용국 중 하나인 한국에서는 조기 영어 교육을 도입했다. 어릴 때부터 학교 교육을 통해 영어를 가르침으로써 학생들에게 균등한 학습 기회를 제공할 수 있다는 기대 때문이었다. 일본은 한국보다 약 10여 년 후에 조기 영어 교육을 도입했다. 일본 역시 조기 영어 교육의 도입 이전에 영어 격차에 대한 활발한 논의 과정을 거쳐야 했다. 일본어 학습에 방해를 받을 수 있다는 우려보다 21세기 글로벌 시대에 영어를 배워야만 경쟁력을 갖출 수 있다는 쪽으로 사회적 공감대가 형성되어 조기 영어 교육이 도입되었다.

───── **글로벌 시대,**
세계 공통어 영어가 갖는 사회적 자본의 가치

그렇다면 영어권이 아니지만 영어를 공용어로 삼은 나라에서 영어는 어떤 형태로 활용되고 있을까. 아프리카 남쪽에 위치한 르완다는 과거 독일과 벨기에의 식민지였다. 1884년부터 1916년까지 르완다를 지배했던 독일은 통치가 매우 느슨했던 까닭에 르완다의 극소수 엘리트들만 독일어를 배웠다.

제1차 세계대전에서 패배한 뒤 독일은 여러 지역의 식민지 지배권을 상실했다. 르완다 역시 마찬가지였다. 그러나 르완다는 이때 독립하지 못하고 인근 국가 콩고를 지배하던 벨기에의 신탁 통치를 받게 되었다. 벨기에는 독일에 비해 강력하게 통치했고, 그 일환으로 프랑스어를 르완다 전역에 적극 보급했다. 이로 인해 1962년 독립한 르완다는 프랑스어를 공용어로 채택했다.

1994년 르완다는 경제발전 정책을 도입하기 시작했고, 2000년 설립한 동아프리카 공동체East African Community에 참여했다. 향후 회원국들끼리의 공통 통화 발행, 나아가 연방국 건국이라는 장기적 목표로 설립된 이 기구는 영어와 스와힐리어를 공통어로 지정했다. 하지만 스와힐리어에 비해 영어를 훨씬 더 많이 사용했다. 이런 현상을 지켜본 르완다 정부는 2007년 글로벌 시대에 적극적으로 대응하고 동아프리카 공동체 통합을 촉진하기 위해 영어를 르완다의 공용어로 채택한 뒤 오늘날까지 적극적으로 영어 교육을 추진하고 있다.

면적도 작고 인구도 적은 편인 데다 국내총생산도 아직 낮은 개발도상국인 르완다로서는 쉽지 않은 선택이었을 것이다. 그러나 르완다 전역에서는 영어를 배움으로써 도약할 수 있다는 희망이 매우 컸다. 르완다의 영어 정책을 통해 영어권이 아님에도 불구하고 영어를 공용어로 삼은 나라 안에서 영어가 이미 획득한 사회적 자본의 가치에 대해 돌아보게 된다.

역사적으로 서양의 라틴어와 동양의 한문의 영향력은 대단했다. 여러 차례 이야기했듯 이 두 개의 언어는 매우 오랫동안 여러 나라의 인적 교류와 지식 창출면에서 사회적 기여도와 그 가치가 매우 높았다. 유럽에서는 라틴어를 해독할 수 있어야 지식인으로 인정받았고, 동아시아에서는 한문이 그런 역할을 했다. 『해동제국기』를 쓴 조선의 학자 신숙주는 통신사로 일본에 갔을 때 일본인과 한문으로 교류했고, 1597년부터 1600년까지 교토에서 포로로 지낸 문신 의병장 강항은 일본의 초기 유학자인 후지와라 세이카藤原惺窩, 1561~1619에게 한문을 통해서 주자학을 가르쳤다. 중국과 한국, 한국과 일본 사이의 모든 지식 교류는 거의 다 한문을 통해 이루어졌다.

오늘날의 영어 역시 전 세계적으로 비슷한 역할을 하고 있다. 다만 라틴어나 한문과 비교했을 때 차이가 있다면 단순히 글로 전달되는 언어가 아닌 많은 사람이 말을 하는 언어로 영어를 사용하고 있다는 점이다. 직접적인 의사소통을 가능하게 해주는 글로벌 공통어로서 차지하는 영어의 이러한 위상 때문에 앞서 살펴본 르완다처럼 국가적으로 영어를 공용어로 도입하는 곳은 물론 수많은 나라에서 영어를 교육 과정의 필수 과목으로 지정하고 있다.

냉전의 시대로부터 비롯한 글로벌 시대의 탄생,
21세기는 과연 어떤 시대로 불리게 될 것인가

우리는 이쯤에서 한 번 짚어볼 필요가 있다. 훗날 21세기는 과연 어떤 시대로 불리게 될까. 적어도 20세기 말의 연장선에서 단지 '글로벌 시대'라고만 정의할 수는 없을 것이다.

20세기 후반 이후 글로벌 시대로 빠르게 변화했지만 한편에서는 이에 반대하는 흐름도 만만치 않게 등장했다. 18세기 말 이후 산업혁명에 반대하는 다양한 목소리가 여러 차례 결집했던 것과도 비슷한 양상이다. 산업혁명이나 글로벌화 같은 거센 변화의 물결은 어쩔 수 없이 시대적 승자와 패자를 만들어낸다. 이에 반응하는 사회적 파장은 당연하다. 산업혁명의 파고를 맞아 승자는 단연 급성장하는 도시의 새로운 산업 종사자들이었다. 소규모 공예업 종사자들은 패자의 자리에 서야 했다.

그렇다면 글로벌 시대의 승자는 누구였으며 패자는 누구였는가. 교육 수준이 높은 전문직 종사자가 승자의 자리를 차지하고, 패자의 자리는 저학력 노동자들 차지로 돌아갔다. 사회적 변화에 능동적으로 대처하고 빠르게 적응하는 이들은 곧 승자의 자리를 차지하여 더 강해지고, 패자는 한없이 약해졌다. 갈수록 격차는 벌어졌고, 예상 가능한 다음 장면은 곧 반란과 혁명이다.

승자와 패자의 격차가 심각했던 20세기 초로 돌아가보자. 중국 신해혁명(1911년), 제1차 세계 대전(1914년), 러시아혁명(1917년), 파시즘(1919년) 등장, 대공황(1929년), 제2차 세계대전(1939년) 등이 이 시기에 집중적으로, 연달아 일어났다. 자세히 들여다 보면 사건마다 내용은 조금씩 다르지만, 크게 보면 승자와 패자의 격차로 인한 사회적 불안이 폭발한 것이라는 공통점을 찾을 수 있다. 그렇다면 글로벌 시대에 대한 저항 양상은 어떻게 나타나고 있을까.

글로벌 시대의 탄생은 20세기 전반 격동의 시대를 관통하며 형성한 미국과 소련의 냉전 분위기에서 비롯했다. 이 당시 서유럽 국가는 NATO(북대서양조약기구), 유럽평의회, 유럽경제공동체 등의 협력 체제에 참여하기 시작했다. 동유럽 국가도 뜻 맞는 국가들끼리 협력 체제를 구축했다. 유럽 제국주의로부터 독립한 피지배국들 가운데 몇몇 국가는 미국과 소련의 영향으로부터 비교적 거리가 있는 비동맹 운동에 참여했다. 세계가 크게 세 그룹으로 나뉘어진 셈이다. 여기에서 눈여겨볼 점은 그 이전처럼 각 나라들이 독자적으로 행동하기보다 다른 국가들과 협력하기 시작했다는 점이다. 나아가 이러한 협력 체제를 강화하기 위해 나라마다 경제, 외교, 군사 분야뿐만 아니라 다양한 분야의 인적 교류를 적극적으로 추진했다.

1980년대 이후 소련의 힘이 약해지면서부터는 미국의 영향력이 압도적으로 커졌다. 그뒤 1990년대 초 소련 붕괴와 독일 통일이 이어지면서 이번에는 서유럽 국가들 중심의 유럽연합의 역할이 커졌다. 미국과 유럽연합은 차이가 있긴 하지만 자유 무역, 자본에 대한 통제 완화 같은 신자유주의적 정책을 적극 도입했다는 점에서는 비슷한 면모를 보였다. 냉전 시대까지만 해도 비동맹 운동에 참여했던 많은 국가 역시 신자유주의 정책을 도입하기 시작했고, 미국과 유럽연합에 거리를 두기보다 새로운 흐름에 적극적으로 참여하는 분위기였다. 유럽연합이 함께 쓰는 유로화는 그러한 산물 중 하나라고 할 수 있다. 신자유주의는 어느덧 세계 질서의 기본값이 된 것 같았다.

그러나 21세기에 들어서면서 신자유주의에 대한 비판의 목소리가 커지기 시작했다. 진보적 지식인들이 주로 목소리를 높였는데 소수에서 출발했지만 비판의 물결은 곧 곳곳으로 퍼져 나갔고, 그 반향은 작지 않았다. 나아가 2001년 발생한 '9·11 테러' 이후 미국이 주도적으로 이끌어나가는 글로벌화에 강력히 거부하는 세력이 등장했다.

'9·11 테러' 이후 미국은 아프가니스탄과 이라크에서 전쟁을 치르면서 집단안전보장 개념을 벗어나 독자적인 군사 행동에 나서더니 2007년에는 미국발 세계금융위기가 빠른 속도로 전 세계를 위기에 빠뜨렸다. 그나마 2009년부터 세계 경제가 조금씩 회복하긴 했지만 그 속도는 매우 더뎠고, 일반 서민들이 체감하기까지는 시간이 더 필요했다. 그 때문에 사회적으로 소외를 느끼는 사람들이 갈수록 늘어났다. 그리고 급기야 2011년 9월 미국과 유럽에서 경제적 불평등에 항의하고, 이에 불만을 표출하는 운동이 일어나기 시작했는데 그 대표적 사례가 '월가를 점령하라'Occupy Wall Street 시위였다. 빈부 격차로 인한 사회적 분위기는 정치에도 영향을 미쳐 2016년 영국인들은 찬반 국민투표를 통해 유럽연합을 탈퇴하는 브렉시트를 결정했고, 같은 해 미국인들은 제45대 대통령으로 도널드 트럼프의 손을 들어주었다. 이러한 현상이 반영되기라도 한 것처럼 2020년대 문턱에 들어서면서 글로벌화의 두 기둥으로 여겨지던 신자유주의와 집단안전보장 개념은 상당히 약화되기에 이르렀다. 대신 국가주의가 고개를 들고, 이는 다양한 차별로 표출되었다. '우리'가 아닌 '타자'에 대한 배척과 분리가 심각해졌고, 연대와 상생의 가치를 외면하거나 무시하는 경향이 두드러졌다.

─────── **글로벌 시대의 상징,**
        영어는 어떻게 될 것인가

이 책에서 줄곧 이야기해온 것처럼 외국어 전파 과정은 그 시대의 역사적 흐름을 반영한다. 소위 '글로벌 영어'는 글로벌화 시대의 상징적 산물이다. 제2차 세계대전 직후 미국의 영향권 안에 있던 국가들은 학교에서 영어를 가르치기 시작했다. 한국과 일본이 대표적 사례이긴 하지만, 유럽에서도 영어가 다른 언어를 대체했다. 유럽 제국주의로부터 독립한 피지배국들은 비록 자국어 정책을 도입했지만 옛 지배국의 언어를 그대로 사용하는 나라도 많았다. 가장 많은 식민지를 차지한 영국의 언어인 영어가 이미 널리 보급되어 있었던 것은 지극히 당연했다.

냉전 시대 소련의 영향권 안에 있던 나라들은 당연히 영어가 아닌 러시아어를 가르쳤지만 소련의 붕괴 이후 러시아어를 배우던 국가들은 앞다퉈 시대의 흐름에 발맞춰 영어 교육을 추진했다. 글로벌화로 인해 급성장한 인적 교류의 필요에 맞춰 많은 나라에서 세계 공통어로 영어가 당연하다는 듯 채택되었고, 영어 실력은 곧 사회적 자본으로 작동하기 시작했다. 경쟁이 심화되는 사회에서 영어를 할 줄 아는 사람은 그만큼 '생애의 기회'에서 유리한 위치를 차지할 수 있었다. 이는 다시 말하면 영어를 배우지 못했거나 잘 못하는 사람이라면 사회적 활동에 일종의 제약을 받게 되었다는 의미이기도 하다.

한국의 영어 교육 역사를 살피면 글로벌화 시대의 흐름을 잘 파악할 수 있다. 1945년 해방 이후 1948년 남한 단독정부 수립 이전까지 약 3년여 실시한 미군정기에 이미 영어 교육은 시작되었고, 1948년 정부 수립 이후 1950년 한국전쟁을 치르면서 미국의 영향력은 더욱 강력해졌다. 그뒤로 오늘날까지 한국은 글로벌화에 잘 적응하는 한편으로 경제 발전과 민주화를 이루어냈다. 이런 과정을 거치는 동안 영어는 더욱 중요한 사회적 자본으로 부상했고, 개개인의 '생애의 기회'에 막강한 영향력을 미쳐왔다.

좋은 대학에 가기 위해 반드시 높은 성적을 받아야 하는 중요한 과목 영어는 1990년대 이후부터는 직장인의 승진에도 영향을 미치기 시작했다. 이른바 '토익붐'이 불러온 현상이었다. 이런 변화에 맞춰 기다렸다는 듯이 한국 사회에는 어마어마한 크기의 '영어 교육 시장'이 열렸다. 이른바 '글로벌 영어'를 표방하는 영국의 출판사는 물론 한국에서 영어 교육 산업에 조금이라도 관련이 있는 기관과 개인은 막대한 경제적 이익을 누렸다. 1997년 IMF 외환 위기를 겪으며 한국은 신자유주의 체제에 항복한 셈이 되었고, 이른바 영어 교육 열풍은 더욱 가속화되어 조기 영어 교육, '기러기 아빠' 현상까지 불러일으켰다. 어떻게 해서라도 영어에 유창한 사람이 되어야 한다는 목표를 향해 온 국민이 달리기를 하는 것 같았다.

2000년대 초반까지 이어지던 이런 현상은 2010년대에 접어들면서 조금씩 변화가 감지되기 시작했다. 1990년대 이후 2000년대까지는 인적 교류의 요구가 높고, 산업 전반이 글로벌화에 발맞춰 나가야 한다는 분위기로 인해 너나 할 것 없이 오로지 영어 실력이 곧 국가 경쟁력이라는 인식이 강했지만 2010년대 이후 이러한 논의는 점차 후퇴하기 시작했다. 가장 큰 이유는 글로벌화로 상징되는 '국가 경쟁력'에 대한 피로감 또는 거부감의 확산이다. 즉 글로벌화에 대한 비판의 목소리가 등장하면서 영어 교육에도 미묘한 변화가 일어났다. 글로벌 시대에 발맞춰 영어 교육은 세계 공통어로서 누구나 획득해야할 기능처럼 여겨졌지만 글로벌화에 대한 회의감이 고개를 들면서 한쪽에서는 영어 자체에 대한 관심과 열풍이 조금씩 꺼지기 시작했다.

여기에 더해 IT 산업의 발전에 따라 인공지능의 번역 기능이 눈에 띄게 좋아지면서 굳이 힘들게 영어를 배워야 할 필요성을 덜 느끼는 분위기가 만들어졌고, 1990년대 열풍을 통해 축적된 영어 교육 과정의 발달, 온라인 교육 시스템의 활용 등으로 이제 굳이 짐을 싸서 밖으로까지 나가 영어를 배워야 할 필요성이 줄어들었다. 국내에서 공부를 해도 획득할 수 있는 실력의 수준이 높아진 것이다.

일본 역시 분위기가 다르지 않았다. 급기야 해외 유학생이 눈에 띄게 줄어드는 현상을 두고 일본 정부가 나서서 이렇게 가다가는 젊은 세대가 우물 안의 개구리가 될 수도 있다는 걱정을 하기 시작할 정도였다. 한때 영어권 국가들의 어학 연수생 중 압도적 비중을 차지했던 것에 비해 단기 어학 연수나 영어 유학에 대한 양국 학생들의 관심은 현저히 줄어들었다. 또한 더이상 새삼스럽게 획득할 '생애의 기회'가 줄어든 고령층이 늘어난 것 역시 사회 전반의 관심사였던 영어 열풍을 가라앉힌 배경으로 지목되기도 한다. 그러면서 외국어를 아예 관심 밖으로 밀어낸 이들이 있는 반면에 개인의 필요와 취향, 교양의 증진을 위해 영어가 아닌 다른 외국어를 배우려는 이들이 점점 늘어나고 있다. 자, 그렇다면 이제 앞으로의 영어는 과연 어떻게 될 것인가.

———— **코로나19 팬데믹,**
전 인류가 각성한 국제적 협력 체제의 필요성

2020년 새해가 시작된 지 얼마 지나지 않아 중국 우한에서 '코로나19'가 발병했고, 곧 전 세계적인 팬데믹 상황으로 이어졌다. 치료약은 물론 예방 백신이 전혀 준비되지 않은 인류에게 코로나19는 새롭고 무서운 바이러스였고, 대응책이 전무한 상황에서 마스크 착용과 개인 간의 '사회적 거리' 유지만이 할 수 있는 일의 전부라고 해도 과언이 아니다. 이 때문에 이전에는 상상할 수 없던 일상의 규제가 시작되었고, 전 세계가 모두 깊은 충격을 받았다. 하루의 시작을 확진자 수 확인으로 시작하고, 사망자 수 역시 매일매일 공개되었다. 온 인류가 같은 공포와 불안으로 한 해를 거의 보낸 뒤에야 겨우 백신이 개발되었고, 접종이 시작되면서 이 재앙의 끝이 보인다는 희망으로 한 해를 그나마 마무리할 수 있었다.

팬데믹으로 인한 엄청난 사회적 변화를 겪으면서 덩달아 인류의 미래에 대한 논의가 매우 활발해졌다. 가장 중요한 각성은 '지구가 이렇게 좁았는가' 하는 점이었다. 중국에서 등장한 바이러스가 삽시간에 전 세계로 퍼지는 것을 전 인류가 함께 지켜보았으니 그럴 법하다. 이동의 자유를 아무리 엄격하게 통제해도 바이러스는 무섭고 빠르게 퍼져나갔다. 가까스로 코로나19를 해결한다고 해도 새로운 감염균이 등장하면 막을 방도가 마땅치 않다는 것을 모두가 깨달았다. 팬데믹이 되기 전에 어떻게 해서든 이를 막기 위한 국제적인 협력 시스템을 갖춰야 한다는 데 모두가 한마음으로 동의한 셈이다. 다시 말해 코로나19 팬데믹은 어떤 나라일지라도 고립되어서는 절대로 살 수 없다는 것을 모두에게 각인시킨 역사적 분기점이 아닐 수 없다.

이처럼 팬데믹을 '모두의 문제'로 받아들이자 또다른 '모두의 문제'인 기후 변화에 대한 관심 역시 높아졌다. 이미 많은 사람들이 2010년 이후부터 기후 변화가 심상치 않다는 것을 느끼고 그 심각성을 진지하게 논의하기 시작했다. 한국만 해도 봄이 오면 황사가 심해져 불편했는데, 어느덧 일 년 내내 미세먼지로 고통 받고 있다. 미세먼지의 원인을 두고 한국과 중국이 서로 다른 입장의 차이를 보이고 있지만, 분명한 것은 한국에서 발생하는 것이 전부는 아니라는 점이다. 중국발 미세먼지는 중국에도 큰 피해를 입히지만 그로 인한 한국의 피해도 극심하다. 미세먼지가 국경을 가리지 않고 넘어오기 때문이다.

미세먼지 외에도 태풍으로 인해 피해 지역이 증가하고 있고, 세계 곳곳에서 가뭄과 산불의 규모도 커지고 있다. 어디는 물 때문에 재난을 겪고, 또 어디는 물이 없어서 재난을 겪고 있다. 바다의 온도 역시 점점 높아져 그로 인해 바다 인근 지역의 홍수도 빈번하고, 내륙의 강물도 홍수로부터 안전하지 않다. 이렇듯 기후 변화로 인한 위기의 심각성을 모두가 느끼게 되었고, 팬데믹처럼 개별 국가의 힘만으로는 독자적으로 해결할 수 없음을 인식하기 시작했다. 이를 위해 무엇보다 국제적인 협력 시스템이 필요하다는 것에 반대하는 목소리는 거의 들리지 않는다. 팬데믹의 위기를 어느 정도 극복한 뒤에는 전염병과 기후변화라는 전 지구적인 문제의 해결을 위한 논의가 가속화될 것으로 전망한다.

─── **다가올 미래,**
외국어의 의미는?

그렇다면 이러한 변화는 이 책의 주제인 외국어 전파 과정에 어떤 영향을 미칠 것인가. 아울러 다가올 가까운 미래에 외국어는 어떤 의미를 갖게 될까.

2021년 현재, 우리가 살고 있는 이 시대는 1946년 무렵과 여러모로 비슷하다. 1946년에는 어떤 일이 있었을까. 기나긴 전쟁이 끝나고 새로운 세계 질서가 급격하게 형성되었다. 민족주의와 국수주의로 자국어 아닌 다른 언어에 대해 폐쇄적이었던 파시즘과 고립주의는 전쟁으로 대부분 청산되었다. 새로운 세계 질서가 비록 미국과 소련의 패권을 중심으로 형성되긴 했으나 어느 때보다 집단 안전 보장과 국가 간의 협력이 중시되었다. 미국과 소련의 경쟁은 여러 분야에 걸쳐 치열했지만 새로운 협력 체제의 가동, 핵무기에 대한 공포로 전쟁만은 어떻게든 피하기 위해 노력했다. 또한 1930년대 겪은 대공황을 초래하지 않기 위해 중산층을 확대하는 정책을 도입하는 국가가 늘었고, 소련을 비롯한 공산권 국가들도 민생에 대해 신경을 썼다. 이런 변화로 인해 외국어를 바라보는 태도 역시 매우 유연해졌다. 말하자면 파시즘과 고립주의가 외국어의 적이었다면 새롭게 형성된 국가 협력 체제는 외국어의 친구였던 셈이다.

이런 시대 변화가 일어났던 1946년과 비교하면 2021년 현재는 어떨까. 20세기 말 대두되었던, 글로벌화에 대한 반감은 뜻밖에 국가주의, 고립주의 그리고 극심한 인종차별로 표출되었다. 앞서 말했듯 세계 곳곳에서 배척과 분리가 심각해졌고, 국가 안에서도 지역과 성별, 인종, 사회적 지위, 부의 정도에 따라 갈등이 고조되었다.

하지만 코로나19를 겪으며 전 세계는 그동안 큰 목소리를 내던 갈등과 배척이 팬데믹이나 기후변화 같은 글로벌 문제를 해결하는 데 어떤 답도 내놓을 수 없다는 것을 함께 학습했다. 이에 대한 대안은 국제적인 협력 체제의 형성이다. 아직까지 팬데믹의 충격과 공포에서 벗어나지 못했기 때문에 선불리 단정할 수는 없지만, 비록 새롭고 효율적인 협력 체제가 아직 형성되기 전이긴 하지만, 지구 곳곳에서는 이미 새로운 협력 체제의 가능성이 싹 트고 있다. 2021년 미국은 파리협정에 다시 가입하면서 기후 변화 해결을 위한 협력의 의지를 드러냈다. 많은 비판을 받긴 했지만 선진국을 중심으로 코로나19 백신을 여러 나라에 공평하게 보급하기 위해 다양한 노력이 이어졌고, 미국은 WHO(세계보건기구)에 다시 가입했다. 경제적인 측면을 살피자면 2021년 약 130개 나라가 최소 법인 세율을 15퍼센트로 합의했다. 국가 간의 무리한 경쟁을 피하기 위한 노력의 일환이다.

이러한 노력들이 얼핏 외국어 전파 과정과 어떤 관계가 있을까 의문이 들 수 있다. 그러나 국가 간의 협력이 이루어질수록 서로의 언어에 대한 관심은 높아지기 마련이다. 즉, 국가 간의 협력 관계가 돈독해질수록 외국어 역시 서로의 나라에 훨씬 빠르고 쉽게 전파가 된다.

그렇다면 이러한 새로운 '글로벌 협력 시대'에 외국어는 과연 어떤 역할을 할까. 앞에서 말했듯 이미 AI 기술의 등장으로 실시간 통역과 번역이 가능해진 지 오래이고, 기술의 진보가 이루어질수록 서로 다른 언어의 소통은 훨씬 수월해질 것이다. 때문에 기존의 학습을 통해서만 가능했던 외국어의 기능적인 역할은 줄어들 것이 분명하다. 즉, 기능적 의미로서의 외국어 실력이 곧 국가 경쟁력을 드높이던 시대는 저물어갈 것이며, 이로 인한 개인의 생애 기회 획득의 도구로서의 비중도 줄어들 것이다. 그렇다면 외국어의 전파 의미가 사라진다는 말일까. 아니다. 이제 외국어는 기능적인 역할이 줄어드는 대신 상징적인 의미가 훨씬 더 커질 것이다. 무엇보다 글로벌 협력 시대에 어울리는 교양인의 상징으로서, 외국어를 배우는 것은 곧 국가주의와 고립주의를 거부하는 의미로 여겨지고, 새로운 시대에 어울리는 '국제인'다운 상징 요인으로 부각될 것이다. 즉, 예전에는 외국어를 할 줄 안다는 것의 의미가 A언어에서 B언어로 내용을 전환하는 것이었다면 앞으로는 스스로 '국제인'이라는 것을 드러내기 위한 상징적인 도구가 될 것이라는 의미다.

─── 이제 영어의 미래는?
그렇다면 외국어의 미래는?

그렇다면 이제 우리가 앞에서 던진 질문이 다시 나올 차례다. 영어의 앞날이다. 영어는 과연 세계 공통어 자리를 계속 유지할까? 답은 이미 나와 있다. 영어를 대체할 만한 언어가 등장할 때까지 영어는 그 자리를 계속 유지할 가능성이 높다.

전 세계적으로 이루어지는 수많은 인적 교류의 현장에서 영어가 기본 운영 체제의 역할을 떠맡은 지는 이미 오래다. 개인의 요구에 따라 다른 언어를 선택할 수는 있으나 영어가 전 세계 공통어라는 사실은 부인할 수 없으며 그 운영 체제가 다른 언어로 변경될 가능성은 현재로서는 매우 희박하다.

또한 언어는 더 이상 인간들만의 전유물이 아니다. 정보기술의 발달로 컴퓨터와 스마트폰은 갈수록 정교해지고 있으며 인간의 삶 전반에서 분리할 수 없는 매체가 되었다. 인간과 이러한 기기들과의 공통어는 일찌감치 영어로 정해져 있다. 인간과 인간의 소통을 위한 국제 공통어가 영어라는 사실보다 어쩌면 이들 기기의 운영 체제의 기반이 바로 영어로 구축되었다는 점에서 21세기 영어의 위력은 더 강력한 힘을 발휘한다고 볼 수 있다.

그러나 앞으로도 영원히 영어만이 전부인 세상일 것이라고 단언하기에는 이른 감이 있다. 세계 공통어로서의 영어를 대체할 가능성을 다른 언어가 아닌 바로 정보기술의 발달에서 찾을 수 있기 때문이다. 날로 진화하는 인공지능은 시간의 문제일 뿐 불가능의 영역이 없어 보인다. 이미 자동번역 시스템을 통해 자신의 모어로 된 문자를 입력하는 즉시 영어로 번역되는 세상에 우리는 살고 있다. 그 반대의 경우 역시 얼마든지 가능하며, 아직 불완전한 면이 있긴 하지만, 모어와 영어만이 아니라 원하는 어떤 외국어로도 즉각 번역되는 세상이다. 어디 문자에만 국한될까? 자신의 모어로 이야기하는 즉시 인공지능을 통해 통역이 되어 상대방의 모어로 전달될 세상이 머지 않았다. 그렇게 되면 굳이 외국어를 배우기 위해 노력하지 않아도 나의 모어와 상대방의 모어로 얼마든지 자유롭게 대화할 수 있게 될 것이며, 당연히 외국어 구사 능력으로 획득했던 특권도 사라지고 언어와 사회적 자본의 상관 관계 역시 변화할 것이다. 외국어를 능숙하게 구사하는 것이 사회적 자본의 가치를 보장해줬다면 앞으로는 인공지능 활용의 능력이 새로운 사회적 자본으로 각광을 받을 것이다. 이로써 외국어 학습 능력은 정보기술의 영역으로 넘어가고, 세계 공통어라는 영어의 위상 역시 무의미해질 수 있다.

즉, 인공지능의 발달로 인해 영어 역시 상징적 의미가 달라진다면, 언어의 기능적 역할을 위한 영어 수요자가 줄어들 것을 예상할 수 있다는 의미다. 그렇다면 외국어 학습의 모든 동기는 사라지게 될까. 외국어 구사 능력이 오늘날처럼 사회적 자본으로서 막강한 위력을 발휘하지는 않을지언정 외국어를 배울 필요는 여전히 존재할 것이다. 인공지능의 중재 없이 의사를 소통하고 싶은 이들도 있을 것이며, 외교나 군사 그리고 특수한 연구 분야의 종사자들처럼 반드시 직접 소통을 해야 하는 이들도 있을 것이다. 또한 개인의 다양한 관심사의 표출로 학습 대상을 선택할 가능성도 커질 것이다. 그런 이들이 선택하는 언어가 영어가 아닌 다른 외국어일 가능성도 커질 것이다.

이러한 전망에는 이유가 있다. 외국어 전파 과정의 역사를 보면 국제 협력과 타자의 수용에 우호적이었던 시대에는 세계시민주의 같은 가치관이 교양인의 자질을 이루는 중요한 요소였고, 따라서 외국어를 배우려는 관심이 매우 높았다. 예를 들어 르네상스 시대 영국 상류층 사람들이 앞다퉈 문명의 언어로 여겨졌던 프랑스어를 배운 것은 이러한 흐름을 말해준다. 또한 18세기 계몽 시대 제국주의와 국제 교역의 확대로 인해 고전어가 아닌 현대어를 배우려는 이들이 늘어난 것도 예가 될 수 있으며, 19세기말 도시의 부르주아 계층이 외국어 회화 수업을 일종의 소비 대상으로 삼은 것도 그러하다. 아울러 우리가 함께 겪어온 지난 20세기말, 글로벌 시대로 진입하면서 글로벌 언어로 지명된 영어를 배우기 위해 고군분투했던 그 시절 그 노력도 이러한 흐름의 예가 될 수 있겠다.

반면에 국가 간의 갈등과 마찰이 빈번해 혼란스러운 시대일수록 외국어에 대한 관심은 현저히 낮아진다. 국가 간의 전쟁과 갈등이 최고조에 이르렀던 17세기 유럽인들은 자신들의 모어 외에 다른 언어를 배우려는 시도를 거의 하지 않았다. 혼란과 전쟁으로 시작한 19세기 역시 국가 간의 경쟁이 극심했던 까닭에 다른 언어는 관심의 대상일 수 없었다. 20세기 양차 세계대전, 대공황을 거치면서도 외국어는 한동안 관심 밖이었고, 21세기 글로벌화에 대한 반감이 대두되면서 역시 외국어에 대한 관심은 한풀 꺾인 바 있다.

우리는 앞으로 어떤 세상을 살게 될 것인가. 우리는 조만간 '포스트 코로나 시대'를 살게 될 것이다. 눈앞에 당면한 글로벌 문제의 해결을 위해 새로운 국제 협력 체제의 필요성이 어느 때보다 대두될 것이며 이 체제의 효과적인 작동이 무엇보다 절실하다. 그렇게 협력의 관계로 나아간다면 지금까지의 역사를 놓고 볼 때 외국어에 대한 관심은 지속적으로 유지될 것이다. 물론 어떤 요인으로 인해 국제 협력 체제가 흔들린다면 외국어에 대한 관심 역시 또다른 국면에 접어들겠지만 말이다.

───── 사라지는 언어 장벽,
그것으로 모두 다 해결?

나는 이 책에서 인류의 역사를 통해 외국어의 전파 과정을 살펴보았다. 외국어는 그 개념이 정립되기 이전 극소수의 귀족과 상류층에 의해 종교와 교양의 증진을 목적으로 전파되었다. 산업혁명이 일어나면서 상류층의 전유물이었던 교육의 기회가 대중에게 주어지면서 많은 이가 교양의 증진보다는 실용적인 목적으로 외국어를 배우기 시작했다. 외국어라는 개념이 형성된 것 역시 이 무렵이다.

19세기 말에 등장한 외국어 교육 혁신 운동으로 인해 외국어는 본격적으로 글 중심에서 말 중심의 학습으로 이동했고, 20세기 내내 인류는 외국어 학습의 방식을 효과적으로 개선하기 위해 꾸준히 노력했다. 그러나 여전히 외국어를 배운다는 것은 어렵고 지루한 과정이며 외국어의 전파 과정은 이러한 지난한 과정을 겪어낸 이들의 투쟁의 역사일지도 모른다. 그리고 인류는 21세기를 맞았고, 그동안의 외국어 전파 과정으로는 상상할 수 없던 인공지능의 등장으로 다른 언어를 사용하는 인간들의 의사소통 방식은 이미 이전과는 전혀 다르다. 언어의 장벽은 점점 사라지고 있고, 외국어를 배우는 행위의 어려움과 지루함에서도 해방될 날이 우리의 가까운 미래다.

하지만 그게 우리가 만날 미래의 전부일까. 과연 그렇게 언어를 둘러싼 모든 장벽이 사라질 거라고 장밋빛 꿈을 꾸고 있기만 해도 좋을까. 2021년 여름 도쿄 올림픽이 개최되었다. 2020년 열릴 예정이었으나 모두 다 알고 있는 것처럼 코로나19로 인해 한 해 미뤄졌다. 올림픽이 감염병으로 연기된 것은 사상 초유의 일이다. 여전히 코로나19 확진자 수가 급증하는 상황에서 올림픽 취소를 요구하는 목소리가 높았지만 일본 정부는 개최를 강행했다.

개막식에는 206개국 나라의 선수들이 차례로 입장했다. TV를 통해 이 장면을 지켜보면서 나는 인류의 다양성을 다시 한 번 확인했고, 한편으로 각국의 선수들이 쓰고 있을 다양한 언어가 궁금했다. 매우 당연한 말이지만 이들은 모두 다 자신들만의 언어를 사용할 것이다. 하지만 올림픽의 공식 언어는 프랑스어, 영어, 그리고 개최국의 언어에 한정한다. '현대 올림픽'이 프랑스인 피에르 드 쿠베르탱(Pierre de Coubertin, 1863~1937)의 노력으로 다시 시작되었기 때문에 이를 기념하는 프랑스어를 사용하고, 그 다음은 세계 공통어 자리를 차지하는 영어, 마지막으로 개최국 언어를 포함한다. 개막식 안내 방송 역시 그 순서로 진행한다. 2021년 도쿄 올림픽에서는 프랑스어, 영어, 그리고 일본어 순으로 안내 방송을 했다. 물론 206개국의 모든 언어를 사용할 수는 없다. 하지만 참가국의 다양성을 생각한다면 아무래도 아쉬움이 남는다.

프랑스어와 영어는 역사적으로 오랫동안 힘을 과시한 제국주의로 인해 세계에 널리 보급된 언어이자 동시에 외국어 전파 과정에서 드러나는 불평등의 상징이다. 즉, 외국어 전파의 역사에서는 언제나 힘이 있는 쪽의 언어가 힘 없는 쪽으로 흘러갔다. 힘이 있는 쪽의 언어가 전파되어가는 만큼 힘 없는 언어는 무시당하기 일쑤였고, 소멸의 위기에 빠진 사례도 허다하다. 도쿄 올림픽 개막식에서 행진하던 아프리카 선수들 중에는 자국의 고유어가 아닌 영어나 프랑스어를 모어로 쓰고 있는 이들도 많을 것이다. 과거 제국주의 시절 이미 유입된 지배국의 언어가 일상적으로 쓰이면서 오늘날에 와서 오히려 자국어를 잃어버린 나라들이 많기 때문이다.

'포스트 코로나 시대'를 우리는 눈앞에 두고 있다. 공동의 문제에 대응하기 위한 전 인류의 노력으로 국가 간의 교류는 활발해질 것이며, 그만큼 외국어에 대한 사람들의 관심도 다양한 이유로 커질 것이다. 다가올 시대, 외국어 전파의 과정은 더 이상 '의사소통 도구'의 확보를 목적으로 삼지 않을 것이다. 그보다는 갈등을 완화하고 나아가 그 원인을 없애기 위한 상호 문화의 이해와 개인의 교양 증진을 위한 기회를 제공하는 방향으로 흘러갈 것이다. 이 흐름이 가닿을 곳은 궁극적으로 인류의 평화다.

그러나 그 관심의 대상은 과연 어디로 향할 것인가. 국제 사회에서 패권을 쥐고 있는 강대국의 언어는 여전히 앞자리를 차지할 것이며 그렇지 못한 언어의 소멸 속도는 더 빨라질 것이다. 외국어에 대한 관심이 더 높아지는 것은 환영할 만한 일이지만 관심이 높을수록 존재하는 안타까움 역시 우리의 현실이며 마주할 미래다. 이러한 이면의 흐름을 인식하고, 이를 위한 고민이 전제되어야만 인류 평화를 위한 외국어 전파의 의미를 제대로 찾을 수 있을 것이다.

───── **팬데믹이 알려준 가치,**
기술의 진보가 모든 걸 해결할 수 없다

또한 팬데믹을 전 인류가 함께 겪으면서 우리는 급속도로 발전한 IT 기술의 진면모를 경험하고, 활용함으로써 이 불안과 공포의 시대를 건너고 있다. 팬데믹 이전까지 우리는 기술의 진보가 미래의 많은 문제를 해결해줄 것이라는 기대에 차 있었다. 하지만 생각보다 너무 갑작스럽게 첨단의 기술을 일상에서 사용하게 되었다. 언젠가의 미래 풍경으로만 여기던 원격 수업과 재택 근무, 화상회의, 인공지능 통번역 기술을 통한 외국인들과의 의사소통 등이 급속도로 우리 일상을 차지하고 있는 것이다.

이 시절을 보내며 우리가 다시 발견한 것은 뜻밖에 사람과 사람이 얼굴을 직접 마주하고 체온을 느끼며 나누는 대화와 소통의 가치다. 어떤 기술의 진보를 통한 매끄러운 번역도 직접 만나 온기를 느끼며 나누는 서툰 소통에 비할 바가 못 된다는 것을 우리는 역설적으로 놀라운 기술 진보의 세례를 받으며 깊이 깨달았다. 나는 이러한 풍경을 바라보며 외국어 전파의 의미, 즉 외국어를 배우는 행위의 의미에 대해 생각했다. 이제 우리에게 외국어를 배운다는 것은 단순히 사회적 자본을 확보하기 위한 행위에서 나아가 궁극적으로 인간과 인간이 인간다운 방식으로 소통하기 위해 갖춰야 할 최소한의 태도가 아닐까. 기술의 진보가 모든 걸 해결해주리라 기대했으나 뜻밖에 최첨단 IT기술의 한복판에 불려나와 온갖 시뮬레이션의 대상이 되었던 우리 모두가 외국어를 바라보는 인식을 다시 한 번 돌아볼 때가 된 것은 아닐까. 기술의 진보는 앞으로도 눈부시게 이어질 것이다. 그러나 진보한 기술이 우리에게 평화와 화해를 가져다 주지는 않을 것이다. 그것은 우리 인간의 역할이며, 그것이 이후에 펼쳐질 모든 외국어 전파의 핵심이 되어야 할 것이다.

Ende het geschiede als sy tegend't Oosten togen, dat sy een Leegte vonden in den lande Sennaar; en tot malkanderen seiden:

21세기, 주류 언어, 영어 패권, 인공지능, '코로나19'

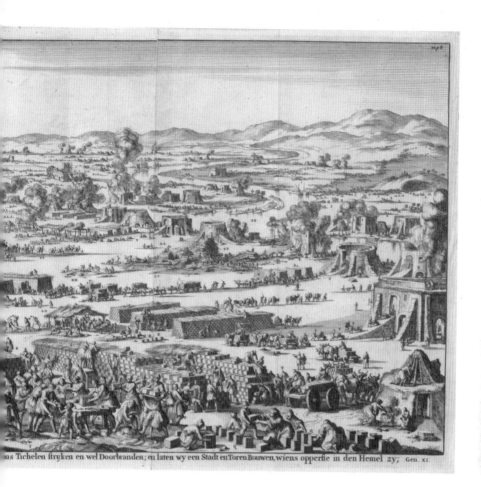

us Tichelen ſtryken en wel Doorbranden; en laten wy een Stadt en Toren Bouwen, wiens oppertie in den Hemel zy; Gen. XI.

17세기 네덜란드 황금기의 시인이자 판화가인 얀 뤼켄(Jan Luyken)의 <바벨탑 건설>로 이 책을 끝 맺는다. 아주 오래전 같은 언어를 사용하던 인간들은 신의 진노를 산 뒤 서로 다른 언어를 쓰게 되었다. 그뒤로 지금까지 인간은 서로 다른 언어의 벽을 넘어 자유로운 소통의 시대를 꿈꿔왔다. 인공지능이 상징하는 기술의 진보는 그 꿈의 실현 가능성을 눈앞에 펼쳐놓았다. 하지만 코로나19로 인한 뜻밖의 상황으로 인류는 새로운 질문 앞에 서게 되었다. 인공지능은 과연 소통을 향한 인간의 요구를 어디까지 해결할 수 있을 것인가. 그것이 만능일 수 없음을 깨닫게 된 오늘, 우리는 도구 너머의 다른 무엇을 고민해야 한다. 새로운 시대, 외국어 전파의 과정과 의미는 그 고민의 결과에 따라 달라질 것이다. 1690, 네덜란드 국립현대미술관 소장.

더 읽을 만한 책

이 책과 관련한 내용을 더 알고 싶어할 독자들에게 권하는 책을 선별하고, 그 이유를 밝혀둔다. 한글로 집필 또는 번역된 책 열 권과 그밖에 다른 언어로 출간한 책 다섯 권을 소개한다. | 저자 주

『제국의 구조 : 중심·주변·아주변』
가라타니 고진 지음, 조영일 옮김, b, 2016.

일본의 저명한 사상가이자 문예평론가인 가라타니 고진이 동아시아와 일본을 중심으로 제국주의에 대한 이론을 정리한 책. 고진은 이 책에서 중심과 주변의 정통적 틀 안에서 주변이면서 동시에 제국주의 역사를 가진 일본의 양면성을 밝히고 있다. 독자들은 이 책을 통해 제국주의에 대한 좀 더 다원적인 논의를 접할 수 있을 것이다.

『한국영어교육사』
권오량, 김정렬 지음, 한국문화사, 2010.

한국 현대사에서 가장 중요한 외국어로 인식되어온 '영어'의 교육사에 대해 자세하게 설명해주는 책이다. 개화기부터 20세기 초까지 한국에서의 영어 교육 변천 과정이 외세의 압력과 내부적 요구 사이에 일어난 갈등을 반영하고 있다는 것, 나아가 1990년대 들어 형성된 민주화로 인해 영어 교육에 어떤 내부적 개혁 요구가 있었는지, 그로 인한 변화는 무엇이었는지에 대해서도 잘 살피고 있다.

『언어학의 역사-스토아학파로부터 촘스키까지』
로버트 로빈스 지음, 강범모 옮김, 한국문화사, 2007.

1979년 영어 초판본 출간 이후 가장 널리 알려진 언어학 역사의 개론서로서, 오늘날 대학 수업에서도 많이 활용되는 책. 고대 그리스부터 촘스키까지 언어학의 오랜 역사를 이해하기 쉽게 서술한 것이 가장 큰 장점이다.

『영어교육사』
앤서니 P. R. 호와트·H. G. 위더슨 지음, 임병빈 외 옮김, 한국문화사, 2012.

르네상스 시대 모어로서의 영어 교육부터 시작하고 있는 이 책은 1800년 영

국이 강대국으로 등장, 역사상 가장 넓은 제국을 만들면서 영어 교육을 어떻게 전개했는가에 대해 집중적으로 다루고 있다. 또한 19세기 말의 외국어 교육 혁신 운동부터 20세기의 다양한 교육 정책과 교수법에 대한 자세한 논의를 소개하고 있어 20세기 말 등장한 '글로벌 영어'를 외국어 교육사 측면에서 이해하는 데 많은 도움을 얻을 수 있다.

『위험한 언어 : 희망의 언어 에스페란토의 고난의 역사』
울리히 린스 지음, 최만원 옮김, 갈무리, 2013.

독일 정치학자이자 에스페란토 운동가인 린스가 에스페란토로 집필한 이 책은 이후 몇 개 언어로 번역이 되었다. 에스페란토의 탄생부터 20세기 후반까지 에스페란토의 역사를 소개하고 있는데, 특히 20세기 전반 나치 독일과 소련 스탈린 독재 체제 아래에서 에스페란토 운동이 어떻게 탄압 받았는가와 이후 에스페란토 부활의 역사를 집중적으로 다루고 있다. 민족주의, 전체주의와 외국어의 복잡한 관계에 대해 이해를 돕는다.

『외국어 교육 접근 방법과 교수법』
잭 C. 리처즈·시어도어 S. 로저스 지음, 전병만 외 옮김, 케임브리지, 2008.

'글로벌 영어'의 황금기라고 할 수 있는 1986년에 출간된 책이다. 영어 원어민 교사 양성 과정의 교과서로 널리 사용되었는데, 문법 번역식 교수법부터 의사소통중심 교수법에 대한 비평적 소개가 수록되어 있으며 1960년대부터 화제가 되었던 다양한 대안 교수법도 살피고 있다. 이 책에서 다루고 있는 여러 교수법의 이론적 배경에 대한 논의를 통해 외국어 교수법을 좀 더 자세히 이해할 수 있다.

『세계제국사』
제인 버뱅크·프레더릭 쿠퍼 지음, 이재만 옮김, 책과함께, 2016.

두 명의 미국인 학자가 함께 저술했다. 오랜 역사를 대상으로, 여러 제국이 서로 어떻게 경쟁하고 갈등했는지, 그리고 그러한 상황에서 어떻게 제국을 통치했는지를 분석했다. 유럽 제국들의 외국어 전파 과정을 더 깊이 이해할 수 있다.

『우리말의 탄생 : 최초의 국어사전 만들기 50년의 역사』

최경봉 지음, 책과함께, 2005년.

냉혹한 일본 제국주의 치하에서 한국어를 지키기 위해 고군분투했던 '조선어학회'의 국어사전 편찬의 역사를 자세하게 다룬 책이다. 제국주의 국가들이 시도했던 '국어'의 보급에 사전이 매우 중요한 역할을 했다고 본문에서 언급한 바 있다. 조선어학회의 한글학자들이 일제강점기 편찬하려고 했던 국어사전에는 일본 제국주의자들이 강제적으로 보급하려 했던 그들의 '국어'에 대한 저항과 민족어를 지키기 위한 노력의 의미가 담겨 있음을 이 책을 통해 알 수 있다. 사전이 가지고 있는 또다른 의미를 이해할 수 있을 것이다.

『물질문명과 자본주의』(전3권)

페르낭 브로델 지음, 주경철 옮김, 까치, 2010.

프랑스의 저명한 역사학자 페르낭 브로델의 대작. 브로델은 경제학, 인류학, 지리학을 넘나들며 역사를 바라보는 새로운 연구 방법을 제시함으로써 역사학에 큰 영향을 끼쳤다. 그의 대표작이라고 할 수 있는 이 세 권의 시리즈는 유럽에서의 자본주의의 발달과 국가 권력이 어떻게 상호적으로 관계를 맺고 있는지를 집중적으로 다루고 있다. 아울러 이 책을 읽다보면 자본주의가 언어의 전파에 어떤 영향을 주었는지를 이해하는 데 큰 도움을 얻을 것이다.

『제국의 탄생』

피터 터친 지음, 윤길순 옮김, 웅진지식하우스 : 웅진씽크빅, 2011.

제국 흥망의 과정을 다룬 책이다. 제국의 형성기에는 전쟁이 잦고, 패권을 획득한 이후에는 평화와 안정을 추가하는 제국의 일반적 특징을 잘 들여다보고 있다. 아울러 힘을 갖춘 순간부터 다시 내부의 갈등으로 인해 쇠퇴기로 접어들고, 또 한편으로 영토와 영향력을 유지하기 위해 전쟁을 다시 시작하는 제국의 속성도 잘 설명하고 있다. 이러한 제국의 흥망에 따라 외국어가 어떻게 전파되고, 사그러드는지를 함께 이해할 수 있다.

Evolution de l'enseignement des langues: 5000 Ans d'histoire

Germain, Claude, Clé international, 1993.

프랑스어로 저술된 책이다. 외국어 교수법에 관한 개론서이면서 20세기 후반 프랑스와 캐나다 퀘백주에서 이루어진 프랑스어 교육 관련 교수법도 살피고 있어 매우 흥미롭다.

Scientific Babel: The Language of Science from the Fall of Latin to the Rise of English

Gordin, Michael D., Profile Books, 2017.

라틴어의 쇠퇴, '대영제국'의 흥망에 이어 미국이 강대국으로 부상하면서 서양 과학사에 영어가 어떻게 압도적인 패권을 획득하게 되었는가를 살피고 있는 책이다. 하나의 자연언어가 가지고 있는 권력과 그로 인한 불만, 에스페란토와 같은 과학적이고 중립적인 언어 사용에 대한 관심이 왜 일어나는가에 대한 이해를 돕는다.

Empires of the Word: A Language History of the World

Ostler, Nicholas., Harper Perennial, 2014.

언어의 흥망사를 살피는 거의 유일한 책이다. 역사적으로 영향력을 가졌던 언어의 흥망은 제국의 흥망, 국가의 형성이라는 배경 외에 기술의 발전과 인구의 이동에 의해서도 영향을 받았다. 다시 말해 권력자의 계획이나 의도로 하나의 언어가 전파되기도 했지만 인적 교류에 따라 자연스럽게 전파되었던 측면을 살피는 데 도움이 되는 책이다.

Linguistic Imperialism

Phillipson, Robert, Oxford University Press, 1992.

1980년대에 가속화된 글로벌화와 의사소통 중심 교수법의 보급에 따라 영어 교육의 황금 시대가 시작되었다. 그때부터 오늘날까지 영어 교육의 필요성과 의사소통 교수법의 효과에 대해서는 여전히 여러 논의가 이루어지고 있는데, 이 책은 '글로벌 영어'라는 문맥에 내포된 제국주의적 측면에 대해 고발하고 있는 내용으로 큰 화제를 불러일으키기도 했다.

『日本人は英語をどう学んできたか : 英語教育の社会文化史』

江利川春雄, 研究社, 2008.

일본 영어 교육사에 저명한 학자가 사회 문화사 관점에서 일본 영어 교육사를 다루는 책이다. 개화기부터 20세기 말까지 한국의 영어 교육은 일본으로부터 많은 영향을 받았다. 따라서 이 책을 읽으면 한국의 영어 교육사를 이해하는 데에도 도움이 될 것이다.

참고문헌

한국어 단행본

강신항, 『한국의 역학』, 서울대학교 출판부, 2000.

권오량, 김정렬, 『한국영어교육사』, 한국문화사, 2010.

김명배, 『개화기의 영어이야기』, 국제영어대학원대학교 출판부, 2006.

김영서, 『한국의 영어교육사 : 19세기 이후 한·영·미·일 비교연구』, 한국문화사, 2009.

김영철, 『영어 조선을 깨우다 : 영어 조선 상륙기』, 일리, 2011.

민현식, 조항록, 유석훈, 최은규 [외], 『한국어교육론 : 한국어교육의 역사와 전망』(국제한국어교육학회 창립 20주년), 한국문화사, 2005.

장한업, 『한국의 불어교육: 역사, 언어, 문화, 동작을 중심으로』, 이화여자대학교출판부, 2003.

정광, 『조선시대의 외국어 교육』, 김영사, 2014.

정광, 『역학서의 세계 : 조선 사역원의 외국어 교재 연구』, 박문사, 2017.

정정섭, 『외국어 교육의 기초와 실천』, 동원출판사(東園出版社), 1982.

조두상, 『쐐기문자에서 훈민정음까지 : 옛 문자를 판독한 사람과 새 문자를 만든 사람』, 한국문화사, 2009.

조문희, 『일본어 교육사』(상/하), 제이앤씨, 2011.

이광숙, 『개화기의 외국어교육 : 1883-1911』, 서울대학교출판문화원, 2014.

이기문, 『국어사개설』(신정판), 태학사, 2013.

최경봉, 『우리말의 탄생 : 최초의 국어사전 만들기 50년의 역사』, 책과함께, 2005.

최호철·김태훈·이유경·노석은·김숙정·정유남, 『외국인의 한국어 연구』, 경진문화사, 2005.

외국어 번역 단행본

가라타니 고진, 조영일 옮김, 『제국의 구조 : 중심·주변·아주변』, b, 2016.

노마 히데키, 김진아·김기연·박수진 [외]옮김, 『한글의 탄생 : 〈문자〉라는 기적』, 돌베개, 2011.

로버트 로빈스, 강범모 옮김, 『언어학의 역사-스토아학파로부터 촘스키까지』, 한국문화사, 2007.

루이 장 칼베(Louis-Jean Calvet), 김윤경·김영서 옮김, 『언어 전쟁』, 서울 : 한국문화사 , 2001.

아르놀트 하우저, 백낙청·반성완·염무웅 옮김, 『문학과 예술의 사회사』(4권), 창비, 2016.

앤서니 P. R. 호와트(Anthony P. R. Howatt)·H. G. 위더슨(H. G. Widdowson) , 임병빈 [외] 옮김, 『영
　어교육사』, 한국문화사, 2012.

울리히 린스, 최만원 옮김, 『위험한 언어 : 희망의 언어 에스페란토의 고난의 역사』, 갈무리, 2013.

윌리엄 리틀우드(William Littlewood), 안미란 옮김, 『의사소통적 교수법』, 한국문화사, 2007.

이연숙·고영진·임경화 옮김, 『국어라는 사상 : 근대 일본의 언어 인식』, 소명출판, 2006.

자크 르 고프, 유희수 옮김, 『서양 중세 문명』, 문학과지성사, 2011.

잭 C. 리처즈(Jack C. Richards)·시어도어 S. 로저스 (Theodore S. Rodgers), 전병만·윤만근·오준일·
　김영태 옮김, 『외국어 교육 접근 방법과 교수법』, 케임브리지(Cambridge), 2008.

제인 버뱅크·프레더릭 쿠퍼, 이재만 옮김, 『세계제국사』, 책과함께, 2016.

제프리 샘슨(Geoffrey Sampson), 신상순 옮김, 『세계의 문자체계』, 한국문화사, 2000.

찰스 P. 킨들버거, 주경철 옮김, 『경제 강대국 흥망사 1500-1990』, 까치, 2004.

찰스 틸리(Charles Tilly), 이향순 옮김, 『국민국가의 형성과 계보 : 강압, 자본과 유럽국가의 발전』, 학문
　과 사상사(學問과 思想社), 1994.

쵸두리(K. N. Chaudhuri), 임민자 옮김, 『유럽 이전의 아시아 : 이슬람의 발흥기로부터 1759년까지 인
　도양의 경제와 문명』, 심산출판사, 2011.

토르 얀손, 김형엽 옮김, 『언어의 역사』, 한울아카데미, 2015.

페르낭 브로델, 주경철 옮김, 『물질문명과 자본주의』(3권), 까치, 2010.

폴 존슨, 한은경 옮김, 『르네상스』, 을유문화사, 2013.

폴 케네디, 이일수·전남석·황건 옮김, 『강대국의 흥망』, 한국경제신문사, 1999.

플로리안 쿨마스, 연규동 옮김, 『문자의 언어학』, 연세대학교 대학출판문화원, 2016.

P. O. 크리스텔러(P. O. Kristeller), 진원숙 옮김, 『르네상스의 사상과 그 원천』, 계명대학교 출판부,
　1995. 피터 터친, 윤길순 옮김, 『제국의 탄생』, 웅진지식하우스 : 웅진씽크빅, 2011.

일본어 단행본

伊村元道, 『日本の英語教育200年』(英語教育21世紀叢書, 014), 大修館書店, 2003.

伊村元道, 『パーマーと日本の英語教育』, 大修館書店, 1997.

江利川春雄, 『日本人は英語をどう学んできたか : 英語教育の社会文化史』, 研究社, 2008.

大谷泰照, 『異言語教育展望 : 昭和から平成へ』, くろしお出版, 2013.

川村湊, 『海を渡った日本語 : 植民地の「国語」の時間』, 青土社, 2004.

高梨健吉, 大村喜吉, 『日本の英語教育史』, 大修館書店, 1981.

田中寛, 『戦時期における日本語・日本語教育論の諸相 : 日本言語文化政策論序説』, ひつじ書房, 2015.

田中克彦, 『ことばと国家』, 岩波書店, 1981.

寺沢拓敬, 『「なんで英語やるの?」の戦後史 : 《国民教育》としての英語、その伝統の成立過程』, 研究社, 2014.

野間秀樹編著, 『韓国語教育論講座 : 総論・教育史・方言・音論・表記論・語彙論・辞書論・造語論』(第1巻), くろしお出版, 2007.

村田雄二郎, C.ラマール編, 『漢字圏の近代 : ことばと国家』, 東京大学出版会, 2005.

서양 언어 단행본

Auroux, Syvlain, et al. eds., *History of the Language Sciences: An International Handbook on the Evolution of the Study of Language from the Beginnings to the Present* (3 vols.), Berlin: de Gruyter, 2000–2006.

Barnwell, David P., *A History of Foreign Language Testing in the United States: From Its Beginnings to the Present*, Tempe, Ariz: Bilingual Press/Editorial Bilingüe, 1996.

Brandist, Craig & Chown, Katya, *Politics and the Theory of Language in the USSR 1917–1938: The Birth of Sociological Linguistics*, London: Anthem Press, 2011.

Caravolas, Jean, *Histoire de la didactique des language au siècle des Lumières: Précis et anthologie thématique*, Tübingen: Narr, 2000.

Crystal, David, *English As a Global Language,* New York: Cambridge University Press, 2017.

Defense Language Institute, *50 Years of Excellence: 50th Anniversary, 1941–1991, Military Intelligence Service Language School, Army Language School, Defense Language Institute Foreign Language*

Center, Monterey, Calif: Defense Language Institute, Foreign Language Center, Public Affairs Office, 1991.

De Jongh, William Frederick Jekel, *Western Language Manuals of the Renaissance*, Albuquerque: University of New Mexico Press, 1949.

Echávez-Solano, Nelsy, & Dworkin, y M. K. C., *Spanish and Empire*, Nashville: Vanderbilt University Press, 2007.

Forster, Peter G., *The Esperanto Movement*, The Hague: Mouton, 1982.

Fries, Charles C., *Teaching & Learning English As a Foreign Language*, Ann Arbor: The University of Michigan Press, 1992.

Germain, Claude, *Evolution de l'enseignement des langues: 5000 Ans d'histoire*, Paris: Clé international, 1993.

Gordin, Michael D., *Scientific Babel: The Language of Science from the Fall of Latin to the Rise of English*, London: Profile Books, 2017.

Green, Jonathon, *Chasing the Sun: Dictionary-makers and the Dictionaries They Made*, London: Pimlico, 1997.

Howatt, Anthony P. R. & Smith, Richard, eds., *Modern Language Teaching: The Reform Movement (5 vols.)*, London: Routledge, 2002.

Hüllen, Werner, & Klippel, F., eds., *Holy and Profane Languages: The Beginnings of Foreign Language Teaching in Western Europe*, Wiesbaden: Harrassowitz, 2000.

Hüllen, Werner, *Kleine Geschichte des Fremdsprachenlernerns*, Berlin: Erich Schmidt, 2005.

Joseph, John E., *Eloquence and Power: The Rise of Language Standards and Standard Languages*, New York: B. Blackwell, 1987.

Kelly, Louis, *Twenty-five Centuries of Language Teaching*, Rowley, Mass.: Newbury House, 1969.

Kendall, Joshua C., *The Forgotten Founding Father: Noah Webster's Obsession and the Creation of an American Culture*, New York: G.P. Putnam's Sons, 2010.

Lambley, Kathleen, *The Teaching and Cultivation of the French Language in England during Tudor and Stuart Times*, Manchester: Manchester University Press, 1920.

McLelland, Nicola, *Teaching and Learning Foreign Languages: A History of Language Education, Assessment and Policy in Britain*, London: Routledge, 2017.

McWhorter, John H., *The Power of Babel: A Natural History of Language*, New York: Perennial, 2003.

Ostler, Nicholas. *Empires of the Word: A Language History of the World*, London: Harper Perennial, 2014.

Pennycook, Alastair, *The Cultural Politics of English as an International Language*, London: Longman,

1994.

Phillipson, Robert, *Linguistic Imperialism*, Oxford: Oxford University Press, 1992.

Phillipson, Robert, *Linguistic Imperialism Continued*, New York: Routledge, 2009.

Puren, Christian, *Histoire des méthodologies de l'enseignement des langues*, Paris: Nathan-CLE International, 1988.

Sánchez, Aquilino, *Historia de la enseñanza del español como lengua extranjera*, Madrid: SGEL, 1992.

Smith, Richard C., ed., *Teaching English as a Foreign Language, 1912–1936: Pioneers of ELT* (5 vols.), London: Routledge, 2003.

Smith, Richard C., ed., *Teaching English as a Foreign Language, 1936–1961: Foundations of ELT* (6 vols.), Abingdon: Routledge, 2005.

Spolsky, Bernard, & Moon, Young-in, *Primary School English-Language Education in Asia: From Policy to Practice*, New York: Routledge, Taylor & Francis Group, 2014.

Stern, H. H., *Fundamental Concepts of Language Teaching*, Oxford: Oxford University Press, 1983.

Tieken-Boon, van O. I, & Percy, Carol, *Prescription and Tradition in Language: Establishing Standards Across Time and Space*, Bristol: Multilingual Matters, 2017.

Titone, Renzo, *Teaching Foreign Languages: An Historical Sketch*, Washington, DC: Georgetown University Press, 1968.

Truschke, Audrey, *Culture of Encounters: Sanskrit at the Mughal Court*, New York: Columbia University Press, 2016.

Versteegh, Cornelis H. M., *Landmarks in Linguistic Thought: The Arabic Linguistics Tradition*, London: Routledge, 1997.

Watzke, John L., *Lasting Change in Foreign Language Education: A Historical Case for Change in National Policy*, Westport, Conn: Praeger, 2003.

Wheeler, Garon, *Language Teaching Through the Ages*, New York: Routledge, 2013.

Whitmarsh, Galila, *Eliezer Ben Yehuda and the Revival of Modern Hebrew: Language and Identity*. Saarbrücken: Lambert Academic Publishing, 2009.

Wilson, Nigel G., *From Byzantium to Italy: Greek Studies in the Italian Renaissance*, London: Bloomsbury Academic, 2017.

이 책을 둘러싼 날들의 풍경

한 권의 책이 어디에서 비롯되고, 어떻게 만들어지며,
이후 어떻게 독자들과 이야기를 만들어가는가에 대한 편집자의 기록

2013년. 서울 경복궁 옆 서촌에 한옥을 직접 짓고 사는 미국인 교수에 관한 기사를 통해 로버트 파우저 선생을 알게 되다. 우연히 이 집을 직접 지은 목수의 기록을 책으로 만들게 되다.

2014~2015년. 그 책을 만들며 집 주인인 파우저 선생과 자주 만나다. 함께 책 한 권 만들기로 의기를 투합하다. '외국어 문화사'를 첫 책의 주제로 정하다. 미국으로 돌아가기 전 구체적인 계획을 세우다.

2016~2017년. 편집자의 퇴사와 이직, 다시 퇴사로 계획이 중단, 재개, 다시 중단되다. 그럼에도 불구하고 저자는 늘 편집자를 응원하며 마음으로 동행해주다.

2018년 1월. 1차 탈고된 원고의 전체 구성 및 방향에 관한 논의를 거듭, 약 4~5회에 걸쳐 원고의 수정과 보완 작업이 이루어지다. 미국의 저자와 한국의 편집자는 이메일과 SNS메신저 프로그램을 통해 소통하다. 미국과 한국의 시차로 인해 잠 못 드는 서로의 날들이 많아지다. 한편으로 레이아웃 디자인을 정하다. 이미지를 찾기 위한 저자의 지난한 노력이 계속되다.

2018년 2~3월. '더 읽을 만한 책'을 넣기로 하다. 목록의 제시에 그치지 않고 그 추천의 이유를 서술하다. 초교와 재교를 진행하다. PDF 파일로 저자 교정을 거치다. 놀라울 정도의 성실함으로 편집자를 놀라게 하다. 이미지의 추가 및 교체, 보완의 작업이 거듭되다. 흥미로운 이미지를 새로 받을 때마다 편집자는 환호작약하다.

2018년 4월. '책을 펴내며'의 영어와 일본어 번역본을 수록하기로 하다. 저자의 2차 교정을 거치다. 표지 문안을 확정하다. 4월 12일, 저자가 한국에 오다. 표지 및 본문을 최종적으로 점검하다. 4월 23일, 인쇄 및 제작에 들어가다. 표지 및 본문 디자인은 최수정이, 제작 관리는 제이오에서(인쇄:민언프린텍, 제본:정문바인텍, 용지: 표지-아르떼210그램 순백색, 본문-그린라이트100그램), 기획 및 편집은 이현화가 맡다.

2018년 5월 5일. 혜화1117의 첫 책, 『외국어 전파담』 초판 1쇄본이 출간되다.

2018년 5월 10일. 서울산책에서 새롭게 문을 여는 동네 책방 '북스테이션'의 프리 오픈을 기념하여 로버트 파우저 선생이 독자와의 만남의 자리를 갖다. '언어와 도시'라는 주제로 이루어진 강연에 약 50여 명의 독자들이 참석하여 매우 흥미진진한 시간을 나누다.

2018년 5월 10일. 『연합뉴스』에 "영어는 어떻게 세계를 정복했나…언어의 문화사"라는 제목의 서평이 실리다. 『부산일보』에 "'외국어 전파담' 미국 언어학자가 '한글'로 쓴 침략의 언어사"라는 제목의 서평이 실리다.

2018년 5월 11일. 『국민일보』에 "[책과 길] '외국어'란 렌즈를 통해 본 인류史"라는 제목의 서평이 실리다. 『헤럴드경제』에 "모두가 매달리는 영어, 어떻게 권력이 됐을까"라는 제목의 서평이 실리다. . 『문화일보』에 "AI로 언어장벽 무너진 인간, '바벨탑' 다시 세울까"라는 제목의 서평이 실리다.

2018년 5월 12일. 『매일경제』에 "대항해시대 무역선은 언어도 실어 날랐다"라는 제목의 서평이 실리다. 『경향신문』에 "[책과 삶]언어 전파는 제국주의자들의 침략 도구였다"라는 제목의 서평이 실리다. 『동아일보』에 "[책의 향

기]세계인의 영어 열풍, 英 산업혁명 이후 시작됐다"라는 제목의 서평이 실리다. 『조선일보』에 "韓流 올라탄 한국어, '취미 언어'로 세계에 퍼질 것"이라는 제목의 인터뷰 기사가 실리다.

2018년 5월 14일. 구미 삼일문고에서 로버트 파우저 선생이 독자와의 만남의 자리를 갖다.

2018년 5월 17일. 『서울신문』에 'AI시대에 외국어 공부 결국 취미생활될 걸요'라는 제목의 저자 인터뷰가 실리다.

2018년 5월 18일. 『한겨레신문』에 '외국어라는 도구 혹은 무기'라는 제목의 서평이 실리다.

2018년 5월 18일. 초판 2쇄본이 출간되다.

2018년 5월 19일. 『중앙일보』에 '일본서 한국어 가르친 미국 학자가 본 '언어 제국주의''라는 제목의 저자 인터뷰 기사가 실리다.

2018년 5월 23일. 『주간경향』에 '일본에서 한국어 가르친 '외국어 달인 미국인''이라는 제목의 저자 인터뷰 기사가 실리다.

2018년 5월 29일. 인천 아벨서점에서 로버트 파우저 선생이 독자와의 만남의 자리를 갖다.

2018년 5월 31일. 서울 책방이음에서 로버트 파우저 선생이 독자와의 만남의 자리를 갖다.

2018년 6월 3일. 로버트 파우저 선생이 북클럽 오리진 전병근 대표와 인터뷰한 내용이 '북클럽 오리진'과 '1분 카카오'에 『『외국어 전파담』의 로버트 파우저 "[미니북] 아침에 눈떠 하고 싶었던 일-나는 왜 서울대를 떠났나'라는 제목으로 실리다.

2018년 6월 4일. 『넥스트 데일리』에 '외국어가 쉬워지는 길…'해야 하는 것'이 아니라 '하고 싶은 주인의식' 갖고 즐겨야'라는 제목의 저자 인터뷰 기사가 실리다. 『교수신문』에 "언어 전파의 역사가 곧 인류 문명의 역사"라는 제목의 저자 인터뷰 기사가 실리다.

2018년 6월 8일. 인터넷서점에서 발행하는 '채널예스'에 '로버트 파우저 "인류는 무슨 이유로 외국어를 배우게 되었을까"라는 제목의 저자 인터뷰가 실리다.

2018년 6월 13일. 대구 하루에서 로버트 파우저 선생이 독자와의 만남의 자리를 갖다.

2018년 6월 15일. 서울마포평생학습관에서 인터넷 서점 알라딘 주최(알라딘 인문강좌)로 로버트파우저 선생이 독자와의 만남의 자리를 갖다.

2018년 6월 19일. 서울 중랑구 망우동에서 로버트 파우저 선생이 마을주민들과 독후감을 나누는 자리를 갖다.

2018년 6월 20일. 서울 역사책방에서 로버트 파우저 선생이 독자와의 만남의 자리를 갖다.

2018년 6월 21일. 파주 땅콩문고에서 로버트 파우저 선생이 출간 후 독자들과의 마지막 만남을 갖다.

2018년 6월 22일. 로버트 파우저 선생이 출연한 MBC문화방송 TV 프로그램 '문화사색' 중 '책 읽는 풍경'이 방영되다.

2018년 9월 7일. 로버트 파우저 선생이 아일랜드에서 열린 'Henry Sweet Society for the History of Linguistic Ideas'의 정기 학술대회에서 일본어 교육자 야마구치 가이치로와 나가누마 나오에 두 명을 통해 20세기 전반 외국인을 위한 일본어 말하기 교육에 대해 살핀 논문 「Yamaguchi Kiichiro and Naganuma Naoe and the Transmission and Development of Ideas about Teaching the Spoken Language in Japanese as a Second Language (JSL)」을 발표하다.

2018년 9월 20일. 초판 3쇄본이 출간되다.

2019년 6월 15일. 일본 도쿄 진보초의 책거리(チェッコリ)에서 로버트 파우저 선생이 독자와의 만남을 갖다.

2019년 6월 20일. 초판 4쇄본이 출간되다.

2019년 7월 22일. 국립중앙도서관의 '휴가철에 읽기 좋은 책 100권'에 선정되다.

2019년 8월 31일. 로버트 파우저 선생이 '네이버 열린 연단 : 문화의 안과 밖, 삶의 지혜' 중 제24강에 '외국어 교육 문제들'을 주제로 발표하다.

2019년 11월. 로버트 파우저 선생이 독일 'Hanse-Wissenschaftskolleg' 연구소에서 열린 학술대회에서 1970 년부터 현재까지 한국 학교 영어 수업에 대한 사회적 태도를 다루는 논문 「Social Attitudes toward "School English" in Classroom Practice in South Korea from 1970 to the Present」을 발표하다.

2020년 10월. 2020년 연초부터 시작된 '코로나19'로 인한 팬데믹 상황으로 저자의 새 책 출간이 연기되고, 방한이 무산되다. 이에 편집자는 저자에게 4쇄본 출간 이후 예정된 5쇄본 출간시 코로나19로 인한 외국어 전파 양상의 변화를 반영한 개정판 출간을 제안하다. 그 시기는 4쇄본의 판매 추이를 지켜보며 결정하되, 가급적 외국어와 관련한 새 책과 함께 출간하는 것을 염두에 두기로 하다.

2020년 12월 3일. 로버트 파우저 선생이 서울 '해방촌 도시재생센터 마을 인문학 강연' 시리즈에서 '외국어 학습의 과거와 미래'에 관한 내용을 줌을 통해 발표하다.

2021년 6월 9일. 로버트 파우저 선생이 프랑스에서 열린 'Histoire des idées dans la recherche en didactique des langues: 1945-2015' 학술대회에서 20세기 중반 냉전 시대 미국의 세계 시민주의와 외국어 교육 중 원어민 역할과 문화 교육에 대한 논문 「Cold War Cosmopolitanism and Theorization of "Culture" and of the "Native Speaker" in Foreign Language Education in the United States from 1945-1970」을 줌을 통해 발표하다.

2021년 6월. 저자의 새 책 『외국어 학습담』의 출간을 8월 중으로 예정하고, 이에 맞춰 이 책의 개정판의 방향을 논의하다. 저자는 보완할 원고의 범위 및 내용을 정리하고, 편집자는 표지 및 본문의 전체 수정 방향을 고민하다.

2021년 7월. 표지의 디자인 방향과 본문의 수정 범위를 정하다. 이에 맞춰 본격적인 작업에 들어가다. 표지 디자인 및 본문의 수정 작업은 디자이너 김명선에게 의뢰하다.

2021년 8월 22일. 본문의 모든 요소를 확정하다. 작업의 막바지 단계까지 저자의 세심한 교정, 이미지의 보완 및 추가 작업이 이루어지다. 저자와 편집자의 소통은 주로 이메일로, PDF파일을 주고 받는 것으로 이루어졌으며, 직접 이야기를 나눌 필요가 있을 때는 한국의 낮과 미국의 밤이 교차하는 시간에 페이스북 메신저를 통해 의견을 나누다. 온라인 소통의 마지막 인사는 늘 "Good night!"으로 끝내다. 제작의 사양은 초판과 동일하나 이미지 및 텍스트의 추가로 초판본에 비해 늘어난 페이지 수를 감안하여 정가를 다르게 책정하다.

2021년 9월 1일. 개정판 1쇄본이 출간되다. 저자의 새 책 『외국어 학습담』과 출간일을 맞추다. 이후 기록은 개정판 2쇄 이후 추가하기로 하다.

2021년 9월 24일. 로버트 파우저 선생이 이탈리아에서 열리는 'Centro Interuniversitario di Ricerca sulla Storia degli Insegnamenti Linguistici(CIRSIL)' 제14회 학술 대회에서 미국의 영어 단일 언어주의와 20세기 초 하와이 준주와 일본 미군정 시기 소수자 언어 억압을 다루는 논문 「US Monolingual Ideology and the Suppression of Minority Languages in Territorial Hawaii and Occupied Japan」을 줌을 통해 발표할 예정임을 출간 전 알게 되어 미리 기록해 두다.

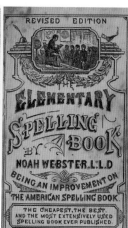

외국어 전파담(개정판)

2018년 5월 5일 초판 1쇄 발행
2021년 9월 1일 개정판 1쇄 발행

지은이 로버트 파우저 Robert J. Fouser
펴낸이 이현화
펴낸곳 혜화1117 **출판등록** 2018년 4월 5일 제2018-000042호
주소 (03068)서울시 종로구 혜화로11가길 17(명륜1가)
전화 02 733 9276 **팩스** 02 6280 9276 **전자우편** ehyehwa1117@gmail.com
블로그 blog.naver.com/hyehwa11-17 **페이스북** /ehyehwa1117
인스타그램 /hyehwa1117

ⓒ 로버트 파우저

ISBN 979-11-91133-04-2 03900